21世纪高职高专规划教材 · 汽车运用与维修系列

汽车维修
业务接待实务

Automobile Maintenance
Service Reception Practice

主　编　叶燕仙

副主编　王晓凯　王彦梅　杜　燕

中国人民大学出版社

· 北京 ·

图书在版编目（CIP）数据

汽车维修业务接待实务/叶燕仙主编．—北京：中国人民大学出版社，2019.8
21世纪高职高专规划教材．汽车运用与维修系列
ISBN 978-7-300-26293-2

Ⅰ．①汽… Ⅱ．①叶… Ⅲ．①汽车-修理厂-商业服务-高等职业教育-教材 Ⅳ．①U472.31

中国版本图书馆CIP数据核字（2018）第224019号

21世纪高职高专规划教材·汽车运用与维修系列
汽车维修业务接待实务
主　编　叶燕仙
副主编　王晓凯　王彦梅　杜　燕
Qiche Weixiu Yewu Jiedai Shiwu

出版发行	中国人民大学出版社		
社　　址	北京中关村大街31号	**邮政编码**	100080
电　　话	010－62511242（总编室）		010－62511770（质管部）
	010－82501766（邮购部）		010－62514148（门市部）
	010－62515195（发行公司）		010－62515275（盗版举报）
网　　址	http://www.crup.com.cn		
经　　销	新华书店		
印　　刷	固安县铭成印刷有限公司		
开　　本	787 mm×1092 mm　1/16	**版　　次**	2019年8月第1版
印　　张	18 插页1	**印　　次**	2024年1月第4次印刷
字　　数	375 000	**定　　价**	39.80元

前言
Preface

《汽车维修业务接待实务》按照党的二十大报告着眼于新时代新征程，针对新形势新情况，结合促进高质量充分就业的新要求和教育部专门印发《高等学校课程思政建设指导纲要》的要求编写，体现了课程思政要求，引导学生建立起正确的人生观、价值观、世界观。它是浙江农业商贸职业学院教学方法改革成果系列教材之一，适合高职高专院校汽车类专业教学使用。本教材是根据高职高专学生的学习特点，并结合精品课程建设而编写的高等职业教育实用教材，是浙江农业商贸职业学院教学方法改革成果系列教材之一，适合高职高专院校汽车类专业教学使用。

本教材是在调研了宝马、奔驰、奥迪、丰田、吉利、长城等主流品牌的汽车售后服务岗位的基础上编写的。在内容和教学组织安排上，突出知识、方法、技能和实践操作过程的融合，把对学生职业素养和实践操作能力的培养作为重心，紧密结合当前企业的服务顾问岗位以及与其紧密度较高的客服、索赔员等岗位的工作内容和要求，以能力学习为导向，以项目为课程体系，以合作性学习为模式，以真实企业为载体，采用工学结合的理念编写而成。

本教材根据维修业务接待中既相互联系又相对独立的 4 种常见的业务形态（保养车辆接待、故障车辆接待、事故车辆接待、保修索赔车辆接待）在维修业务接待过程中的差异、应具备的经验和技巧，分为 3 个项目、13 个任务，并根据任务的重要性进行课时的分配。每个任务由“学习目标”“工作任务”“相关知识”“案例剖析”“知识拓展”“实践操作”“思考练习”7个部分组成，并以团队教学为组织形式，以每个团队所选的具体任务为教学和训练的载体。教师通过情景式教学法对服务顾问岗位的接待流程、接待技巧、接待话术等要点进行详尽的介绍，再让学生通过团队实践操作完成企业调研、小组讨论、情景模拟、师生点评并提交和修改作品，来增加实战体验和经历，让学生在学中做、做中学，加强学生在过程中的体验，以此来培养和锻炼学生成为优秀的汽车服务顾问。

为了达到更好的教学效果，本教材在实际教学中建议总课时设置为68课时，各个项目的具体参考课时如下：

教学内容	理论课时	练习（实训）课时	合计课时
1. 汽车维修业务接待基础	12	6	18
2. 汽车维修业务接待单项训练	18	18	36
3. 不同维修业务接待综合训练	4	10	14
合计课时	34	34	68

本教材由叶燕仙担任主编，王晓凯、王彦梅、杜燕担任副主编。在本教材的编写过程中，浙江农业商贸职业学院周文根院长、童华彬副院长，汽车技术系主任张志刚老师，经济贸易系主任徐飞跃老师，中国人民大学出版社的编辑团队，绍兴宝顺汽车销售有限公司人事经理陈飞、售后主管何渭律、客服经理金萍萍、索赔经理屠萍萍、高级服务顾问王璇洋，浙江越星奔驰有限公司人事经理田丹、售后经理蒋勇、售后主管陈卫卫，广汽丰田售后经理杨峰，绍兴豪庭汽车销售有限公司前台主管李俊、服务顾问鲁哲昊等给予了指导并提出了宝贵意见，在此深表感谢！

由于编者水平和能力有限，教材内容难以覆盖全国各地的实际情况，书中难免存在疏漏与不足，敬请广大读者和专家批评指正！

目 录
Contents

项目一 汽车维修业务接待基础

项目意义

随着社会经济发展，汽车市场快速发展，汽车走进了寻常百姓家。巨大的汽车保有量以及迅速增长的汽车销售市场，形成了一个与之配套的汽车售后市场。售后服务部门承载着所有客户的维修、保养、保险、美容、事故维修等购车后的一切服务业务。据调查，在中国市场中新车和二手车销售占到经销商收入的75%，然后是服务和配件，而仅从获益利润来看，服务和配件占据了经销商利润的65%，已经远远超过了新车和二手车销售利润。售后服务具有相对稳定的利润率，成为经销商业务营运的重要组成部分，有时可弥补新车销售所造成的赤字，承担着基盘客户维系、专营店利润来源、品牌形象维护等重要职责。

对于经销商来说，虽然汽车的售后服务环节处于整个汽车营销价值链的终端，但它又对始端产生着重大影响。高满意度会潜移默化地影响客户的购车导向，较高的满意度可以给客户留下较深的印象，从而变成一种正面的推荐（见图1）。

目前，我国汽车售后服务企业主流经营模式就是汽车品牌4S店模式，虽然4S店和特约维修站从数量上看只占汽车售后服务企业总数的10%，但因其背靠汽车生产厂家，因此销售规模较大，可以达到一半以上的市场份额。为此，本教材以主流品牌4S店为载体，介绍4S店售后服务部的组织架构及工作标准流程，对汽车售后服务岗位进行分析，有助于服务顾问掌握维修业务接待的工作内容及素质要求、维修业务接待基本专业知识等，从而对服务顾问岗位有更好的认知。

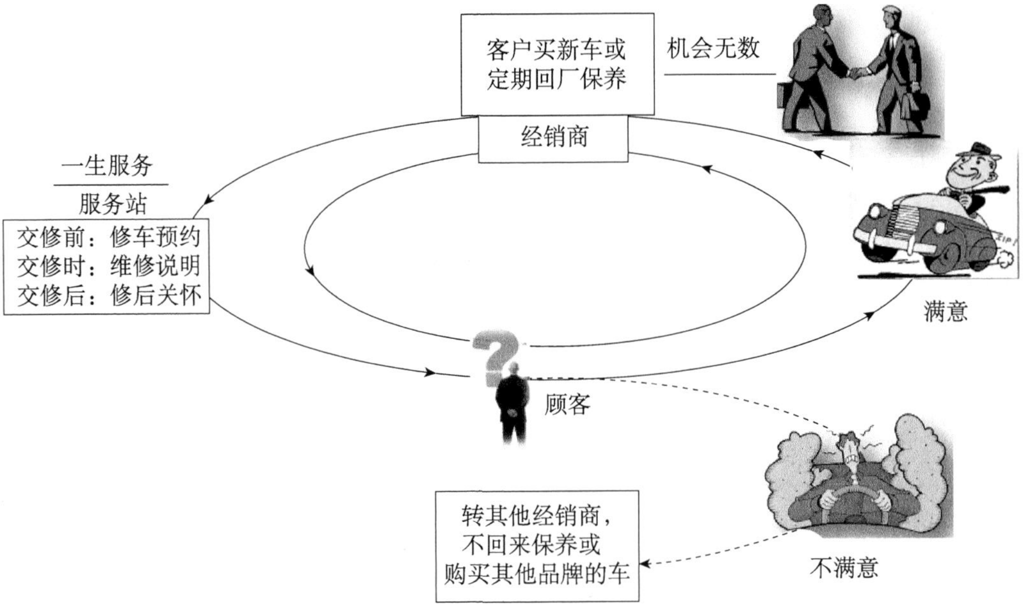

图 1　服务站盈利模式

项目内容

我们把该项目分为 4 个任务：走进汽车售后服务、认识服务顾问岗位、积累维修保养基础知识、解读汽车售后服务政策。

1. 走进汽车售后服务

在创新战略的驱动下，我国汽车后市场服务业的新技术、新模式不断涌现，高素质人力资源成为汽车售后服务企业转型升级的关键。面对技术更新快、服务要求高的汽车业，售后服务急待跟进。对于初学者，他们需要对汽车售后服务有明晰的认识，对自己所从事的职业有深入的了解，对自己即将踏上的工作岗位有充分的准备，做好职业岗位设计和规划。

2. 认识服务顾问岗位

现代汽车维修企业为了做好售后服务工作，大多设立了服务顾问岗位。随着汽车售后服务竞争的加剧，汽车售后服务企业会越来越重视对车、对人的服务。在这种情况下，作为联结客户和企业的服务顾问，其作用就显得至关重要。服务顾问了解其工作内容，明白作为服务顾问应具备的能力、知识和素质要求，熟悉服务顾问的基本礼仪等，可为更好地从事本项工作奠定扎实的基础。

3. 积累维修保养基础知识

在接待维修保养类车辆的时候，服务顾问需要根据客户车辆的使用情况，建议或推荐客户保养项目及对车辆故障进行问询。因此，服务顾问了解重点保养的配件及易损件、养护产品、汽车美容、常见故障排查方法、钣金喷漆工艺流程等基础知识，有助于提升其对维修保养知识的掌握能力，从而提升客户保持率、客户满意度和客户忠诚度。

4. 解读汽车售后服务政策

汽车售后服务政策是汽车售后服务中一个重要的辅助环节，主要包括汽车三包索赔政策、保养维修（简称保修）政策、延长保修（简称延保）政策、保险理赔政策、2016 年车险费改解读等内容。解读汽车售后服务政策，有助于提高汽车售后服务质量，是售后服务赢得市场的重要手段。

项目成果

（1）职业规划分析报告；

（2）自我职业形象设计及礼仪训练；

（3）某品牌车辆维修保养调研分析报告；

（4）某品牌售后服务政策调研报告。

任务一　走进汽车售后服务

学习目标

通过本次任务的学习，你将懂得汽车售后服务的含义和主要内容及发展趋势、汽车售后服务部门角色与定位、汽车售后服务企业包括哪些岗位，熟悉各岗位职责和任职要求。通过学习和训练，你将能够：

（1）了解汽车售后服务的含义及发展趋势；

（2）熟悉汽车 4S 店售后服务组织架构及岗位职责；

（3）掌握汽车售后服务岗位职责及要求。

工作任务

（1）选择现有主流品牌 4S 店调研，分析企业发展战略体系及售后服务相关岗位；

（2）结合自身特点撰写职业规划分析报告。

相关知识

一、汽车售后服务的含义

汽车售后服务是指汽车作为商品销售出去以后，由制造商、销售商、维修商、配件供应商和以汽车为服务对象的各类服务商，以及为客户拥有的汽车提供的全过程、全方位服务。汽车售后服务涉及广泛的范围与领域，包括汽车保险服务、维修服务、美容装饰服务、配件供应服务、改装服务、二手车交易服务、租赁服务、车友俱乐部服务等方面。

汽车售后服务的对象是拥有汽车的客户，提供服务的方式多种多样。随着经济的发展，汽车售后服务由传统的提供维修保养等基本服务逐步扩展到汽车美容装饰、改装、个性化顾问等一系列增值服务，这也是未来汽车售后服务市场利润的源泉。我们通常所说的汽车售后服务，一般是指汽车在售出之后维修和保养所使用的零配件和服务，包括汽车零配件销售、汽车维修服务和汽车美容养护三大类。

二、汽车售后服务的特点

汽车售后服务业不同于其他服务业，其服务有特定的对象，服务内容可以围绕车辆使用进行延伸。具体来讲，具有以下几个主要特点：

（1）产业链较长、较广，涉及范围比较广泛。俗话说：买车容易养车难。汽车消费是一种持续性消费，完成购买行为只是消费的第一步，后期的消费则会构成汽车消费的主体，包括汽油消费、维修保养消费、保险消费、各类税费、美容装饰消费、改装消费等，直到汽车最终报废。因此，汽车售后服务业涉及的产业链对比其他产业相对复杂，涉及范围相对广泛。特别是现代汽车上大量电器设备的应用使得汽车售后服务业不仅包括维修，还包括加装电子产品、美容等。

（2）服务交易的重复性与多次性并举。在当今的汽车行业中，随着汽车厂商竞争的加剧，销售利润已大大降低，汽车售后服务业利润已超越整车销售业并在汽车行业的利润构成中成为主要来源。特别是在汽车保有量急速增加的今天，汽车售后服务业越来越成为一个黄金产业，这主要与消费者对汽车售后服务需求的增加有关。随着经济水平的提高，人们对汽车后续服务的消费呈增长趋势，且在不同时间、不同地点产生新的消费需求并可能导致重复购买与使用。

（3）利润空间较大，服务差异性可带来较大的弹性空间。我国汽车售后市场还处于起步阶段，随着汽车保有量的增加，汽车售后市场存在较大的利润空间。而且，由于销售者可以通过向消费者提供差异性的服务，增强自身竞争实力，利用消费者的重复购买及持续消费特点与消费者议价，同时开发新的服务项目，增加新的利润增长点，因此，汽车售后服务业利润拥有较大的弹性空间。

（4）既是产业链的终端，又会对产业链始端产生重要影响。一方面，汽车售后服务业作为汽车产业链的终端，起到了连接汽车消费者与生产厂家的作用。同时，通过向消费者索取高价及从生产厂家获得利润反馈，可以维持汽车售后服务业的较高利润与价格。另一方面，在市场信息越来越透明的情况下，汽车售后服务业直接关系到汽车品牌销售情况，往往成为消费者评价汽车品牌的重要指标。因此，汽车售后服务业的发展直接影响汽车销售产业链的始端。

三、汽车售后服务的主要内容

从汽车下线到客户开始使用，再到整车报废的全过程，都是汽车后市场各环节服务所关注的范畴。汽车经销商售后服务主要是为汽车使用者提供汽车购买后的使用服务。从大的汽车售后服务市场来说，汽车售后服务包括很多方面，但作为一个具体的汽车售后服务企业，它不可能提供百分百的全方位售后服务，而只能根据客户的需求意向，或根据整车厂的要求，或根据自己的资金、实力、能力来考虑售后服务的范围和售后服务的盈利，形成具有自身特色的服务模式。

（一）二手车交易服务

随着汽车工业的持续高速发展和人民生活水平的逐年提高，我国已步入世界汽车生产和消费大国行列。据统计，目前只有30%的车主倾向于将新购买的汽车一直使用到报废，而70%的车主表示将在使用了一段时间后将汽车转让，再买一款新车。这在无形中扩大了二手车市场交易的资源规模，降低了其价格水平，从而在实质上推动了二手车的买卖，促进了二手车市场的蓬勃发展。

据统计，2017年全国二手车交易市场累计交易二手车1 240.09万辆，同比增长19.33%，交易金额达8 092.72亿元，同比增长高达34%。随着中国汽车保有量的不断增加，并且新车不断推出，价格也在不断下降，二手车交易市场将会越来越大。与二手车交易相关的服务将会有很大的市场。

（二）汽车维修养护服务

汽车具有科技含量高、技术复杂、使用环境变化大、意外损坏情况多等特点，汽车的维修费用在其使用成本中所占的比例远远高于一般商品维修费用的相应比例，这就在客观上需要一定的维修服务来恢复其损坏或失去的功能。汽车在行驶一定里程后，还需要进行许多保养工作，如定期检查、调整、紧固各系统和部件、更换润滑油、清洁等，以确保车辆上各系统和部件在高速运行时的安全性、可靠性、稳定性，切实保证乘客的安全。

汽车售后服务的一个趋势是从售后的修理转向汽车的定期维护，注重对用户的技术培训和技术咨询。曾经有业内权威人士指出：“谁能抓住汽车时代引发的汽车养护、维修商机，谁就能发掘到中国汽车时代蕴藏的最大金矿。”

（三）汽车配件供应服务

汽车零部件产业是整个汽车产业链的中上游，它是整个汽车产业的基础。在过去的30年，以欧美日为代表的全球性汽车产业为应对日益激烈的市场竞争，不断提高汽车安全、环保和节能要求，以突飞猛进的高新技术，削弱不断上升的汽车生产成本的影响，从而逐步形成一个新型的汽车产业零整格局。整车企业对所需的零部件按性能、质量、价格、供货条件在全球范围内进行比较，择优采购，改变了只局限于采用内部零部件产品的做法，而零部件企业也将其产品面向全球销售，不再局限于仅仅供给内部的整车企业。全球采购导致零部件制造从整车企业中剥离出来，独立面对市场。整车企业与零部件企业之间剥离、相互独立，提高了彼此的专业化分工程度，也为零部件制造商创造了更为广阔的市场空间和更为公平的竞争环境。

在此基础上，原有的整车制造与较多零部件生产一体化、大量零部件企业依存于单个整车制造企业以及零部件生产地域化的分工模式开始改变，向对等合作、战略伙伴的新型互动协作关系转变。随着全球汽车产业的发展，全球汽车零部件产业也迅速发展壮大，并造就了博世（德国）、大陆（德国）、江森自控（美国）、电装（日本）、普利司通（日本）、麦格纳（加拿大）、现代摩比斯（韩国）、爱信精机（日本）等进入《财富》世界500强的全球著名汽车零部件企业。

（四）汽车美容装饰服务

随着社会进步及人类文明程度的不断提高，汽车正以大众化消费品的姿态进入百姓生活。汽车的款式、性能以及汽车的整洁程度，无一不体现出车主的性格、修养、生活观及喜好。因此，许多人想让自己的“座驾”看起来干净漂亮，用起来风光舒适。围绕这一目的进行的一系列工作，就是许多人眼里笼统意义上的汽车美容。

现代的汽车美容由于借鉴了人类“美容养颜”的基本思想，被赋予仿生学新的内涵，正逐步形成现代意义的汽车美容。现代汽车美容不只是简单的汽车打蜡、除渍、除臭、吸尘及车内外的清洁服务等常规美容护理，还包括利用专业美容系列产品和高科技技术设备，采用特殊的工艺和方法，如对漆面增光、打蜡、抛光、镀膜及深浅划痕处理，全车漆面美容，底盘防腐涂胶自理和发动机表面翻新、轮胎更换维修、钣金、车身油漆修补等一系列养车技术，以达到“旧车变新、新车保值、延寿增益”的功效。

汽车美容主要包括车表美容（汽车清洗、除去油性污渍、新车开蜡、旧车开蜡、镀件翻新和轮胎翻新）、车饰美容（车室美容护理、发动机美容护理和行李箱清洁）、漆面美容（漆面失光处理、漆面划痕处理和喷漆）、汽车防护（粘贴防爆太阳膜、安装防盗器、安装语音报警系统、安装静电放电器）和汽车精品（汽车香水、车室净化、装饰贴和各种垫套）五个方面。

（五）汽车金融服务

汽车金融服务是由消费者在购买汽车需要贷款时，可以直接向汽车金融公司申请优惠的支付方式，可以按照自身的个性化需求，来选择不同的车型和不同的支付方法。对比银行，汽车金融是一种购车新选择，主要包括汽车分期付款、消费信贷、汽车保险、汽车融资租赁、汽车评估等。

目前，美国汽车金融公司的车贷经营业务已经成为汽车制造集团的主要利润来源，而通过信贷和租赁服务来购车，也是美国人最普遍使用的购车方式，占全部购车人群的比例高达 80%～90%，占世界首位。

在国外，有关汽车生产、销售、消费等方面的融资、信贷服务已经相当普及和发达。而目前我国在这方面的服务还处于探索阶段，随着有关制度规则的建立完善，行业将获得更大的发展空间，银行、企业、消费者一定会达到共赢的局面。

（六）汽车俱乐部服务

汽车俱乐部包括品牌汽车俱乐部、车迷俱乐部、越野俱乐部、维修俱乐部、救援俱乐部等多种形式。目前，汽车俱乐部服务项目各有不同：根据入会方式不同而有所区别，如客户储蓄折扣入会、收年费入会、积分累积入会、续保入会等，如储蓄金额越高，客户享受到的增值服务就越有品质；根据品牌不同而有所区别，目前一些中高端 4S 店热衷于启动会员俱乐部，吸引客户入会，促进俱乐部文化建设及绑定客户，售前售后均有较高收益及品牌影响力。

（七）汽车文化生活服务

汽车文化服务主要涉及汽车模型、汽车体育、汽车文艺、汽车知识、汽车报刊、汽车书籍、汽车影视等方面的内容，为车迷、汽车业内人士及其他关注汽车产业发展的人们提供精神上的服务。当前，普通大众、新闻媒体、赛车队、生产厂家在各个不同方面对汽车文化事业报以前所未有的关注，中国的汽车消费开始真正从实物型消费转向文化型消费，逐渐崛起的汽车文化理念还在带动国内一大批行业的发展。

汽车文化生活服务主要是为汽车车主提供汽车郊游、汽车交友、汽车野营、汽车生活等服务。汽车文化生活服务不再仅仅局限于为车主提供方便，而是在传统意义上加入快乐消费、安全消费和文化消费等内容。车主买的不仅仅是交通工具，而且是一种可无限延伸的生活。

四、汽车售后服务理念

客户感知服务的两个方面是功能服务和情感服务，功能服务注重事情的结果，情感服务注重体验过程。对于客户来说，服务就是一种受重视、被尊重、受欢迎、有快乐、能满足的感觉；对于服务人员来说，服务就是满足客户的需要。因此，作为维修业务接待人员，不仅要具有良好的服务礼仪，还要具有一定的服务意识。

作为售后服务人员，应做好服务的三重境界，即做精分内的服务、做足额外的服务、做好超乎想象的服务。

（一）做精分内的服务

分内的服务是指意料之内、情理之中的服务，即企业本应该做好的服务。具体方法有：

（1）从内心尊重和关注客户每一项需求；

（2）不问责任，先帮助客户解决问题；

（3）始终以客户为中心，如打招呼、提供饮料、理解客户需要和客户不想要的是什么等；

（4）迅速响应客户的需求；

（5）持续提供高品质服务。

美国通用汽车收到一封汽车会“过敏”的信

20世纪末的一天，美国通用汽车公司收到了一封投诉信，那位来信的顾客抱怨道：“这是我第二次给你们写信了。尽管这事看起来很乌龙，但我还是不得不说。我们家有一个传统习惯，每天吃完晚餐后，都要吃点冰激凌当饭后甜点。而且，每天吃什么口味的冰激凌，要由大家投票决定。本来一直都相安无事，自从我买了你们生产的那辆庞蒂克（Pontiac）后，一切都变得离奇古怪了。你们知道吗？每当我买的冰激凌是香草口味时，我从店里出来车子就发动不了。如果我买的是其他口味，车子一点问题没有。尽管这事好像找不到你们什么碴，但的确让我一头雾水。你们说怎么办？”

真是有趣极了，这样的事情也跑来投诉？看来美国人真喜欢惹是生非啊。试想，如果此事发生在中国，大家一定会一笑而过，认为那不过是哪位无聊之徒吃完饭没事做寻开心。然而，当年通用汽车客户服务部的老总却不这样看。他立即委派一位经验丰富的工程师专程前往，并叮嘱他一定要特事特办，妥善处理，以解顾客的后顾之忧。

当工程师见到那位投诉的顾客后，发现对方真的非等闲之辈，他可是一位儒雅乐观的成功人士。于是，两人开车来到冰激凌店，试过一次后，发现情况果真如此。不信邪的工程师，又连续三天如法炮制。第一晚，买巧克力冰激凌，车子没事；第二晚，买草莓冰激凌，车子也没事；到了第三晚，再买香草冰激凌，车子就赖着不走了。

难道这款庞蒂克汽车真有香草过敏症？即便这位颇有经验的工程师也百思不得其解。为了查明真相，公司要求这位工程师不要放弃探寻，继续安排相同的行程，直到问题得到彻底解决。于是，工程师开始认真记下从头到尾所发生的一切数据。比如时间、车子使用油的种类、车子开出及开回的时间等。经过深入细致的研究，工程师终于发现了猫腻，原来是那位顾客买香草冰激凌所花的时间比买其他口味的要少。

真与买冰激凌的时间有关吗？进一步分析表明，是那家冰激凌店存放冰激凌的内部设置有问题。因为香草冰激凌是所有冰激凌中最畅销的一种，店家为了让顾客每次都能迅速拿取，便将香草冰激凌特别陈列在独立的冰柜中，并将此冰柜放置在店堂顾客最方便拿取的前台，其余口味的冰激凌则放置在距离收银台较远的冰柜中。

那为何冰激凌这样的放置方式会带来汽车的熄火呢？原来真正的“罪魁祸首”是“蒸汽锁”。当那位顾客买其他口味的冰激凌时，由于花费时间较久，汽车引擎有足够的时间冷却，重新发动时就没有太大问题。而当买香草冰激凌时，顾客所花费的时间较短，引擎太热以至于无法让“蒸汽锁”有足够的时间散热，导致发动机发动不了，造成汽车熄火。呵呵，原来如此。

一切均有可能，方法总比困难多。无论问题多么离奇，只要严阵以待，总有解决的途径。

资料来源：http://gaoyang0755.blog.163.com/.

（二）做足额外的服务

额外的服务是指意料之外、情理之中的服务，即客户有需求但没有预期的服务。做足额外的服务，有助于提高客户忠诚度。具体方法有：

（1）提供增值服务，如免费车辆检测、免费洗车、介绍车辆维护保养注意事项等。

（2）提供个性化服务，即客户没有提出个别的需求，但客服人员能特殊对待，及时满足客户需求的个性服务保障体系。

关注细节、快速反应、认真聆听、细致跟进

王先生是我的一位忠实顾客，做事情很有计划性，每次过来保养或维修都会提前预约。前些日子，由于王先生的车ESP临时出现了报警的情况，但又正好赶上下午两点要出远门，因此匆匆忙忙地给我打了个预约电话，半小时后便赶了过来。

接待完王先生后，我先安排他去用餐区吃午饭，然后联系技师对车辆进行检修。在做外检时，我发现车内有异味，询问之后才得知，前些天有人在车内呕吐过，可因为王先生不喜欢空气清新剂的味道，所以清洗完内饰后并未使用空气清新剂，导致车内仍留有异味。了解到这个信息，我决定想出一个巧妙的解决方法。除此之外，在安排预留技师维修的过程中，我又想起王先生在一次电话交谈中提及右前化妆镜片碎了想更换，但是全国没货，很苦恼。于是我请钣金师傅帮忙，精心裁取了一片新的镜片安装上。

一点半准时维修好交车，当王先生打开车门，看见杯架处的瓶子里插着百合花，又看到崭新的化妆镜时，他满脸欢笑，我能看得出他那种发自内心的喜悦与感动。王先生说：“这次维修没有提前预约，本来心里没底，现在不仅安排得当，而且给了我很多贴心的服务，我非常满意，给你打十分。”

资料来源：2013年感动全年无休“心徽行动”最具创意服务故事集。

（三）做好超乎想象的服务

超乎想象的服务是指意料之外、情理之外的服务。做好超乎想象的服务，可以让客户

成为你的粉丝。具体方法有：

(1) 通过客户的一言一行，挖掘客户潜意识里的需求；

(2) 注意每一个服务细节，不让任何一个细节发生失误，让其他努力付诸东流；

(3) 企业要建立相应的企业文化和制度，营造“一切为了客户”的企业文化理念。

在顾客最需要的时候，我在现场

2012年8月11日，秦州的陈先生开车到常州新北区游玩，突如其来的暴雨将他停放在车库内的汽车淹没，不仅无法上车，更不能开动。

我接到陈先生的电话后，详细询问了事故地址和汽车目前的状况，并告知陈先生就近先找地方避一下雨，承诺我们会在最短的时间内到达。挂断电话后，我立即联系公司拖车。考虑到陈先生是一个人在陌生的地方，我自己也开车，先行赶往事故现场。到达现场后，我发现陈先生的车整个底盘及座椅全部淹没在雨水中，车辆无法启动，必须先将汽车从车库内推出。和陈先生讲明情况后，我立马卷起裤管，鞋子都没脱，便一鼓作气帮着将汽车从车库内推了出来。随后我便赶紧联系了保险公司，同时安抚陈先生说：“不用着急，汽车会立即送到授权经销店维修。我们会尽快帮您和保险公司接洽，进行理赔，随时和您保持联系。现在天气比较恶劣，您赶紧找家宾馆休息一下吧。”陈先生连声道谢，但是又眉头紧锁。原来，陈先生对常州不熟悉，不知道附近有什么宾馆。了解到这一情况后，我二话没说便陪同陈先生赶往最近的宾馆。安顿好陈先生后，我又去购买了防感冒药和晚饭，送到陈先生面前。陈先生非常感动，连声感叹：“不愧是××品牌的授权经销店，服务做得就是细致!”

资料来源：2013年感动全年无休“心徽行动”最具创意服务故事集。

五、汽车售后服务的发展趋势

随着我国经济的快速发展，我国汽车技术和产品日益成熟，消费者的心态也在慢慢发生转变，消费者越来越认可“买车就是买服务”的观点。优质的售后服务不仅可以在很大程度上弥补汽车产品其他方面的不足，而且能为品牌和企业培养忠实的客户。

国外成熟汽车市场统计，汽车售后服务的利润在汽车产业链中占到50%以上，汽车售后服务已成为提高客户满意度和增加企业利润的重要环节。宝马经销商2015年售后经营数据统计，售后服务的营运收入占经销商营运收入的比例只有13%，但其毛利贡献的占比高达78%，经销商的盈利已转向服务盈利。汽车品牌售后服务质量与能力将直接影响客户满意度，特别是在目前竞争激烈的汽车市场，在整车销售利润逐步降低的条件下，售后服务对不断强化品牌竞争实力、扩大市场份额越发显得重要。

汽车厂家对价值链的争夺已渗透至售后市场

在汽车业界有一句名言："第一辆车是销售人员卖出去的，可第二辆、第三辆车是售后服务人员卖出去的"。可见售后服务的重要性。

目前，持续升级的价格战致使汽车已由卖方市场转到了买方市场，各汽车厂家加大研发力度，不断压缩新车销售利润，导致厂家对价值链的争夺已经由整车销售逐步渗透至售后市场；再加上同一级别的车型日趋于同质化，车主越来越看重售后服务，使得各汽车厂家将售后服务提到战略的高度。因此，深入了解车主的保修习惯、售后服务评价、服务品牌认知，对开展售后服务工作是极有必要的。

保修习惯

慧聪研究调查显示，大部分车主的保养习惯是"每行驶到一定里程后进行保养"或"每行驶一段时间后进行保养"。车主对保修的主要关注点有：维修保养品质，更换配件的质量，收费是否合理透明，解决问题的方式是否专业、高效、便捷，服务态度是否真诚热情，服务环境氛围是否愉悦，服务人员是否具有专业素养，服务流程是否标准规范，客户关爱是否周到贴心，等等。

当客户的保修关注点与他们的期望有差距时，将引起客户的不满，进而导致抱怨投诉，甚至流失。调查显示，随着购车年限的增长，车主去4S店保修的流失率会增加，流失的客户最主要的去向是综合修理厂。

在保修期内，大部分车主选择4S店进行保修，除了潜在的保修政策的影响外，整体售后质量的稳定性也是重要因素；在保修期外，影响因素更多，包括服务类型、对价格是否敏感、有无关系资源等，车主的选择呈现了显著的差异化，4S店和非4S店各有利弊。随着车主消费习惯更趋理性和信息更容易获得，部分车主采取了更为自主的方式，如自己买料找技师购买人工服务。

售后服务评价

慧聪研究调查显示，目前车主对4S店服务的满意评价主要体现在流程规范性、维修保养时间控制、服务透明化、服务态度好、完善的客户回访制；不满意主要体现在购车交车环节的服务意识薄弱、诱导性消费、价格方面的一些问题。

针对不满意因素，首先，建议强化购车交车时的售后服务：交车时（或者交车后一段时间之内）向车主明确一对一专属服务顾问和联系方式，针对新车车主、女性车主增加讲解一些驾驶技巧、事故处理方法等，摘取重要的保修政策做成卡片或者贴纸形式发放给车主。其次，建议减少客户认为的诱导性消费：对于事实存在的诱导性消费，需加强对经销商的管控；对于事实上不是诱导性的消费，加强对客户的培育式引导，开展菜单式服务。最后，建议增加便利性、个性化服务：试点开展延长工作时间服务（可先针对预约客户）；鼓励经销店在流程化服务中适当融入个性化，增加主动关怀式服务。

服务品牌认知

厂家为了使售后服务建设有章可循，实现服务差异化并便于宣传及消费者感知，纷纷推出服务品牌，在售后领域深耕细作。例如：一汽丰田推出诚信服务、东风日产推出感心服务，上海大众推出大众关爱。宝马执行“悦常在，驾无忧”售后服务战略，致力于向客户提供“高效、透明、关爱”三大客户价值。广汽本田以“亲、速、确、安”为服务口号，为用户提供热情、及时、专业到位的优质售后服务。

慧聪研究调查显示，总体来看，车主对各服务品牌的认知度在30%～50%。从购车年限来看，新购车车主比老车主对汽车售后服务品牌认知度高；从购车类型来看，增换购和他品牌转入的车主认知度比首次购车车主高。客户认知渠道主要来源于经销店人员介绍、经销店宣传资料及店头广告。此外，客户对网站、报纸、杂志等非经销店渠道也有相当认知。如何有效提高服务品牌认知度，是一个亟须研究的课题。

汽车厂家应在深入研究车主的维修保养习惯、需求、关注点及抱怨投诉后，以专业、快捷、高效的方案解决车主用车遇到的问题，向车主提供专业、规范、周到的服务。服务品牌是企业售后服务领域的灵魂，是售后工作的方向标。而树立服务品牌、提高品牌知名度、提升品牌价值，这是一个艰辛漫长且系统的过程，贵在坚持精心维护品牌形象。

资料来源：http://auto.qq.com/a/20120521/000159.htm.

（一）汽车售后服务品牌化

在今后的汽车售后服务市场竞争中，服务企业必定要针对不同汽车用户的不同需求，根据企业产品自身的特色以及企业自身的能力来设计服务项目，并且赋予特设服务项目特定的内容、程序和规范，再加以命名，使之形成个性化、符号化的服务，形成企业自己的独立服务品牌。

汽车售后服务品牌化关键在于准确定位和实现方式的选择，汽车产品服务品牌的角色应该定位为一个汽车生产企业的连带品牌，即自身的服务品牌附加于汽车产品主品牌之上，在品牌表现时与主品牌一同出现。只有通过完善、周到、优质且富有个性的售后服务，才能培养客户忠诚度，稳定客户关系。

（二）汽车售后服务管理信息化

客户信息对任何企业来说都是至关重要的，收集、管理和利用客户信息既是售后服务的要求，也是企业发展的基础。汽车售后服务企业要想取得和保持售后服务的优势，需要获得各方面的最新、最准确的信息，并通过对收集的信息进行整理和分析，为企业的经营决策提供参考。

全新的汽车售后服务客户信息管理理念，将售后服务从“被动式维修”带入“主动式关怀”的新时代。企业通过有效地管理客户资料，更精确地反映目标客户的真实价值需求，探知客户对企业产品与服务的感受，从而有针对性地提升自身的产品与服务质量。

（三）汽车售后服务移动网络化

移动互联网时代的汽车行业，汽车售后服务企业若想在竞争中立于不败之地，全方位的网络服务将是一个必然的选择。汽车售后服务企业应积极建设与客户之间的交互平台，实时、互动、全面、客观地为客户服务，为企业带来更多的商机。这个网络服务平台是准确分析客户的有效工具，也将成为同行业竞争中的一种主要的竞争手段。

（四）汽车售后服务商业模式多元化

移动互联网时代的到来，使得汽车服务市场主要环境因素发生巨变，汽车售后服务企业正面临着主动或被动的升级换代。目前据观察，落地的解决方案应该是汽车售后服务企业的移动互联 B2C（如京东模式）结合 O2O（如苏宁模式）。

（1）把自己的保有客户收集到自己可以掌控的独立平台上来；

（2）利用移动互联运营特征做好粉丝经济和体验经济；

（3）满足车主的可能需求，实现车主俱乐部的移动解决，获得车主除修车外的诸如保险、救援、二手车、汽车金融、汽车生活等周边收益。

比如：新车销售几乎不赚钱以后，很多品牌厂家连同 4S 店的策略是 5 年 10 万公里免费保养（中国二手车平均寿命是 6～7 年）。汽车集团的商业硬件形态模式在向 2S 大卖场＋2S 综合钣喷中心＋独立集团区域品牌快修连锁（有授权品牌维修服务）过渡，商业模式上获利转向二手车经营、汽车金融、汽车保险。

电商和互联网企业角逐汽车后市场，投资方向是做上门保养，希望能带动上门保养和代驾行业一样发展；各种 O2O 电商希望在网上便宜地销售汽车保养用品，然后让客户线下只支付安装成本甚至是免费安装。以此获得客户资源和口碑积累，今后服务车主实现价值变现。

对未来中国汽车 4S 店发展变革的几点思考

由于国内新车销量的不景气，传统以新车销售为主要利润来源的 4S 店的发展前景成为业界关注的焦点。有部分业内人士认为，在汽车电商的冲击之下，未来国内 4S 店模式会最终退出历史舞台；而另一部分业内人士则认为，未来国内 4S 店通过不断的变革会长期存在下去。我个人更认同第二种观点，即未来国内 4S 店并不会消亡。

我认为在未来可预期的时间内国内 4S 店不会消亡的依据，主要有以下几点：

一是当前国外成熟汽车市场的 4S 店并没有因为所谓的汽车电商的冲击而出现“消亡”之类的言论；二是虽然当前汽车电商成为业界的热点，但无论是哪个电商平台，其真实的平台交易数据可能并没有其宣传的那么高，甚至可能还远远低于其宣传值；三是目前我国的信用体系还相当不完善，普通消费者“眼见为实”的观念还很普遍；四是即使 4S 店会受到所谓的汽车电商的强力冲击，但其并不会坐以待毙。

在这篇文章当中，我就不再对上述依据进行赘述，只想在此和大家设想一下未来 4S

店的经营模式。

设想一：4S店的主要利润来源从新车销售过渡到汽车售后和汽车金融以及二手车交易领域

这个设想其实已经走在了逐步实现的道路上，特别是惨淡的新车销售数据，已经逼迫越来越多的经销商进行这一方面的经营改革。而汽车经销商将新车销售作为主要利润来源模式所面临的压力，完全可以从重庆车展上同一汽车品牌经销商之间和不同汽车品牌经销商之间前所未有的“火拼”看出端倪。而从成熟汽车市场4S店主要从汽车售后和汽车金融以及二手车交易领域赚取利润的模式来看，国内4S店未来的发展必然会走到这条道路上来。未来国内4S店的新车销售可能给予消费者的感受是让利幅度很大，而在汽车售后和汽车金融以及二手车交易领域，消费者会感受到来自4S店的更多主动和积极的服务。

设想二：4S店将强化其售后服务网络的网点建设，售后服务转向“薄利多销”，甚至不再“专修”

未来4S店的售后服务网络可能将4S店作为区域内拥有最高维修资质和售后领域相关设备设施最齐全的总店，而满足一般的维修和保养的较低级别维修资质和只拥有必要和简单设备设施的众多网点（确保低成本）会覆盖整个区域。众所周知，由于价格相对高昂，4S店售后领域的业务在很大程度上被一些快修保养店分食，未来4S店可能会通过大幅调低售后价格、原装配件的品质优势和强化网点建设等举措，与这些快修保养店进行“薄利多销”模式的竞争。同时，随着竞争的加剧，未来4S店可能从只针对某一品牌和车型进行售后服务的模式拓展到对所有品牌和车型进行服务的模式。

设想三：强化电商平台建设，通过线上和线下相结合或并行的模式开展新车销售，尽量网罗汽车售后和汽车金融以及二手车交易等业务

虽然4S店在汽车电商平台领域的建设起步已经晚了一些，但4S店开展电商平台建设仍然会拥有比较优势。而这个优势就是线上和线下既可结合也可并行，可尽可能地吸引不同偏好的消费者。可结合是指消费者可以通过线上查阅车型相关资料，可以通过线下实地查看意向购买车型；可并行是指消费者既可以通过电商平台购车，也可以到4S店购车。值得一提的是，对于4S店而言，建立起以PC端、移动端和客户端等为代表的电商平台并不难，而凭借4S店所谓的原装品质和专业技术等优势，如果能主打“薄利多销”模式，我相信通过线上和线下相结合的模式，一定能够吸引大批消费者来店，甚至还能够吸引原来流失客户的回流。

我只是从4S店自身变革的角度去设想其未来的发展，而并没有考虑到国家相关政府部门和汽车企业或品牌对于其未来发展的影响。众所周知，目前国家在这一领域还在为破解整车厂的一些垄断行为而制定相应的政策。我相信，未来汽车经销商层面的发展空间可能因此更无须过度悲观。只要 4S 店能够顺应市场发展趋势，积极主动地调整经营模式和策略，就能够获得长期的生存和发展，甚至仍会成为未来汽车经销商模式中最好的一种汽车经销模式。

资料来源：http://www.cnautonews.com/pl/sp/201506/t20150623_413345.htm.

六、汽车售后服务接待岗位

不同类型的汽车企业的组织架构与岗位设置都有所区别，汽车 4S 店一般会根据企业的实际情况，确定自身高效合理的组织架构，有利于履行销售及售后任务职责，在激烈的市场竞争中赢得优势。一般汽车 4S 店组织架构由销售部、售后部、市场部、客服部、人事行政和财务部组成，由总经理负责经营，整体规划公司业务发展，完成集团公司或者公司董事会确定的经营目标。

目前大多数汽车 4S 店售后服务组织架构如图 1.1.1 所示。不同品牌汽车 4S 店售后服务的管理框架不尽相同，但基本岗位及职责不会有太大的差别，只是归属部门不同而已。例如：奔驰品牌 4S 店中保修索赔车辆接待、事故车接待、维修保养车辆接待分别由各自的服务主管向售后经理汇报工作，前台主管仅负责维修保养车辆接待，客服部与市场部合并为市场客服部，其经理向总经理汇报工作。不同规模的 4S 店也会根据自身情况进行适当调整，适当删减相关岗位。例如：浙江越星汽车有限公司已取消副总经理岗位，将金融保险、精品、二手车业务设置在销售部。

随着各汽车厂家对维护客户关系及提高客户满意度的要求逐渐提升，越来越多的 4S 店将客服部作为独立的部门直接向总经理汇报工作。各汽车品牌的组织架构会有差异，但工作内容大体相同。

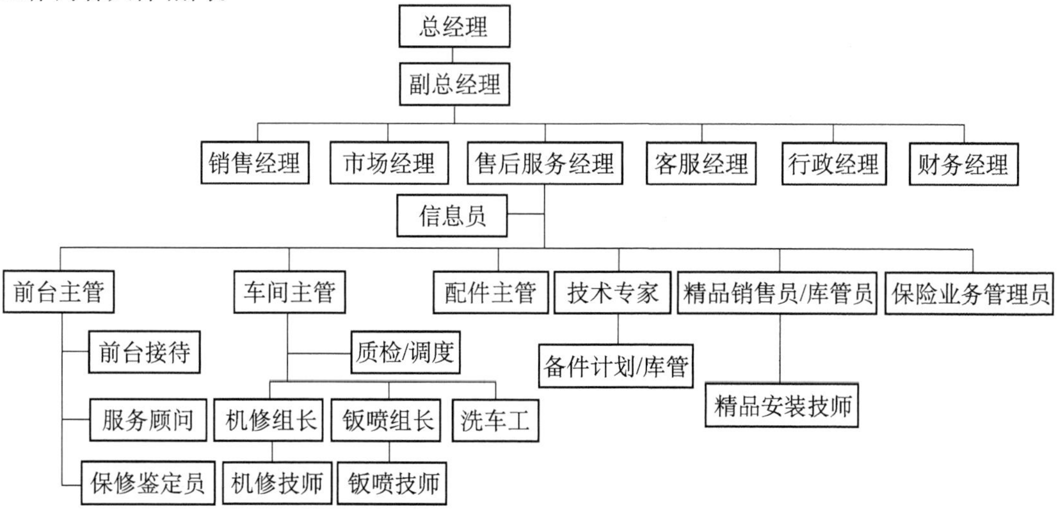

图 1.1.1　常见的汽车 4S 店售后服务组织架构

课堂讨论

你了解 4S 店每个部门具体的岗位设置吗？你知道各部门的主要职责吗？它们中哪些岗位是最适合你就业的呢？

（一）售后经理

售后经理岗位职责如表 1.1.1 所示。

表 1.1.1　售后经理岗位职责

直接上级		总经理	直接下级	前台主管、车间主管、配件主管、事故主管及分管下属部门负责人
岗位目标		管理、发展以客户导向为核心的团队，带领售后服务部追求高水平的客户满意度、服务质量以及服务市场的高份额和高收益，确保劳动及环境保护法律法规的严格执行，并在集团运营部的领导下和集团下属其他公司通力协作，保证集团战略发展目标的实现		
专门职责		工作内容	责任	衡量标准
专门职责	管理职责	1. 负责根据公司的经营计划，制定售后计划和策略，促进年度经营指标的达成	全责	完成率
专门职责	管理职责	2. 负责建立、监督和落实售后管理的标准化流程	全责	流程的标准化
专门职责	管理职责	3. 负责对客户满意度的改进进行总体协调，保证售后满意度稳步提升	全责	客户满意度
专门职责	管理职责	4. 负责本部门人员配置和团队建设	全责	晋升率 流失率
专门职责	管理职责	5. 负责监督和控制售后部门费用使用，监督预算执行	全责	预算执行率
专门职责	业务职责	1. 负责结合基盘客户来源及市场信息分析，制定和更新服务策略	全责	本区域维修市场占有率
专门职责	业务职责	2. 负责寻找和选择银行、保险公司、二级网点等合作机构并维护和拓展合作关系	全责	业务拓展率
专门职责	业务职责	3. 负责与当地政府机构、保险公司等合作单位建立良好的沟通关系，促进产值的提升	全责	业绩完成率
专门职责	业务职责	4. 负责明确市场划分，开发售后服务市场计划	全责	计划完成率
职业发展通道		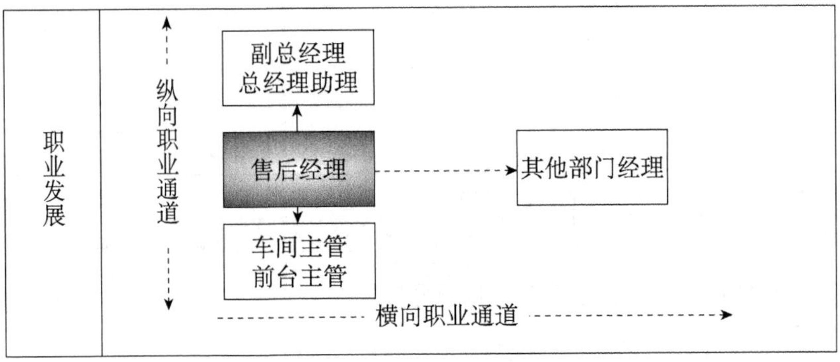		

任职资格	学历	全日制本科及以上学历
	专业方向	汽车维修相关专业
	工作经验	5 年以上汽车行业工作经验，其中 3 年以上售后服务领域管理工作经验
	专业知识	1. 具备基础的工程学知识 2. 具备完备的商业管理知识，包括市场知识和财务控制知识 3. 具备完备的品牌汽车产品知识
	专业技能	1. 具备良好的洞察、判断、分析和决策能力 2. 具备良好的组织、协调、沟通、指挥和领导能力 3. 具备良好的计划、学习、创新和自我认知、控制能力 4. 具备良好的亲和力、感召力和凝聚力 5. 具备良好的人员管理能力 6. 具备良好的人际交往能力、客户导向意识
	外语	具备较好的英语口语和书面表达能力，英语 CET-4 及以上
	计算机	熟练操作各类办公软件和现代化办公设备
	其他要求	1. 身体健康，具备良好的职业形象和职业素养 2. 具备强烈的责任心和保密意识

（二）前台主管

前台主管岗位职责如表 1.1.2 所示。

表 1.1.2　　前台主管岗位职责

<table>
<tr><td colspan="2">直接上级</td><td>售后经理</td><td>直接下级</td><td colspan="2">服务顾问、服务顾问助理、售后前台接待</td></tr>
<tr><td colspan="2">岗位目标</td><td colspan="4">带领及指导售后前台员工，实现客户满意度及效益最大化；根据品牌汽车经销商管理标准、方针和政策，对服务接待工作进行监督管理，以维护优质、职业化及客户导向的品牌形象；实施客户生命周期后续措施，维持良好的客户关系</td></tr>
<tr><td rowspan="8">专门职责</td><td rowspan="5">管理职责</td><td colspan="2">工作内容</td><td>责任</td><td>衡量标准</td></tr>
<tr><td colspan="2">1. 负责售后前台的接待与服务日常管理工作</td><td>全责</td><td>检查合格率</td></tr>
<tr><td colspan="2">2. 负责协助售后经理建立、监督和落实售后管理的标准化流程</td><td>全责</td><td>流程的标准化</td></tr>
<tr><td colspan="2">3. 负责对售后前台客户满意度的改进进行总体协调，保证售后满意度稳步提升</td><td>全责</td><td>客户满意度</td></tr>
<tr><td colspan="2">4. 负责本部门人员配置和团队建设</td><td>全责</td><td>晋升率
流失率</td></tr>
<tr><td rowspan="3">业务职责</td><td colspan="2">1. 负责协助售后经理根据公司的经营计划，制定售后计划和策略，促进年度经营指标的达成</td><td>部分</td><td>完成率</td></tr>
<tr><td colspan="2">2. 负责分解业务目标，指导、督促服务顾问按照接待流程完成接待工作，促进业务的提升和目标的达成</td><td>全责</td><td>业务完成率</td></tr>
<tr><td colspan="2">3. 负责处理客户投诉，提升客户满意度</td><td>全责</td><td>客服满意度</td></tr>
<tr><td colspan="2">职业发展通道</td><td colspan="4">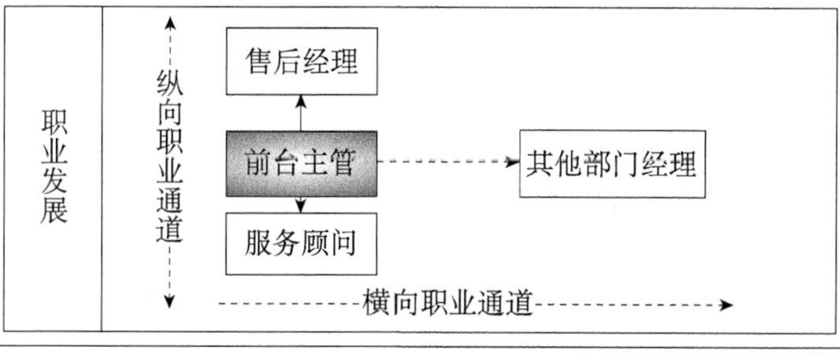
</td></tr>
</table>

<table>
<tr><td rowspan="9">任职资格</td><td>学历</td><td>全日制大专及以上学历</td></tr>
<tr><td>专业方向</td><td>汽车维修专业</td></tr>
<tr><td>工作经验</td><td>3 年以上汽车行业工作经验，其中 1 年以上售后服务领域管理经验</td></tr>
<tr><td>专业知识</td><td>1. 具备基础的工程学知识
2. 具备完备的商业管理知识，包括市场知识和财务控制知识
3. 具备完备的品牌汽车的产品知识
4. 具备完备的与售后及服务接待相关的当地政府法律法规知识
5. 具备完备的保险索赔流程及相关规定知识
6. 具备出色的服务营销知识及客户关系管理知识</td></tr>
<tr><td>专业技能</td><td>1. 具备良好的洞察、判断、分析和决策能力
2. 具备良好的组织、协调、沟通、指挥和领导能力
3. 具备良好的计划、学习、创新和自我认知、控制能力
4. 具备良好的亲和力、感召力和凝聚力
5. 具备良好的人员管理能力
6. 具备良好的人际交往能力、客户导向意识</td></tr>
<tr><td>外语</td><td>具备较好的英语口语和书面表达能力，英语 CET-4 及以上</td></tr>
<tr><td>计算机</td><td>熟练操作各类办公软件和现代化办公设备</td></tr>
<tr><td>其他要求</td><td>1. 身体健康，具备良好的职业形象和职业素养
2. 具备强烈的责任心和保密意识</td></tr>
</table>

（三）服务顾问

服务顾问岗位职责如表 1.1.3 所示。

表 1.1.3　服务顾问岗位职责

<table>
<tr><td>直接上级</td><td>前台主管</td><td>直接下级</td><td colspan="2">无</td></tr>
<tr><td>岗位目标</td><td colspan="4">依据汽车品牌方针，向客户提供关于维修和定期服务保养的建议，以支持售后维修、配件销售；根据汽车经销商管理标准，以专注、职业、服务导向的方式履行售后流程，以达到高度的客户满意度；同时启动客户生命周期后续措施，进一步推进可持续业务及长期客户关系的发展</td></tr>
<tr><td rowspan="6">专门职责</td><td colspan="2">工作内容</td><td>责任</td><td>衡量标准</td></tr>
<tr><td colspan="2">1. 负责按照售后服务标准流程完成接待、交送工作</td><td>全责</td><td>客户满意度</td></tr>
<tr><td colspan="2">2. 负责推广边际业务，促进产值目标的达成</td><td>全责</td><td>业务完成率</td></tr>
<tr><td colspan="2">3. 负责协调、沟通车辆维修进度</td><td>全责</td><td>维修按时交车率</td></tr>
<tr><td colspan="2">4. 负责建立、完善客户信息系统，并跟踪、维护客户关系，提升客户满意度</td><td>全责</td><td>信息准确性
客户满意度</td></tr>
<tr><td colspan="2">5. 负责实施客户生命周期后续措施，如定期关系维护提醒，以提升客户忠诚度</td><td>全责</td><td>忠诚客户比例</td></tr>
<tr><td>职业发展通道</td><td colspan="4">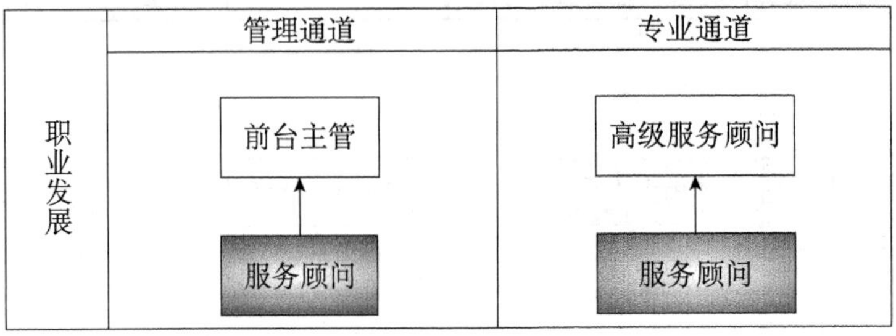</td></tr>
</table>

任职资格	学历	全日制大专及以上学历
	专业方向	汽车维修相关专业
	工作经验	2 年以上汽车行业前台工作经验，有品牌从业经验者优先
	专业知识	1. 具备完备的汽车产品及技术知识 2. 具备完备的品牌汽车车间流程知识 3. 具备完备的客户关系管理知识 4. 具备专业的品牌汽车维修技术 5. 具备较好的售后相关的当地政府法律法规知识
	专业技能	1. 具备良好的洞察、判断、分析和决策能力 2. 具备良好的计划、学习、创新和自我认知、控制能力 3. 具备良好的亲和力、感召力和凝聚力 4. 具备良好的沟通能力、客户导向意识
	外语	具备简单的英语口语和汽车专业英语阅读能力
	计算机	熟练使用各种办公软件和现代化办公设备
	其他要求	1. 身体健康，具备良好的人际交往能力 2. 具备强烈的责任心和保密意识

（四）服务顾问助理

服务顾问助理岗位职责如表 1.1.4 所示。

表 1.1.4　服务顾问助理岗位职责

<table>
<tr><td>直接上级</td><td>前台主管</td><td>直接下级</td><td colspan="2">无</td></tr>
<tr><td>岗位目标</td><td colspan="4">按照汽车经销商管理标准，协助服务顾问进行接待工作的运行及日常管理，以支持售后流程运行顺畅，从而确保良好的客户满意度</td></tr>
<tr><td rowspan="6">专门职责</td><td colspan="2">工作内容</td><td>责任</td><td>衡量标准</td></tr>
<tr><td colspan="2">1. 负责协助进行车辆检查及交接工作，协助进行客户车辆交接预约的时间安排工作，同时向车间传达工作指令，并向其收集所需文件</td><td>全责</td><td>客户满意度
信息准确性
及时性</td></tr>
<tr><td colspan="2">2. 负责协助监控工作指令的整体情况，将客户同意的工作服务告知车间</td><td>全责</td><td>工作完成情况</td></tr>
<tr><td colspan="2">3. 负责协助交接前车辆检查工作</td><td>全责</td><td>客户满意度</td></tr>
<tr><td colspan="2">4. 负责客户车间交接工作，协助确保客户到来前，车辆整洁及良好外观，完成所有车辆交接的文件</td><td>全责</td><td>客户满意度</td></tr>
<tr><td colspan="2">5. 负责根据相关售后信息，更新客户数据库和记录</td><td>全责</td><td>信息准确性
及时性</td></tr>
<tr><td>职业发展通道</td><td colspan="4">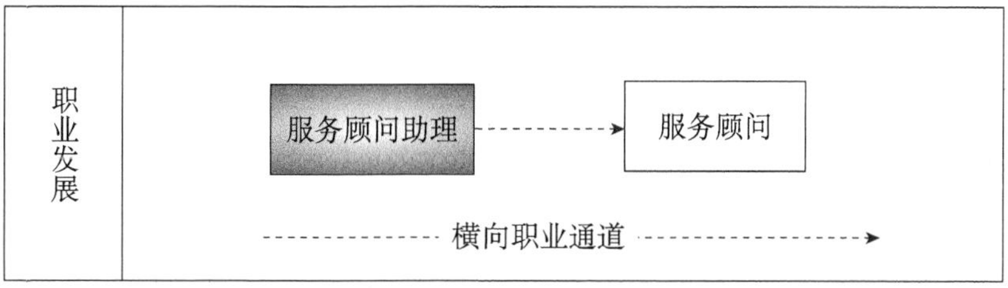</td></tr>
</table>

任职资格	学历	全日制大专及以上学历
	专业方向	汽车维修相关专业
	工作经验	1 年以上工作经验，汽车或服务行业经验优先
	专业知识	1. 具备完备的品牌汽车的产品及技术知识 2. 具备完备的品牌汽车的车间流程知识 3. 具备较好的客户关系管理知识
	专业技能	1. 具备良好的洞察、判断、分析和决策能力 2. 具备良好的计划、学习、创新和自我认知、控制能力 3. 具备良好的亲和力、感召力和凝聚力 4. 具备良好的沟通能力、客户导向意识 5. 具备专业的品牌汽车的维修技术
	外语	具备简单的英语口语和汽车专业英语阅读能力
	计算机	熟练使用各种办公软件和现代化办公设备
	其他要求	1. 身体健康，具备良好的人际交往能力 2. 具备强烈的责任心和保密意识

（五）事故主管

事故主管岗位职责如表 1.1.5 所示。

表 1.1.5　　事故主管岗位职责

直接上级		售后经理	直接下级	事故专员/接待
岗位目标		负责带领事故团队，用专业服务执行保险和理赔流程，为公司创造超额的商业利润并提升售后的客户忠诚度		
专门职责		工作内容	责任	衡量标准
	管理职责	1. 负责协助售后经理建立、监督和落实售后事故管理的标准化流程	全责	流程的标准化
		2. 负责车间人员配置和团队建设	全责	晋升率 流失率
	业务职责	1. 负责分解事故业务目标，指导、督促事故专员/接待按照保险理赔和接待流程完成接待工作，促进业务的提升和目标的完成	全责	业务完成率
		2. 负责对售后事故客户满意度的改进进行总体协调，保证售后满意度稳步提高	全责	客户满意度
		3. 负责处理客户投诉，提升客户满意度	全责	返修率 一次维修率
职业发展通道		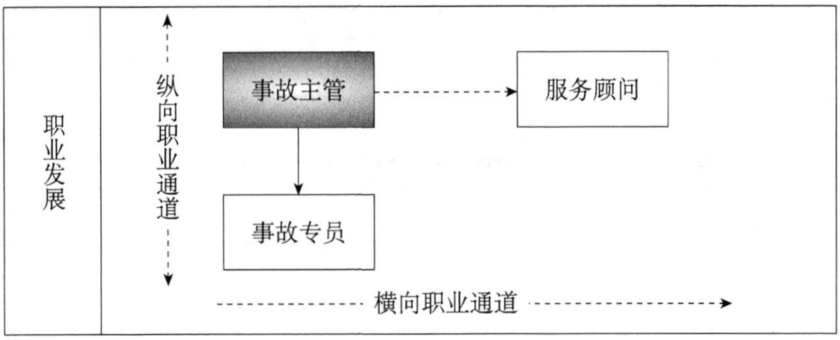		

任职资格	学历	全日制大专及以上学历
	专业方向	汽车维修专业
	工作经验	5 年以上汽车行业工作经验，其中 3 年以上售后服务领域管理经验
	专业知识	1. 具备完备的品牌汽车的车辆技术及产品知识，包括故障诊断及维修知识 2. 具备各家保险公司的保险条款和理赔程序相关知识 3. 具备国家保险法律法规相关知识 4. 具备完备的流程监控及评估知识
	专业技能	1. 具备良好的洞察、判断、分析和决策能力 2. 具备良好的组织、协调、沟通、指挥和领导能力 3. 具备良好的计划、学习、创新和自我认知、控制能力 4. 具备良好的亲和力、感召力和凝聚力 5. 具备良好的人员管理能力 6. 具备良好的人际交往能力、客户导向意识
	外语	具备较好的英语口语和书面表达能力，英语 CET-4 及以上
	计算机	熟练操作各类办公软件和现代化办公设备
	其他要求	1. 身体健康，具备良好的职业形象和职业素养 2. 具备强烈的责任心和保密意识

（六）事故专员/接待

事故专员/接待岗位职责如表 1.1.6 所示。

表 1.1.6　　事故专员/接待岗位职责

直接上级	事故主管	直接下级	无
岗位目标	按照政府规定，用专业服务执行保险和理赔流程，为公司创造超额的商业利润并提升售后的客户忠诚度		
专门职责	工作内容	责任	衡量标准
	1. 开发售后事故维修业务，提供优质售后维修服务	全责	业绩完成率 利润完成率
	2. 建立和维系与交警、停车场和保险公司的合作，促进产值的提升	全责	业绩完成率 利润完成率
	3. 建立、完善客户信息系统，并跟踪、维护客户关系，处理客户投诉，提升客户满意度	全责	准确率 客户满意度
职业发展通道	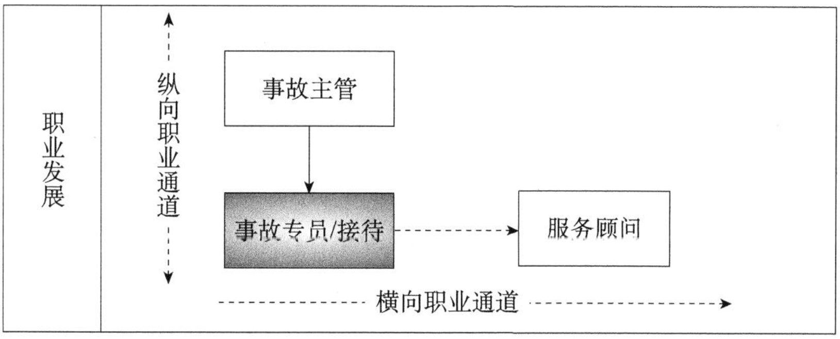		

任职资格	学历	中专及以上学历
	专业方向	汽车维修相关专业
	工作经验	1 年以上事故车辆处理的工作经验
	专业知识	1. 具备各家保险公司的保险条款和理赔程序相关知识 2. 具备国家保险法律法规相关知识
	专业技能	1. 具备良好的专业判断、分析和决策能力 2. 具备良好的接待、公关、交流、业务洽谈能力 3. 具备良好的计划、学习、创新和自我认知、凝聚力、控制能力
	外语	具备较好的英语口语和书面表达能力
	计算机	熟练使用各种办公软件和现代化办公设备
	其他要求	1. 身体健康，具备良好的人际交往能力 2. 具备强烈的责任心和保密意识

（七）客服主管

客服主管岗位职责如表 1.1.7 所示。

表 1.1.7　　客服主管岗位职责

直接上级		市场客服经理	直接下级	客服专员、客服接待员
岗位目标		协助市场客服经理开展客户满意度的调查、分析和提升工作，做好部门内部的协助管理工作，以确保公司客户保有量提升，并为运营部门提供相关数据		
专门职责		工作内容	责任	衡量标准
	管理职责	1. 监督销售和售后流程，完成客户回访并建立完善的客户档案系统及信息反馈系统	全责	完成率 准确率 客户投诉次数
		2. 组织协调进行客户满意度调查并分析	全责	客户满意度
		3. 指导客服接待员进行日常客户的接待和服务	全责	客户满意度
	业务职责	1. 管理主机厂 DMS 系统，DMS 系统信息检查和监督	全责	准确率 差错率
		2. 处理客户投诉和抱怨、客户投诉的跟踪	全责	客服满意度 客户投诉次数
职业发展通道		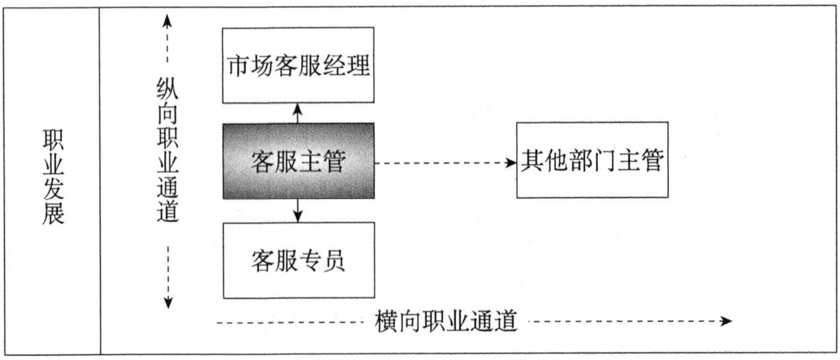		

任职资格	学历	全日制本科及以上学历
	专业方向	市场营销或管理相关专业
	工作经验	3 年以上汽车行业客服工作经验，有管理经验者优先
	专业知识	具备一定的车辆使用和维修知识
	专业技能	1. 具备良好的洞察、判断、分析能力 2. 具备良好的协调、沟通能力、语言表达能力 3. 具备良好的计划、学习、创新和自我认知、控制能力 4. 具备良好的亲和力、感召力和凝聚力 5. 具备一定的危机处理能力、公关能力
	外语	具备较好的英语口语和书面表达能力，英语 CET-4 及以上
	计算机	熟练操作各类办公软件和现代化办公设备
	其他要求	1. 身体健康，具备良好的职业形象和职业素养 2. 具备强烈的责任心和保密意识

（八）客服专员

客服专员岗位职责如表 1.1.8 所示。

表 1.1.8　客服专员岗位职责

直接上级	客服主管		直接下级	无
岗位目标	协助客服主管开展满意度调查和结果分析、客户档案的管理、客户回访及沉寂客户追踪，以维护公司客户网络，为运营体系提供数据信息支持			
专门职责	工作内容		责任	衡量标准
	1. 日常销售和售后客户的回访		全责	准确性 及时性 有效性 完整性
	2. 建立完善的客户信息系统并及时更新		全责	
	3. 客户档案管理		全责	
	4. 负责编制及报送各类报表		全责	
职业发展通道	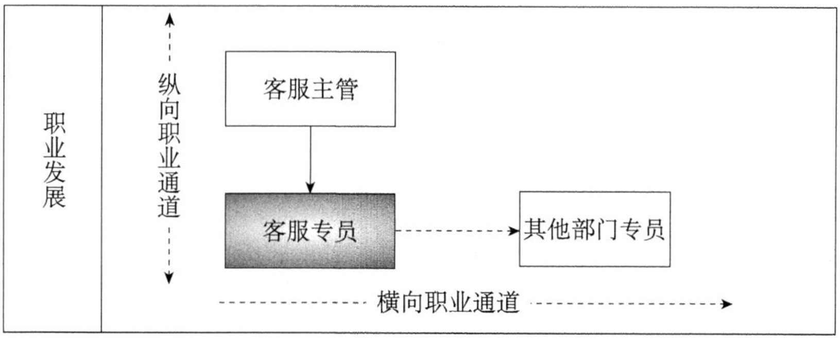			
任职资格	学历	全日制大专及以上学历		
	专业方向	文秘、管理学相关专业		
	工作经验	1 年以上的销售或服务行业经验		
	专业知识	具备一定的车辆使用和维修知识		

任职资格	专业技能	1. 具备较强的沟通协调能力、人际交往能力、理解能力和信息采集能力 2. 具备较强的亲和力、学习、沟通和自我调控能力、语言表达能力
	外语	具备较好的英语口语和书面表达能力，英语 CET-4 及以上
	计算机	熟练操作各类办公软件和现代化办公设备，擅长使用 Excel 软件
	其他要求	1. 身体健康、爱岗敬业、踏实肯干 2. 细致严谨、原则性强、条理清晰、保密意识强

（九）索赔员

索赔员岗位职责如表 1.1.9 所示。

表 1.1.9　　索赔员岗位职责

直接上级	车间主管	直接下级	无
岗位目标	按照本品牌汽车销售有限公司政策，及时完成保修和善意索赔工作，以达到高度的客户满意度和最大化索赔成功率		
专门职责	工作内容	责任	衡量标准
	1. 负责鉴别、诊断客户投诉，受理索赔项目，按照索赔条例办理索赔事务	全责	索赔通过率
	2. 负责管理索赔旧件，建立索赔备件台账	全责	档案完整性
	3. 负责定期整理和妥善保存索赔档案	全责	信息完整性 准确性 有效性
	4. 负责定期与维修顾问、技师和/或管理层沟通并记录最新的保修和善意索赔相关信息	全责	
	5. 负责协助索赔审计	全责	审计得分
职业发展通道	索赔员 → 服务顾问 售后其他员工 横向职业通道 →		
任职资格	学历	全日制大专及以上学历	
	专业方向	汽车维修相关专业	
	工作经验	3 年以上汽车车间工作经验	
	专业知识	1. 具备完备的汽车产品及技术知识 2. 具备完备的汽车保修知识 3. 完备的汽车架构、零件和组装方面的相关知识 4. 基础的车间流程知识	
	专业技能	1. 具备良好的洞察、判断、分析和决策能力 2. 具备良好的计划、学习、创新和自我认知、控制能力 3. 具备良好的亲和力、感召力和凝聚力 4. 具备良好的人际交往能力、沟通能力 5. 具备专业的分析能力	
	外语	具备较好的英语口语和书面表达能力，英语 CET-4 及以上	
	计算机	熟练使用各种办公软件和现代化办公设备	
	其他要求	1. 身体健康，具备良好的人际交往能力 2. 具备强烈的责任心和保密意识	

课堂讨论

对照各岗位职责，结合自身的优劣势，谈谈自我职业规划？针对自身劣势，应如何进行弥补？

七、汽车售后服务企业文化

企业文化是以人的管理为中心，以全面提高人的整体素质为基本途径，以培育企业价值观、企业精神为核心内容，以塑造企业形象为基本手段，以提高企业效益为根本目的管理理论和管理方式。用一句话简单地概括：企业文化是企业和企业员工的共同价值观和行为模式。当我们静心思考那些成功的企业为什么能够在激烈的市场竞争中实现长久发展时，就会感受到，这些成功的企业都有一种鲜明的企业文化在支撑。越是持续卓越的企业，越具有强而有力的企业文化。企业文化是企业的灵魂，每一个企业都应该具有自己特色的企业文化。

汽车售后服务企业一方面继承和发扬整车品牌的企业文化，另一方面演绎和塑造自身的企业文化，如何将两者更好地结合起来，使之交相辉映，是汽车售后服务企业持续发展的动力和源泉。

通过对全球成功企业的研究发现，在所有行业中的成功企业几乎都有清晰而明确的企业战略管理体系，经过学术专家的研究与分析，企业的战略管理体系核心包括的内容通常由企业的愿景、使命和战略运营重点组成。

（1）愿景：一个公司5～10年间希望的样子。

（2）使命：这个公司要做什么。

（3）战略运营重点：企业使命的具体化。

BMW企业文化

宝马（BMW）售后服务战略管理体系核心主要有：

宝马售后服务的愿景：豪华汽车领域，最好售后运营。

宝马售后服务的使命：为悦常伴，即客户“悦”生活方式在情感上的升华。

宝马售后服务战略运营重点：

（1）提升客户满意度；

（2）保持客户忠诚度，开拓商业机会；

（3）致力于品牌建设；

（4）员工和组织发展。

案例剖析

售后服务职能之外的接待

3月初，客户李先生办理了交车手续，提车的时候销售顾问告诉李先生免费加装的发动机下护板店内目前缺货，当天装配不了，承诺李先生首次保养（简称首保）的时候再给他装上，当时李先生想着刚买新车蛮高兴的，这种小事就先不慌，所以答应了。过了3个月李先生来做首保，想顺便把发动机下护板给装上。他到店就向接待的服务顾问说明了购车时的情况，但服务顾问说加装发动机下护板的事情不归他们管，让李先生去找当时的销售顾问。

李先生在店里找了一圈也没有找到当时的那个销售顾问，就问其他销售顾问，他们说帮忙打电话联系。一晃半个小时过去了，没有人告诉李先生是否找到那个人，也没有其他服务人员过来接待李先生。后来李先生只能找接待的服务顾问，要他叫主管出来。售后主管听李先生说了原委之后表明要先了解一下情况就走了，车辆都保养完了，售后主管才回来。李先生以为事情可以很快解决，但售后主管说还是装不了。李先生当时很气愤说要投诉，结果不到5分钟，之前卖车的销售顾问就出现了，他说有事耽误了，马上给李先生加装发动机下护板。

事实调查发现，李先生到特约店做首保前没有预约，到店后直接要求免费加装发动机下护板，服务顾问并不了解情况，不能擅自安排加装发动机下护板。同时，由于其店内车间精品部门每天都要先装预约好的客户，时间安排很紧，因此特约店在时间上未能达到客户要求，造成了客户的不满。

【原因分析】

主要问题点：特约店答应免费加装发动机下护板，但首保时没有兑现承诺。

（1）首保时，服务顾问认为免费加装发动机下护板是销售顾问的承诺，不在其职责范围内；

（2）承诺客户免费加装发动机下护板的销售顾问迟迟不出现，且事前没有与售后沟通；

（3）客户首保进行期间一直在店内，却无人关注他的问题，特约店服务意识淡薄。

【要点建议】

1. 向客户提供专业而周到的服务，赢得客户的信赖

本案例中销售顾问承诺客户赠送发动机下护板，客户到店安装。但客户在找不到销售顾问的情况下，向服务顾问询问。服务顾问此时不应该简单回绝，应清楚说明新车发动机下护板不归售后安装的原因，并带领客户找到所负责的销售顾问，同时，可向客户讲清楚有哪些流程和手续。

2. 服务顾问要承担沟通的角色

客户为了落实装发动机下护板，找人、等人耗费时间过长，中途如果有人过问一下、关注一下，可能会大大消除客户的抱怨。

【源头改善】

1. 承诺客户时应将细节交代清楚

要客户做首保的时候再来安装发动机下护板，销售顾问应先告知客户找谁安装，还需要办理哪些免费的相关手续，同时应该做好精品部门、服务顾问、加装人员之间的衔接工作。对于此类事件，店内应该形成一套完整的流程制度。

2. 应该由谁来接待客户

新车加装发动机下护板虽然不归服务顾问管，但是服务顾问应该清楚精品的安装部门，仅仅简单地说明事情超出自己服务范围，让客户找其他人显得服务不专业，不能够赢得客户的信赖。遇到这样的情况，服务顾问应该负责任地担当好客户的向导。

3. 面对投诉，特约店怪客户没有预约，服务意识淡薄

第一，新客户可能不清楚这个特约店的预约流程，销售顾问应主动提醒客户到店加装发动机下护板时需要预约。

第二，客服代表特约店应主动联系客户到店安装发动机下护板，并联动其他业务部门，不应该出现客户没有预约就不好安排的情况。

第三，客户提出要投诉，销售顾问立马说马上安排安装，这会给人一种感觉：只有投诉才能解决问题吗?

4. 对找过你的客户一定要始终关注他

等待总是一件很令人纠结的事情。等待的时间不好打发，等待容易使人烦躁，超过30分钟没有体现给予客户的关注，这是接待不到位的表现，也是造成客户烦恼心境的重要因素。

知识拓展

售后服务绩效考核

一、薪酬结构设计的组成项目

薪酬组成如图1.1.2所示。

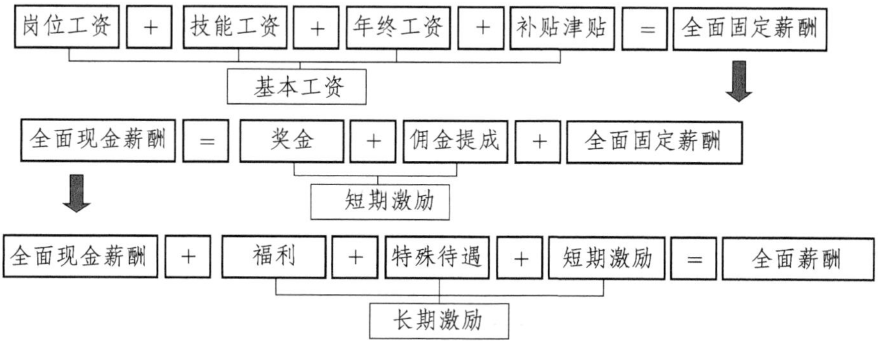

图1.1.2　薪酬组成

二、售后重点 KPI 指标

（一）前台

前台 KPI 指标如表 1.1.10 所示。

表 1.1.10　　前台 KPI 指标

序号	项目	计算方法	指标定义	关联因素	参考值
1	估价准确率	维修金额预估准确的维修台次/当月总进厂台次×100%	评价服务顾问费用预估能力的指标，该指标直接影响用户满意度		≥98%
2	台次构成比	定保产值；一般修理产值；事故修理产值；索赔产值；其他	反映售后服务各维修业务类型进场台次的情况	维修车龄构成比、用户忠诚度	定期保养≥40%、事故≥10%
3	保养台次占比	当月保养台次/当月机电进厂台次×100%	从该指标可以反映出服务站用户维系的水平		50%
4	产值构成比	定保产值；一般修理产值；事故修理产值；索赔产值；其他	衡量维修产值中各类维修类别业务的营收能力	维修车型构成比、维修车龄构成比、用户忠诚度	机电占比 50%～60%、事故占比 40%～50%
5	服务顾问日均接车台次	当月进场台次/（服务顾问人数×工作天数）	评价业务前台服务力的重要指标	进场台次、用户专员出勤率、预约率	10～12 台/天
6	进场频次	当年进场台次/当年建档用户	衡量服务站基盘用户关系的维持成效，也是为服务站分析经营现状和制订年度计划提供参考的重要指标	用户忠诚度、车龄结构	1.8～2.2 次/年
7	售后毛利率	售后毛利/售后产值×100%	衡量售后经营的盈利能力	工时产值、备件毛利、用户忠诚度、折让	40%～45%
8	客单价	当月进场台次/当月总进场台次	在一定的范围内衡量售后服务营销及盈利的能力	维修车龄构成比、维修类型构成比、用户忠诚度、续保率	区域平均值
9	当月进场台次	系统采集数据	在一个月内，服务站总的服务台次，包含收费、保修、免费等项目，不包含返工、备件销售业务		

续前表

序号	项目	计算方法	指标定义	关联因素	参考值
10	预约率	当月主动或者被动预约台次/当月进场总台次×100%	体现服务站售后服务用户预约管理工作的成效	新车首保率、新车维持率、购车满一年用户忠诚度、出保满一年用户忠诚度	≥30%
11	索赔一次通过率	1−拒绝索赔单据数/索赔单据数×100%			≥98%

（二）客服

客服 KPI 指标如表 1.1.11 所示。

表 1.1.11　客服 KPI 指标

序号	项目	计算方法	指标定义	关联因素	参考值
1	用户满意度	实际表现−用户期望	衡量售后服务经营绩效的重要指标，它的调研分析能为售后服务找出持续改善的机会和方向	一次修复率、准时交车率、备件满足率、故障判断准确率	90 分
2	用户保持率	购车时间 3 年内的用户在近 9 个月内进服务站数量/服务站保有用户购车 3 年内的总数量	衡量服务站对用户关系维系能力的重要指标，通过流失原因分析找出用户服务工作存在的弱项	用户满意度、备件满足率、一次修复率、准时交车率	1 年内保持率≥95%、1～2 年保持率≥65%、2～3 年保持率≥50%
3	用户投诉率	当月的用户投诉件数/当月的进场台数	某个周期内服务站受理与售后服务部门有关的用户投诉的比例，也是影响用户流失的重要指标	一次修复率、备件满足率、准时交车率、故障判断准确率	≤0.07%
4	回访成功率	当月成功回访的台数/当月回访台次×100%	衡量服务站 3 日内回访获取用户有效评价的能力	用户信息准确率	≥95%
5	建档用户数	A 类用户数＋B 类用户数＋C 类用户数＋D 类用户数	服务站在 DMS 系统内管理的所有用户数，通常按回厂情况分类 A 类用户：一年来厂 3 次及以上的用户 B 类用户：一年来厂 2 次的用户 C 类用户：一年来厂 1 次的用户 D 类用户：一年间未来厂的用户	新车销售量、新车首保率	100%

续前表

序号	项目	计算方法	指标定义	关联因素	参考值
6	用户忠诚度	在统计月前推12个月内回厂次数≥3次的用户量/基盘用户数×100%	衡量某一周期内用户在服务站内消费行为的重要指标	购车满一年用户忠诚度	≥15%
7	首保返厂率	4S店用户售车后在起3个月内，进入服务站进行首保车辆/该4S店所有当月购车数量	自店销售车辆进站首保的比例，评估服务站对新车用户的维系能力	预约率	≥95%

（三）车间

车间KPI指标如表1.1.12所示。

表1.1.12　车间KPI指标

序号	项目	计算方法	指标定义	关联因素	参考值
1	一次修复率	（当月进场台数－当月外返台数）/当月进厂台数×100%	衡量服务商维修质量的重要指标，也是影响用户满意度的关联指标	故障判断准确率、工具设备完好率、备件满足率、返工率	≥98%
2	准时交车率	当月准时交车台数/当月进厂台数×100%	衡量用户专员对维修时间预估的准确性，也是评价技师维修质量和维修时效管控能力的指标	工位生产率、返工率、估时准确率、故障判断准确率、备件满足率	≥95%
3	工位周转率	当月维修台次/（工位数×工作天数）	可衡量服务站售后维修工位在某个周期内的利用情况	预约率、设备完好率、返工率、备件满足率	4～5次/天
4	工时占比	工时收入/维修产值×100%	评估备件销售额与维修产值之间合理性的重要指标		25%～30%
5	返工率（内返）	当月返工台数/当月维修台数×100%	反映维修人员技术水平的重要指标，也可以体现质检工作的成效	故障判断率、设备完成率	≤3%

（四）配件

配件KPI指标如表1.1.13所示。

表 1.1.13　　配件 KPI 指标

序号	项目	计算方法	指标定义	关联因素	参考值
1	备件周转率	当月备件出库成本/(月初库存＋月末库存）/2	衡量现有库存管理情况的重要指标	备件满足率、备件销售额、呆滞件占比、A+B种类占比	0.45～0.5
2	备件毛利率	备件毛利/备件产值×100%		维修类别占比、维修车型占比、维修车龄占比	38%～40%
3	备件库存结构比	A类件：B类件：C类件	按备件销售及销售额定义的备件分类，其主要构成结构包括：A类件（快流件）、B类件（中流件）、C类件（漫流件）	备件周转率、备件满足率、呆滞件占比	70%：25%：5%
4	紧急订单率	紧急订单次数/总订单数×100%	衡量备件订购计划准确性及库存结构合理性的重要指标	备件满足率、备件周转率、维修类型构成比	≤35%
5	呆滞件比例	(12个月以上未出库的备件）库存成本/总库存成本×100%	服务站一年以上无出库记录的备件比率	备件周转率、C类件占比	≤10%
6	备件产值占比	备件产值/维修产值×100%	评价备件销售额与维修产值之间合理性的重要指标	产值构成比、车型构成比、车龄构成比、用户忠诚度	65%
7	备件满足率	当月可供备件项次/当月备件需求总项次×100%	衡量备件部门为满足用户需要所能提供备件的能力，可反映库存结构的合理性	备件周转率、A+B类件占比、预约率	≥90%

实践操作

汽车售后服务分析及自我职业规划

一、训练内容

汽车售后服务分析及自我职业规划。

二、训练目的

(1) 对汽车售后服务岗位进行分析；

(2) 对自己未来就业的职业岗位进行设计和规划；

(3) 初步掌握社会调研的方式和方法；

（4）掌握团队协作工作的基本要求。

三、训练步骤及要求

（1）指导教师对全班学生进行分组，6～8人为一组，组长采取轮流制进行；

（2）小组选择某汽车品牌4S店（可以是以后有就业意向的品牌店）；

（3）对汽车品牌4S店调研，收集资料，包括企业文化、战略体系、服务理念、组织架构及岗位分析（职责、考核指标、薪资、职业发展空间等）；

（4）团队成员通过充分交流合作、合理分工、相互讨论等进行资料处理，完成某主流品牌4S店的售后服务岗位分析报告；

（5）小组成员结合自身优劣势，撰写职业岗位规划书；

（6）制作PPT并汇报，汇报时先介绍组员的任务分工、完成过程、遇到的困难与解决方法，再介绍实训内容；

（7）小组点评。

四、评价与总结

评价与总结示例如表1.1.14所示。

表1.1.14　汽车售后服务岗位分析及职业岗位规划技能训练评价

<table>
<tr><td>测评内容</td><td colspan="5">1. 汽车售后服务岗位分析报告
2. 职业岗位规划书（自身优劣势）
3. 成果展示及介绍</td></tr>
<tr><td rowspan="4">考评标准</td><td>内容</td><td>分值</td><td>自评</td><td>互评</td><td>师评</td></tr>
<tr><td>汽车售后服务岗位分析报告</td><td>30</td><td></td><td></td><td></td></tr>
<tr><td>职业岗位规划书</td><td>30</td><td></td><td></td><td></td></tr>
<tr><td>成果展示及介绍</td><td>40</td><td></td><td></td><td></td></tr>
<tr><td colspan="2">合计</td><td>100</td><td></td><td></td><td></td></tr>
<tr><td colspan="2">最终得分（自评25%＋互评25%＋师评50%）</td><td colspan="4"></td></tr>
<tr><td colspan="6">自评：包括团队成员的工作态度、团队分工合作情况、工作流程及对成果质量评价、项目收获。
互评：客观评价，先提优点，再道不足。
师评：教师根据团队成果优缺点，有针对性地点评，启发学生的创新思维，对各团队普遍存在的问题进行重点分析，并提出要重点注意的问题。</td></tr>
</table>

五、训练成果

点评、修改后，提交1份汽车售后服务市场调研情况及自我职业规划报告。

思考练习

（1）汽车售后服务包括哪些内容？

（2）汽车售后服务的理念有哪些？

（3）我国汽车售后服务业未来发展趋势是怎样的？

（4）请调研一家主流汽车品牌4S店售后服务的组织架构。

（5）请结合调研描述一下你认为的售后经理的职位升迁历程。

任务二　认识服务顾问岗位

学习目标

通过本次任务的学习，你将知道服务顾问岗位的工作内容，明白服务顾问应该具备的能力素质要求，熟悉服务顾问的基本礼仪。通过学习和训练，你将能够：

（1）正确认识服务顾问的工作内容；

（2）对服务顾问的工作能力进行评价；

（3）懂得如何注重自己的仪容、仪表、仪态，塑造良好的职业形象。

工作任务

（1）自我形象设计；

（2）服务礼仪训练。

相关知识

随着我国人民生活水平的不断提高，大众对汽车的需求越来越强烈，市场的竞争更加深入，许多国外的汽车品牌都国产化，“买车就是买服务”或“汽车是靠服务卖出去的”已成为广大消费者的共识。汽车服务企业为满足客户需求、树立企业形象、提高企业的竞争力，纷纷在企业内开展宾馆式服务，设置服务顾问这一岗位。经过几年的发展，服务顾问已经逐渐成为汽车服务企业经营管理中一个重要岗位。服务顾问接待的好坏已成为评价汽车服务企业好坏的直接标准，汽车制造厂也将服务顾问工作作为企业营销战略的一个重要组成部分。

一、服务顾问岗位的重要性

汽车服务企业的服务对象与以前相比发生了质的变化。这些拥有汽车的车主，主要以家庭用车为主，他们不仅要求维修质量优良，而且需要热情接待、费用合理等优质服务。如果一个企业虽然维修质量优良，但没有一个良好的客户休息环境和优秀的业务接待，在客户到企业维修保养时，又经常遇到一件或几件不满意的事，就会让客户觉得企业对自己不重视。例如：回答自己提出的问题不专业、故障判断没有针对性、维修环境差、设备精度不高、管理乱、维修工作人员工作责任心不强、经理什么也不管、忙乱无序、服务质量和维修收费不匹配等。当客户遇到上述一件或几件事时，势必引起不满，甚至抱怨。客户主观上对企业做出“不规正、档次低、服务差、条件差、维修质量不怎么样”的结论，从而在心中对企业产生“恶感”，在以后的质量保证期内，即使一点小的故障也会引起客户的雷霆震怒，除在朋友中损坏企业的形象外，还会向企业管理部门投诉，使得企业不仅得不到新的客户群，还会逐步流失老的客户群，这就是现实中二类维修企业“客户少，回头客少”的原因之一，也是很多4S店价格虽高，但仍然客户盈门的原因之一。因此，业务接待不是万能的，但没有业务接待是万万不能的。随着汽车售后服务市场进一步发展，其重要性主要体现在以下几个方面：

（1）服务顾问岗位的设立，充分体现了汽车服务企业的经营管理规范化的程度；

（2）服务顾问接待可带动协调各个管理环节，有利于提高工作效率；

（3）服务顾问可作为企业与客户之间的桥梁，协调双方利益，提高双方的信任度，从而凝聚广大客户，提高企业的经济效益和社会效益。

有关数据显示，在所有不满意的客户中选择投诉的客户所占的比重仅4%，而96%的不满意客户通常不会投诉，但是会把这种不满意告诉他周围的其他人（见表1.2.1）。通常1个不满意的客户至少会把他们的经历告诉其他9个人，其中13%的会告诉另外的20多个人。1个客户的投诉，代表着其他24个没有向公司投诉的客户的心声。客户投诉并不可怕，可怕的是存在诸多问题企业却不自知，最终导致客户的流失。从很多企业的成功经验来看，只有在服务顾问这个“第一窗口”彻底改善服务，才能降低不满意事件的发生。

表1.2.1　　消费协会调查统计

	会回购	不会回购
不投诉的客户	9%	91%
投诉没有得到解决的客户	19%	81%
投诉过，问题得到解决	54%	46%
投诉被迅速解决的客户	82%	18%

二、服务顾问的工作内容

维修服务工作包含两个层面，既是直接面对客户的前方服务工作，也是支援前方工作的后方服务工作。两者相得益彰，缺一不可，只有单方面做得很出色也还是不能达到令客户满意的效果。在汽车企业售后服务部从事客户车辆接待的服务人员被称为服务顾问。服务顾问是汽车企业售后服务部的“第一印象”和“最后印象”的体现者，是经销商售后服务部最接近客户的重要人物，其不仅是简单应对客户的人，更重要的是其行为必须让客户有信赖感，并对客户提出的问题能够立即解决或寻求适当支援以满足客户。

售后服务流程包含所有售后工作人员的工作内容，服务顾问的工作贯穿在整个服务流程中，起到了承上启下的桥梁作用。流程中服务顾问的工作内容包括接待准备、客户接待、车辆维修、交车准备、结算交车、服务跟踪等工作。具体内容如图 1.2.1 所示。

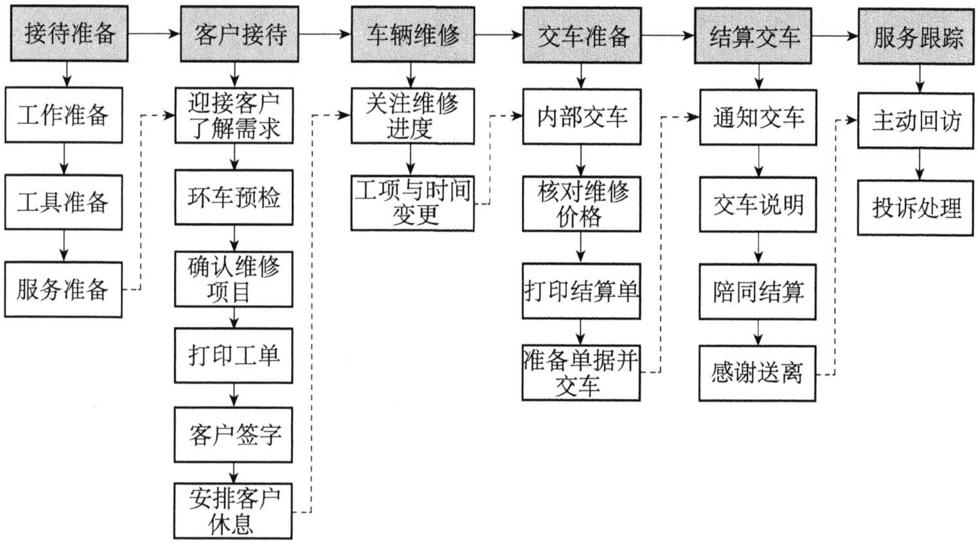

图 1.2.1　服务顾问的工作内容

课堂讨论

根据服务顾问的工作内容，讨论服务顾问与哪些部门或岗位有交集，将要点记录下来。如销售部、配件部、维修车间、客服部、索赔部、财务部等。

汽车 4S 店服务顾问怎样做好接待工作

怎样才能在维修服务工作中做好前台的接待工作，是目前汽车 4S 店在日常工作中要重点关注的问题。

预约

这一步最重要的是要让预约顾客真正享受到预约的待遇，要与直接入厂维修车辆的顾客有严格的区别，这是决定顾客下次是否再次预约的重要因素。公司刚开业时，预约比较难做。主要原因是开业初期业务量较小，预约和直接入厂维修的顾客从维修的时间来看区别不大，可以对预约进厂的顾客采取一定的优惠措施。但是，现在一般顾客对于时间看得很重，因此汽车 4S 店应该大力推广和鼓励顾客预约，具体方法有：

(1) 让顾客了解预约服务的各种好处；

(2) 在顾客欢迎区和顾客休息室放置告示牌，提醒顾客预约；

(3) 在对顾客回访跟踪时，宣传预约业务，让更多的顾客了解预约的好处；

(4) 由服务顾问经常向未经预约直接入厂的顾客宣传预约的好处，增加预约维修量。

接待准备

在接待顾客维修车辆前要做好必要的准备工作，如接待工作中需要使用的工具、顾客档案、实车检查单、估价单、施工单、零件出库单、交车说明单和结算单等，接着应做好下述每一步的接待工作。

接待

顾客将车辆停好后，由引导人员将其带入维修欢迎区域并按照要求介绍给某个服务顾问，进入维修接待步骤，即服务顾问与顾客沟通的过程，也就是一对一问的过程。在此过程中，服务顾问应注意几个问题：

(1) 服务顾问要以亲切礼貌的态度认真听取顾客的要求并在估价单上记录。

(2) 查询车辆维修档案，掌握顾客车辆过往维修情况，为新顾客建立顾客车辆维修档案。

(3) 按照5W2H（why、what、who、when、where、how、how often）的方法对顾客的车辆使用情况进行“问诊”，“问诊”时间至少5分钟。这样做的好处是，可以较多地、精确地了解顾客的需求；可以了解顾客车辆日常使用情况，并给出一些专业的维修建议；可以更多地了解顾客性格，有利于后续的工作；可以和顾客建立起情感，为后面的工作打好基础。

(4) 服务顾问在和顾客交流过程中必须保护好顾客的车辆，使用四件套，并如实记录顾客车辆的情况，包括车型、行驶里程、车辆外观的损坏情况、仪表工作情况、音响工作情况、空调工作情况、雨刮器工作情况、灯光工作情况、后视镜工作情况、座椅工作情况等，各个具体的细节都必须在实物检查单上记录清楚。

(5) 对顾客车辆座椅的位置、存储的电台、随车工具、备胎，乃至倒车镜的位置等都应该登记清楚，但是在打开后备厢的时候一定要征得顾客的同意，并且当着顾客的面打开。

(6) 查验车辆要认真仔细，对于车辆外部损伤提出合理化修复建议。

(7) 查验车辆的时候，要当着顾客的面铺好四件套，即使顾客客套说不用铺等话，也要坚持这样做。

(8) 明确向顾客建议，取走车内的贵重物品，并为顾客提供装物品的袋子。如果有些物品（如导航仪等）顾客不愿拿走，服务顾问可以将物品收到前台的储物柜中，并记录于查车单上；如果是大件物品，不仅要记录于查车单上，而且要向车间调度加以说明。

(9) 如果遇到技术方面的问题服务顾问解决不了，则必须向维修技师求助，不可擅自做主。

打印施工单

施工单就是1份维修合同，在顾客签字之前，必须向顾客申明以下几个问题：

(1) 施工单中包括哪些服务项目。

(2) 施工单中服务项目约需要多少费用（估算值与现实值上下不可超过10%）。

(3) 施工单中列出的服务项目所需的大概维修时间。

(4) 是否要保留更换下来的旧件，旧件放什么地方。

(5) 是否要洗车。

另外，还要注意，所列的维修项目如果不是常规的维修项目，先要向配件库咨询是否有货，多长时间到货；将顾客车辆的车钥匙拴上钥匙卡，记明车牌号、工单号、服务顾问名字、车型、车辆色彩和车辆停放位置；如果顾客有钥匙链，还要在施工单上注明。

控制维修过程

此步骤就是监督工作的进程，主要体现在以下两个方面：

(1) 完工时间随时确认。在部门间的协作规定中，应该有对完工时间的规定；维修技师按照施工单的完工时间推算，如果不能按时完工应及时提醒服务顾问。对当天完工并交付的车，至少应提前30分钟说明，对隔天取的车，最好提前一天说明。作为服务顾问也应该按照施工单标明的完工时间，及时向车间询问工作进度。如果不能按时交车，必须主动提前向顾客说明原因并道歉。

(2) 追加维修项目。对于在车间检查出来的各种问题，服务顾问自己必须先搞清楚几个问题：隐性故障发生的原因，即为什么这个配件会有问题，以及此配件现在的现实损坏程度；此隐性故障在现在或将来可能会对顾客本人或车辆有什么样的危害；排除此隐性故障需要花费顾客多长时间及费用。如果追加的项目中有很多属于隐性故障的排除，就需要服务顾问本人来替顾客甄别哪些故障是现在必须排除的，哪些是暂时不需排除的，等等。最好把各个故障到底是怎么回事以及危害的大小逐一向顾客说清楚，如何安排修复则由顾客定夺。

交车前的检查

车辆维修完成后，由服务顾问对照施工单检查车辆，包括施工单的服务项目是否都做了、检查车辆的里程和车辆外观等。

交车说明

这是很重要的一步。服务顾问应该有一个交车说明单，此单的上半部分应说明针对这次所有服务项目需要顾客在以后驾车过程中注意的问题。

例如：这次更换了制动摩擦块，那么服务顾问应该在交车单上注明“已更换制动摩擦块，请保持车距，注意制动摩擦块磨损”。交车说明单的下半部分应注明顾客的车辆在达到多少行驶里程后或多少时间后，需要做些什么服务项目，这些服务项目分别需要多少时间及费用。例如：您的车辆现在的行驶里程数是3.5万公里，此车在4万公里时需要进行更换机油、机油滤清器、空气滤清器、汽油滤清器及空调滤清器，清洗喷油器、节气门进气道和做四轮定位等服务项目，费用总计约1 400元，需要的时间约为3小时。

此外，还要向顾客解释结算单，说明这次维修的服务项目及费用，向顾客展示维修更换下来的旧件，告诉顾客回访的时间，询问顾客方便接听电话的时间，并引导顾客结账。

送顾客

在送顾客时，服务顾问要做好最重要的两点：一是要当着顾客的面撤掉四件套，目的是让顾客看到自己的爱车在维修过程中一直被很好地保护着；二是引领顾客车辆到公司大门口，送别顾客这一行为表示了对顾客的尊重，突出了“顾客就是上帝”的服务理念。

信息反馈

针对反馈信息及时改进流程，做到真正的“以人为本，持续改善”。

相信汽车4S店的服务顾问如果严格按照以上步骤做好服务接待工作，定会取得顾客的信任，使4S店的服务实现“顾客满意度第一”的目标。

三、服务顾问的素质要求

一般情况下，汽车4S店的前台接待工作都由服务顾问完成。服务顾问在汽车维修服务工作中担当着双重角色，既要代表客户的权利和利益，又要维护4S店的权利和利益。因此，服务顾问不仅要掌握专业的汽车维修知识，而且要有人际沟通能力和为客户提供服务的能力。

（一）礼仪要求

服务顾问在规范标准着装和仪容仪表的前提下，同时需要掌握待人接物的基本礼仪，让客户享受高品质服务。基本礼仪主要包括仪容仪表、言谈举止、接待礼仪，具体内容将在后面介绍。

（二）意识要求

1. 职业素养

服务顾问职业道德规范是在汽车维修职业道德指导下，结合业务接待的工作特性形成的，是指服务顾问进行汽车维修业务接待工作过程中必须遵循的道德标准和行为准则。服务顾问对外代表企业，对内代表客户利益，只有具备服务顾问的职业素养，才能在本岗位发挥巨大的作用。如果工作中服务顾问的位置稍有偏颇，就会损坏一方的利益，不是损害了企业利益，就是得罪了客户。唯有真诚待客、服务周到、合理收费、保证质量，才能维护好客户关系，保障企业的利益。

2. 服务意识

服务顾问是服务型岗位，服务的对象大部分是拥有车辆的高端人群，因此服务顾问的服务意识特别重要。一句贴心的问候、一杯淡淡的清茶是服务客户最基本的要求，真正做到发自内心地喜爱自己的工作、热情地服务客户、想办法服务好客户是服务顾问应有的服务精神。

3. 营销意愿

服务顾问除了完成维修业务接待的日常实务外，还有一个重要任务就是为公司创造利润，要按照客户需求有针对性地进行营销，因此服务顾问还应具有营销意愿，提高自身的绩效考核，为公司创造效益。

（三）知识要求

服务顾问除了需要了解汽车基本使用功能、保养规范、维修、相关法律等外，还要能对客户提出的关于车辆使用问题做出合理解答。

1. 掌握汽车专业基础知识

熟悉汽车结构与原理，包括汽车各部件、总成等名称、操纵方法、特性、原理、功能，以及各项检查的步骤；熟悉车辆的基本使用功能；了解汽车维护保养的基本知识；能判断简单车辆故障；能够将维修所需相关信息准确、清楚地传递给维修人员。

2. 掌握本品牌汽车的产品知识

熟悉本品牌的价值、服务理念、车辆功能操作、车型技术亮点、汽车维修知识，包括体系内各车型的商品常识、特性、保养常识、配件知识等，这样才能应对客户的问题，赢得客户的信任。

3. 掌握标准的流程知识

只有对服务流程以及公司运作有足够了解，才能在实际工作中加以应用并严格执行。

4. 掌握汽车服务政策

掌握本品牌出台的相关政策。掌握整车质保、配件保修的相关概念及政策；对车辆保险的相关条款有基本了解，能够为客户提供合理建议；了解交通法规，能够给客户提供准确合理的相关建议。

5. 掌握各类营销技巧

掌握问诊技巧，如积极倾听、开放式提问、封闭式提问、选择式提问等技巧，倾听客户诉求，运用接待话术专业且全面地解决客户的问题，服务客户；具备报价能力，对维修所需的时间、价格和工项有基本了解，能应用到工作中有效服务客户；掌握预约、客户接待、结算交车、回访跟踪等各环节客户可能提出的抱怨，运用相应的话术，提高满意度，培养客户忠诚度。

(四) 能力要求

1. 客户服务导向

认识到服务顾问岗位的重要性，以客户满意为工作的中心，关注客户的需求和利益，从客户的角度出发，为其提供个性化的服务。

(1) 客户导向：决策及行动时将客户的需要摆在首位。

(2) 客户认知：了解客户的个人信息（经济情况、性格特征、沟通习惯、感兴趣的服务等），采用相应的方式与其建立服务关系。

(3) 信息收集：通过主动倾听，根据客户的描述，确定客户的现实与潜在需求，判断可能存在的问题，为技师提供信息和协助。

(4) 提供适当的服务：根据客户的需求和实际情况，为其提供个性化服务。

(5) 附加客户价值：从客户的长远利益出发，主动为客户提供附加价值，为客户提供专业的建议。

2. 情绪管理

运用情绪感知和情绪管理能力，更好地理解和管理客户的感受，为其提供人性化服务。

(1) 感知客户情绪：感知客户的情绪信号，理解其感受。

(2) 同理心：感同身受，理解客户的心理需求。

(3) 管理客户情绪：对客户的情绪加以适当的管理和引导，产生正面的情绪影响。

(4) 提前解决问题：对客户的情绪有适当的敏感性，基于正确的情绪认知将可能产生的矛盾和抱怨消除在萌芽阶段。

3. 沟通协调能力

倾听他人，了解客户的需要和观点，妥善地处理内外部关系，促成相互理解，获得支持与配合的能力。

(1) 主动倾听：积极主动倾听，收集信息，了解事物内在联系。

（2）沟通节奏：把握进退的分寸和节奏。

（3）内部协调、合作：妥善处理与同事的关系，增加相互的理解与合作，创建和谐顺畅的团队内外部关系。

（4）沟通方式：根据不同的沟通对象和所处情境，采取不同的沟通协调策略及方式。

（5）沟通目的：与他人快速建立和谐的人际关系；书面或口头表达清晰，产生积极影响。

4. 自我调节、激励

正确地认识个人的情绪，有针对性地进行自我调节，有效地进行自我激励。

（1）自我认知：正面认识自己的感受和情绪。

（2）自我调节：调节内在感受，在工作中保持平静和注意力集中，避免被负面情绪控制。

四、服务顾问的接待礼仪

良好规范的服务形象和礼仪素养，是客户体验服务的开端，是客户对企业形象最外显、最直观的第一印象。服务顾问掌握并运用规范的服务形象和礼仪标准可以提升自我形象、职业素养，成就自己的品质生活。同时，可以赢得客户青睐，在践行梦想的道路上扬帆远航。

礼仪是在人际交往中，以一定的方式来表现的律己敬人的过程，涉及穿着、交往、沟通、情商等方面的内容。礼仪是生活中不可缺少的一种能力：从个人修养的角度来说，礼仪是一个人内在修养和素质的外在表现；从人际交往的角度来说，礼仪是一种艺术、一种方式，是人际交往中对他人尊重、友好的习惯做法。服务礼仪通常是指礼仪在服务行业的具体应用，是指服务人员在自己的工作岗位上，通过言谈、举止和行为等对客户表示尊重和友好的惯例。简单地说，就是客服人员在工作场合所表现出来的礼仪规范。印象管理认为：个人形象就是公司形象，职业形象通过外表、沟通礼仪给客户印象，这个印象反映了公司的信誉、产品及服务质量。

为了向客户展示良好的职业形象，服务顾问应当做好如下几点：

（1）考虑客户的感受比考虑自己的情绪多一点；

（2）考虑客户的利益比考虑自己的利益多一点；

（3）不凭个人主观好恶喜欢或讨厌客户；

（4）客户固然有刁蛮的，但你应该去改变他，而不应该让他影响你；

（5）不求客户回报，只做自己该做的。

体现为外在的服务细节主要有：

（1）对客户自然温暖的问候；

（2）亲切的笑容，暖人的话语；

（3）急客户所急，想客户所想；

（4）客户的需要就是我们该做的；

（5）面对自己不喜欢的客户；

（6）客户无理，化冰冻于无形，培养忠实客户。

（一）仪容仪表

仪容通常指人的外观、外貌。修饰仪容的基本原则是美观、整洁、卫生、得体（见图 1.2.2）。仪表要符合年龄、体形、职业和所在场合，成功的仪表修饰应遵循适体性原则、时间地点场合原则、适度性原则及整体性原则（见图 1.2.3）。

(a)　　(b)

图 1.2.2　仪容规范

(a)　　(b)

图 1.2.3　仪表规范

1. 女士仪容规范

（1）既不可“不修边幅”，又不可“浓妆艳抹”；

（2）不可当众化妆；

（3）使用适量的香水。

（4）不留长及背部的披肩发型；不留顽童式短发；不留学生式马尾辫；

（5）避免过于艳丽的头饰；

（6）方脸型和圆脸型适合各种盘发，长脸型适合低盘发。

2. 男士仪容规范

（1）保持发型整齐，前不覆额、侧不掩耳、后不及领；

（2）不留胡须；

（3）修剪外露的鼻毛和耳毛；

（4）必要时修剪眉毛。

3. 职业女性着装

（1）着装搭配：

1）裙装比裤装正式，长袖比短袖正式；

2）裤子长短合适，最好熨出裤边，裙子应及膝盖；

3）皮鞋以深色为主，鞋跟不要太高、太细或有破损；

4）穿裙子应穿肉色长筒丝袜，袜子不能有破损，穿长裤应着深色袜子。

（2）裙装四大禁忌：

1）裙、鞋、袜不搭；

2）光腿或穿渔网袜配职业裙；

3）三截腿；

4）穿皮裙。

4. 职业男性着装

（1）西装颜色搭配：

1）在西装套装、衬衣、领带中，最少要有两个单色，最多一个图案；

2）深色西装配浅色衬衫和鲜艳、中深色领带；

3）中深色西装配浅色衬衫和深色领带；

4）浅色西服配中深色衬衫和深色领带。

（2）西装的三个“三”原则：

1）三色原则：全身穿着限制在三种颜色之内；

2）三一定律：鞋子、腰带、公文包一个颜色；

3）三大禁忌：忌衣袖商标未摘掉、忌西装与皮鞋不相配、忌不打领带。

（3）西装的纽扣扣法：

1）一粒扣：可扣可不扣；

2）两粒扣：扣上面一粒或都不扣；

3）三粒扣：扣上面两粒或只扣中间一粒或都不扣；

4）四粒扣：扣中间两粒或都不扣。

（4）男士衬衫：

1）领口：扣子系好后，可伸入 1～2 指；

2）衬衫领子应露在西服领子外 1.5 厘米左右；

3）抬起手臂时，衬衫袖口也应露出西服袖口外 1.5 厘米；

4）衬衫的下摆一定要塞到裤腰里。

（5）领带：

1）站立时，领带的长度要及皮带或皮带扣下端 1～1.5 厘米（见图 1.2.4），领带标准打法如图 1.2.5 所示；

2）领带结的大小应与衬衫领口敞开的角度相配合；

3）当打上领带时，衬衫的领口和袖口都应该系上；

4）如果取下领带，领口的纽扣一定要解开。

图 1.2.4　领带礼仪

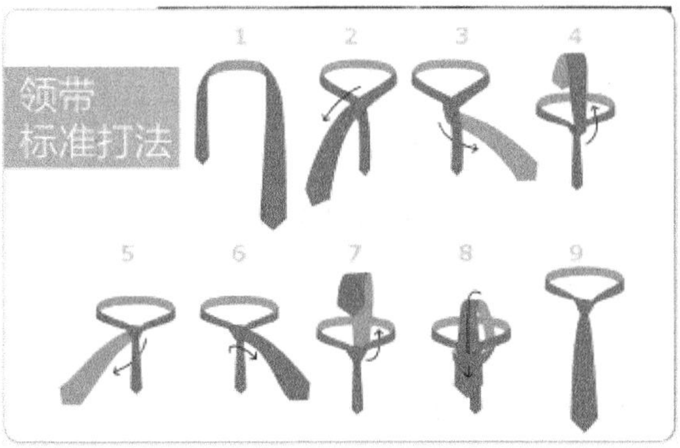

图 1.2.5　领带标准打法

（6）鞋与袜子：

1）正式西服不应配休闲鞋；

2）黑色的皮鞋搭配任何西装都没错，浅色的皮鞋只能搭配浅色的休闲西服；

3）正式西服应穿深色的袜子，如黑色；

4）穿白西装、白皮鞋时才能穿白袜子；

5）最好选择长及小腿肚的中长袜。

（二）言谈举止

仪态即人的身体语言。在非语言范围内，面部表情、身体姿态和手势、衣着、目光接触、距离等都对交谈过程有影响。在信息传播的过程中，7%取决于内容，38%取决于声音的音调，55%取决于身体语言。作为维修业务接待人员，在工作时间内应该保持良好的精神状态，要自然大方得体，精神奕奕，充满活力，符合公司的服务要求。仪态主要包括站姿、坐姿、蹲姿、走姿、微笑、目光、手势、点头礼、鞠躬礼等。

1. 站姿

（1）抬头、挺胸、收腹，目视前方，形成一种端正、挺拔、优美的气质美；

（2）女士双腿并拢，两脚呈 V 字形或丁字步，双臂自然下垂，或者交叠放在小腹位置；

（3）男士两腿稍微分开，比肩略窄，重心在两脚间，两手自然下垂或交叠放在身前或背于身后（见图 1.2.6）。

(a)　(b)　(c)

图 1.2.6　站姿

2. 坐姿

（1）女士坐下时背部挺直，身体微向前倾，坐满椅子的 2/3；手叠放于腿上，保持膝盖并拢，脚可以摆正，也可以放在一侧；若着裙子应用手将裙子稍向前拢一下；跷腿时，要注意收紧上面的腿，脚尖下压，绝不能以脚尖指向别人（见图 1.2.7）。

（2）男士上身挺直端正，膝盖可稍微分开平行放好，但不宜超过肩宽；跷腿时，要注意收紧上面的腿，脚尖下压。

3. 蹲姿

（1）一脚前，一脚后，两腿向下蹲；

（2）前脚全着地，小腿基本垂直于地面，后脚跟提起，脚掌着地，臀部向下；

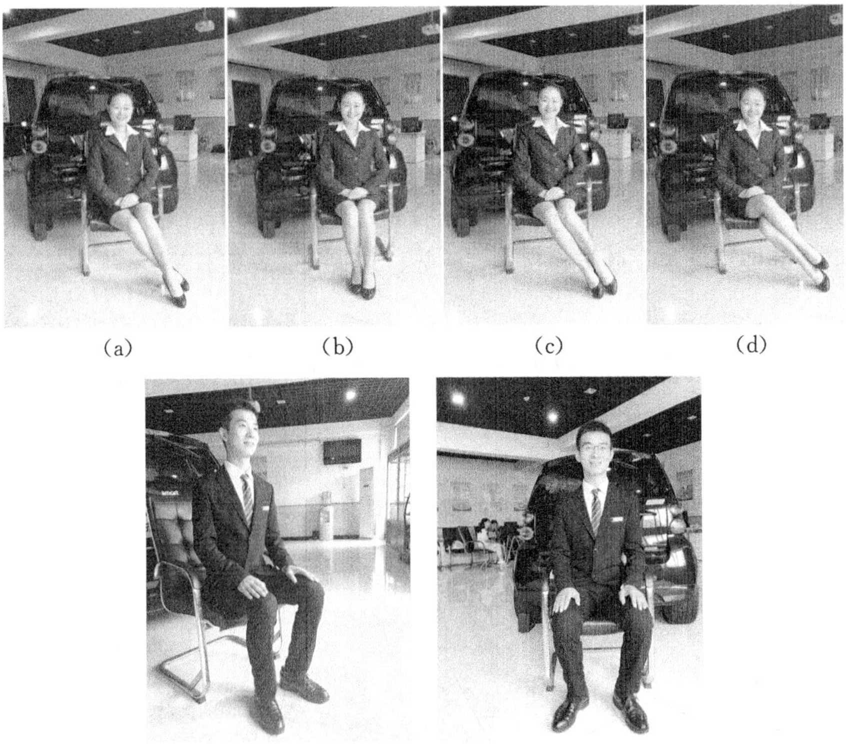

(a) (b) (c) (d)

(e) (f)

图 1.2.7 坐姿

(3) 女性应靠紧双腿，男士可适度分开；

(4) 不要突然下蹲，不要距人过近，不要方位失当，不要蹲着休息（见图 1.2.8）。

(a) (b) (c)

图 1.2.8 蹲姿

4. 走姿

(1) 行走时，抬头目光平视前方，双臂自然下垂，并以身体为中心有节奏感地前后摆动，幅度为 30°～35°。

（2）男士走姿要稳重、矫健，女士走姿要轻盈、优雅。

（3）移动的中心是腰部，脚跟先着地，膝盖向后方伸直，腰部以上不晃动；步履轻捷而有节奏，身体应当保持正直，不要过分摇摆。

（4）走姿最能体现一个人是否有信心（见图 1.2.9）。

图 1.2.9　走姿

5. 微笑

（1）脸部肌肉放松自然，嘴角两边同时向上，微微露出牙齿，职业微笑露上面六颗牙（见图 1.2.10）。

图 1.2.10　微笑

（2）微笑是唯一不分国籍的通用语言，最能充分体现一个人的热情、修养和魅力，是女性最重要、最美丽的妆容，是男士良好修养的最佳体现。

（3）发自内心真诚的微笑，看着对方的眼睛。

（4）眼睛注视区域：

1）生看大三角；

2）熟看倒三角；

3）半生半熟看小三角。

（5）空间距离：

1）亲密型：0～60 厘米；

2）私人型：60～120 厘米；

3）社交型：120 厘米～4 米；

4）公共型：4 米以上。

6. 目光

（1）目光视线交流 3～5 秒/次；

（2）目光要做到“散点柔视”，即应将目光柔和地照在别人的整个脸上，而不是聚焦于对方的眼睛；

（3）在与人谈话时，大部分时间应看着对方，否则是不礼貌或不真诚的；

（4）正确的目光是自然地注视对方眉与鼻梁三角区，不能左顾右盼，也不能紧盯对方；

（5）道别或握手时，应该用目光注视着对方的眼睛；

（6）眼睛是心灵的窗户，目光是否运用得当，直接影响沟通的效果。

7. 手势

（1）四指并拢，拇指和四指既可并拢也可分开，掌心自然展开，手腕伸直，掌心和地面呈 45°，大臂和小臂呈 120°，大臂和上体呈 45°。

（2）男士出手有力，女士出手优雅（见图 1.2.11）。

（a）　　（b）

图 1.2.11　手势

8. 点头礼

（1）面正、微笑、目平视，头快速上扬后下点；

（2）男士点头时速度稍微快些，力度稍微大些，体现男性阳刚洒脱；

（3）女士的上扬和下点速度稍微慢些，力度稍微小些，体现女性的阴柔娴雅（见图 1.2.12）。

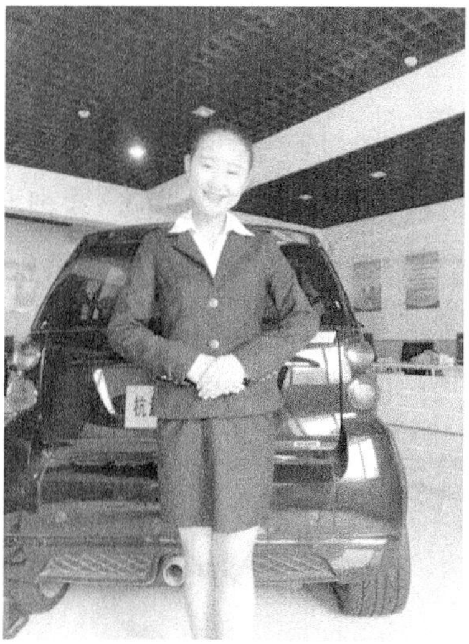

图 1.2.12　点头礼

9. 鞠躬礼

（1）表示感谢和尊重；

（2）给人诚恳、真实的印象；

（3）在向客人表示感谢或回礼时，行 15°鞠躬礼；

（4）遇到尊贵客人来访时，行 30°鞠躬礼（见图 1.2.13）。

女士15°鞠躬礼　　女士30°鞠躬礼　　男士15°鞠躬礼　　男士30°鞠躬礼

图 1.2.13　鞠躬礼

（三）接待礼仪

接待是我们日常工作中重要的组成部分，接待过程中的每一时刻都是展现我们专业性非常重要的时刻。与维修业务接待相关的接待礼仪主要有问候、引见、握手、名片礼、引领、送别礼等。

1. 问候

（1）问候是人际关系的第一步；

（2）遇熟人、同事主动打招呼；

（3）与朋友同行时，遇到熟人时，可相互介绍；

（4）同事间一般以名字或职务相称；

（5）早晨上班时，大家见面应互相问好；

（6）一天工作的良好开端从相互打招呼、问候开始；

（7）员工当天第一次见到领导时要主动问好："领导好"或"×总，早上好"；

（8）因公外出应向部门内或室内的其他人打招呼；

（9）单位领导或有访客到办公场所检查或参观，应主动起立并问好；

（10）在公司或外出时遇见客人，应面带微笑主动上前打招呼，下班时也应相互打招呼后离开。

2. 引见

（1）遵循尊者先知原则；

（2）先把同事介绍给客户，再把客户介绍给同事；

（3）注意措辞，注意手势。

3. 握手

（1）尊者为先：上级在先、长者在先、女士在先。

（2）客人来时，主人应该先伸手，表示欢迎；客人走时，一般客人先伸手，表示愿意继续交往。

（3）与女士握手，只能轻握手指，忌双手满握；男士握手前先脱手套和帽子（女士可例外）。

（4）握手时间一般以 3～5 秒为宜，握手力度不宜过猛或毫无力度，要注视对方并面带微笑，不能伸左手与人握手（见图 1.2.14）。

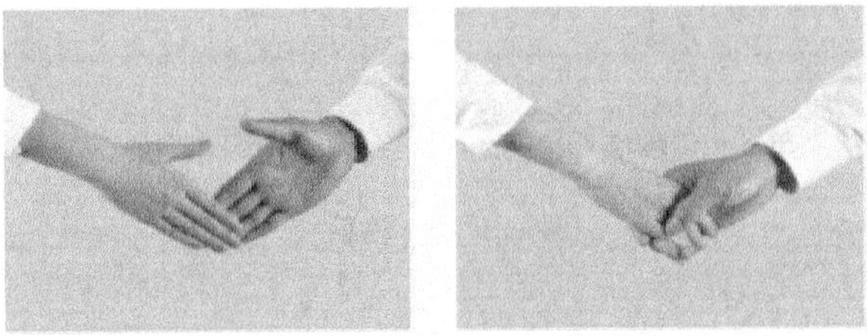

（a）　　（b）

图 1.2.14　握手礼

4. 名片礼

（1）名片递交顺序：由尊而卑，由远及近；

（2）名片递出：文字向着对方，双手食指、拇指执名片两角递出，同时做自我介绍（见图 1.2.15）；

（3）名片接受：站立，双手去接，马上要看，如有疑问，马上询问（遇到生僻难念的字可以礼貌地询问）；

（4）同时交换名片：可以右手递名片，左手低于右手接名片；

（5）名片存放：衬衣口袋或西装内侧口袋，不要放在裤袋里；

（6）名片不宜涂改，存放在名片夹内；

（7）接收的名片不要在上面做标记或写字；

（8）接收的名片不可来回摆弄；

（9）不要将对方的名片遗忘在座位上，或存放时不小心落在地上；

（10）不提供两个以上头衔，若头衔的确较多，可分开印。

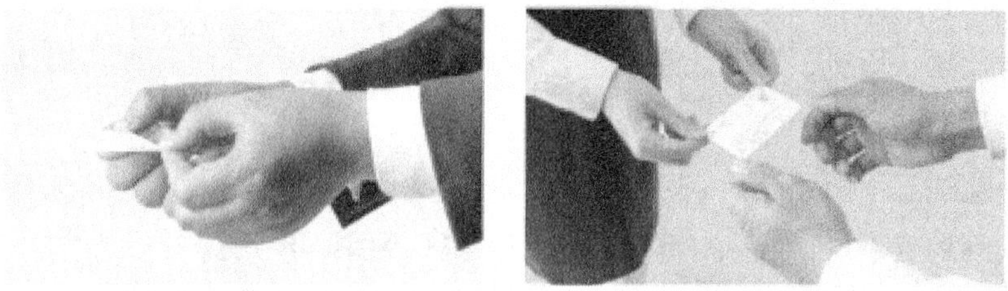

（a）　　　　（b）

图 1.2.15　名片礼

5. 引领

（1）在正常行走途中，应走在客人左前方的两三步处，自己走在左侧，让客人走在中间，观察客户，边走边交流。

（2）在楼梯间，上楼时客户走在前方，自己在后方；下楼时自己走在前方，客户在后方。同时，提醒客户“小心楼梯”等。

6. 送别礼

（1）陪同客户到车前，抢先一步，帮客户拉开左前车门；

（2）退后 2～3 步，弯腰 15°～30°，以手势指引客户进入车内，同时说“请”；

（3）帮客户关好车门，快速站到一侧，微笑并以手势与客户道别；

（4）目视车子离开或目视 15 秒后返回。

（四）语言沟通

1. 礼貌用语

“良言一句三冬暖，恶语伤人六月寒。”我们在日常生活中是否留意了以下礼貌用语？

“请”“对不起”“劳驾”“打扰了”“您好”“欢迎”“请问……哪一位”“请稍等”“抱歉”“没关系”“不客气”“见到您很高兴”“请指教”“有劳您”“请多关照”“非常感谢”“拜托”……

我们的每一天都要在爽朗的寒暄中开始。

2. 职场用语软垫式

考虑到别人的感受，职场建议使用“软垫式言辞＋拜托语气”。例如：“不好意思＋让您久等了”“打扰您一下＋您是李先生吗”“请教您一下＋这样有什么影响”“真是抱歉＋

经理今天出差了”“麻烦您+可以发个传真吗”。

3. 谈话应对的礼仪

（1）谈话基本原则为多赞美、亲切、热情、耐心、宽容。

（2）谈话时应抓住实质谈话问题，避免直接反驳对方或与对方争论。

（3）应站在对方立场，给予专业建议，多询问，少下结论。

（4）多讲对方感兴趣且积极乐观的话题：

1）安全话题：历史、地理、建筑、艺术、风土人情。

2）轻松话题：影视、体育、时尚、小吃、天气。

3）商务交往五不谈：政治宗教、机密、同事、低俗、隐私。

4）私人问题五不谈：收入、年龄、婚姻家庭、健康、经历。

4. 说话技巧

声音是一面镜子，反映个人性格、修养、教育程度等。说话时，原则上应清晰、有活力、生动、亲切、热诚。说话的注意事项主要有：

（1）音量适中、速度平稳、洋溢热情；

（2）说对方容易听懂的语言；

（3）简洁明了（避免专业用语）；

（4）强调重点，有条理；

（5）多用谦虚、富有朝气、充满诚意的话语；

（6）配合对方的立场、个性，使用适合对方的言辞；

（7）多倾听、不打岔；

（8）多讲令对方感兴趣且积极向上的话题；

（9）避免在大庭广众下纠正别人及与人争论；

（10）诚心诚意并利用适当的机会赞美对方，不要夸张及矫揉造作；

（11）合适的时机谈合适的事情；

（12）有礼貌地接受对方的美意。

5. 基本话术

（1）客户前来询问：

1）“您好，我是前台接待，很高兴为您服务。请问有什么可以帮您?”

2）“您好，×××店为您服务，请问有什么可以帮您?”

（2）咨询客户称呼：“请问怎么称呼您?”

（3）需要离开一会儿：

1）“不好意思，请稍等。”

2）“请您稍等一下，我去给您倒杯茶。”

（4）离开后返回来：

1）“不好意思让您久等了，这是您要的资料。我就在附近，有需要的时候，可以随时叫我。”

2）“不好意思让您久等了，这是您的茶，请慢用。”

（5）客户抱怨：

1）“不好意思，给您带来不便。”

2）“对不起，给您添麻烦了。”

（6）客户生气：“真的很抱歉，让您这么生气。”

（7）客户反映问题或投诉：耐心倾听，中途尽量不要打断客户，用纸笔做好记录，必要时向客户做简单、引导性的询问。对客户陈述表示认同。

1）“我大概明白您的意思了，您反映的是……对吗?”

2）“非常感谢您向我们提出这么宝贵的意见，我们马上去查一下什么环节出现了问题，立即处理。我们会尽快回复您，很感谢您对我们的信任。”

（8）客户离开时应说：“请慢走，再见。”

（9）客户致谢时：“不用谢”或“不客气”。

（10）客户询问某一个办公室或洗手间：站起来，用手势指引并告诉客户应该如何走。

（11）介绍员工给客户：

1）“我来介绍一下，这是财务部收银员。”

2）“这位是×先生/小姐。”

3）（对收银员）“请给×先生/小姐结算一下。”

（12）结算时，起身、微笑、问好：

1）“×先生/小姐，您好！您这次保养的费用一共是××元，请核对一下。请问您是付现金还是刷卡结账？谢谢!”

2）“×先生/小姐，您好！您这次保养工时费××元，材料费××元，工时费打折后是××元，合计××元，请问您是现金结账还是刷卡？谢谢!”

案例剖析

自费更换的备件不知去向等多处维修不当，让客户疑虑不安

刘小姐的车到特约店进行自费维修，原本应该一个星期内交车的，特约店却拖了两个星期。刘小姐去店里提车，由于已经是特约店下班时间，特约店简化了交车流程，刘小姐看车已经修好了，便驾车离开了特约店。

回去后刘小姐突然发现后备厢里的备胎不见了。同时，刘小姐在维修前提出更换挡泥板上面的卡扣的要求，但发现特约店没有给其更换，而只是用玻璃胶粘上了，并且在车身

上发现了以前没有的划痕。刘小姐越看越恼火。

第二天一大早，刘小姐就将车开到特约店，对服务顾问表示了自己的不满，不仅无故拖延交车时间，而且后备厢备胎不见了，挡泥板的卡扣也没有按照自己的要求处理，车身上还有新的划痕……维修前特约店还承诺每天给刘小姐打电话汇报维修进度，但维修期间一个电话也没有打过，更没有征求她的同意或者跟她解释延期原因。每次都是刘小姐自己主动致电询问。刘小姐认为既然车辆放在特约店维修，特约店就应该对此负责，应该就维修中的各种问题对自己做出解释，并处理好车辆遗留问题。

【原因分析】

1. 修理超过这么多天应该给我解释

客户的车辆是事故车，处理起来较普通维修车辆复杂，作业人员应该及时对服务顾问说明，而特约店应该主动联系客户向其反映进展情况，避免客户担心。

2. 备胎无故丢失

没有把客户的备胎及时安装在车上无疑是维修人员的责任，并且接待、交车流程中的服务执行也存在诸多不规范之处。如果客户没有及时发现，后续的麻烦和抱怨会更强烈。

3. 未按要求更换卡扣

是客户没有交代吗？不是。是客户不承担费用吗？也不是。用玻璃胶粘上卡扣的做法是不是太凑合了？

4. 无端产生新划痕

这不仅是车漆表面的划伤，也是给客户心理的创伤，遇到这种事，让人心里真是纠结。维修人员应该在车辆的作业部位做好车身保护，避免维修工具和身上的利物对车身造成不必要的划伤。

【要点建议】

职业素养与从业技术同样不可小视。

1. 充分准备，确保作业安全准确

开始作业前，维修人员必须逐一核对问诊表和车辆情况，根据问诊表的客户陈述和修理单的修理指令进行作业工具、车身防护品、辅料的准备。

2. 依据修理单上的指令领取零部件

特约店的维修作业必须采用合格且正宗的部件，这是区别于路边店的基本准则，将就、凑合必将砸特约店的牌子。当遇到缺件时一定要向售后主管及时汇报，以采取正确的应对措施，不允许擅自做主。

3. 作业超出约定的时间必须保持与客户沟通

如果预测完工时间可能推迟，或发生作业内容追加，维修人员需及时将情况汇报给接待人员，同时接待人员也需与客户联系，征求客户同意后才能变更维修时间和维修费用。

4. 严格按照维修工艺进行作业

满足客户的意愿是维修人员的行为准则，不要轻易变更客户的意愿，采用低廉或昂贵的处置方法进行修理。更换卡扣的操作不应该用粘接的方法进行处理。

5. 维修作业必须做好车身的保护

维修作业必须做好车身的保护，要像客户珍惜爱车一样进行维修保养作业。

知识拓展

不同企业不同的售后服务流程

在人们日常生活中，无论从价格、技术含量还是安全而言，汽车都是高端的消费品之一，而且需要定时保养或维修，过程重要且复杂，客户对售后服务的要求也越来越高。对于经销商来说，服务不同于生产制造是在于服务没有有形生产线，往往不容易复制。随着售后服务竞争的加剧和客户对售后服务工作的越来越理性化，众多品牌都针对售后服务制定了详细的工作流程和标准。

各汽车品牌的服务流程的步骤数量各有不同，仔细观察可以发现，不同品牌只是把一个步骤细分了，或者把几个步骤合并了而已，工作内容大体是一致的。维修业务接待从大的方面来讲包含很多内容，比如维修、养护、救援、信息咨询、保险、二手车交易等。目前，国内主要还是以维修和保养服务为主，维修业务接待的工作内容主要是业务接待、单据管理、客户档案管理、客户跟踪、提醒服务、客户投诉处理。其核心工作流程包含服务预约、客户接待、维修质检、结算交车、售后回访，以及配合销售部门完成新车交车工作。

一、福特汽车的售后服务流程

福特汽车的售后服务流程如图 1.2.16 所示。

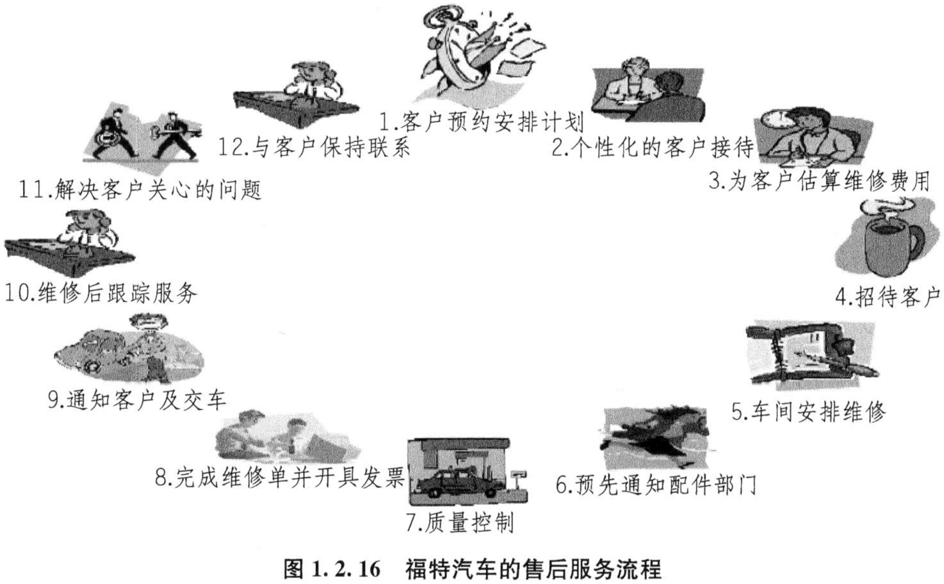

图 1.2.16　福特汽车的售后服务流程

二、奥迪汽车的售后服务流程

奥迪汽车的售后服务流程如图 1.2.17 所示。

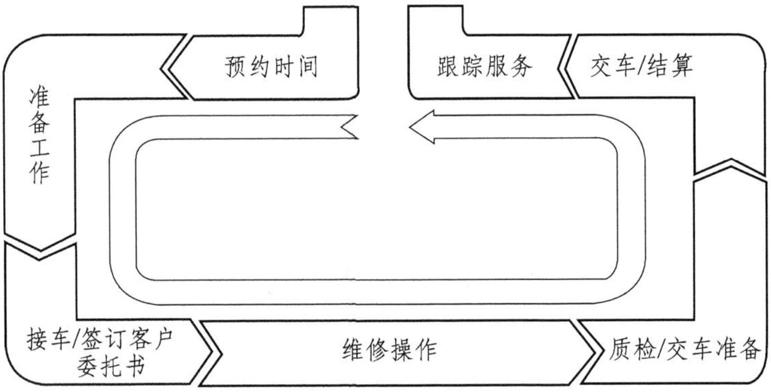

图 1.2.17　奥迪汽车的售后服务流程

三、本田汽车的售后服务流程

本田汽车的售后服务流程如图 1.2.18 所示。

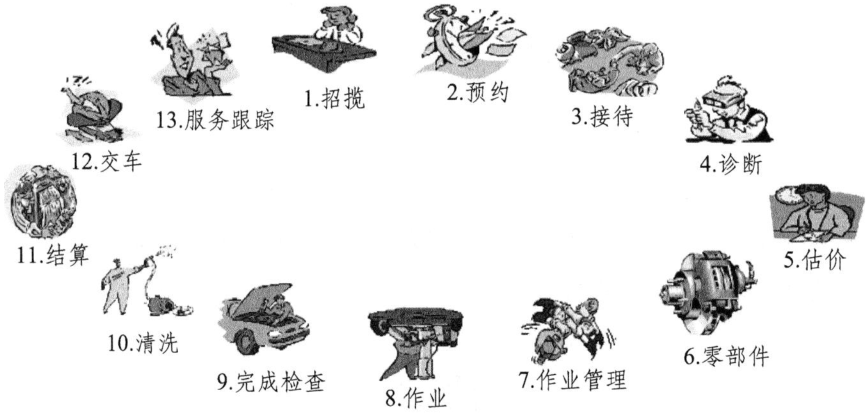

图 1.2.18　本田汽车的售后服务流程

四、吉利汽车的售后服务流程

吉利汽车的售后服务流程如图 1.2.19 所示。

实践操作

自我形象设计及服务礼仪实训

一、训练内容

自我形象设计及服务礼仪训练。

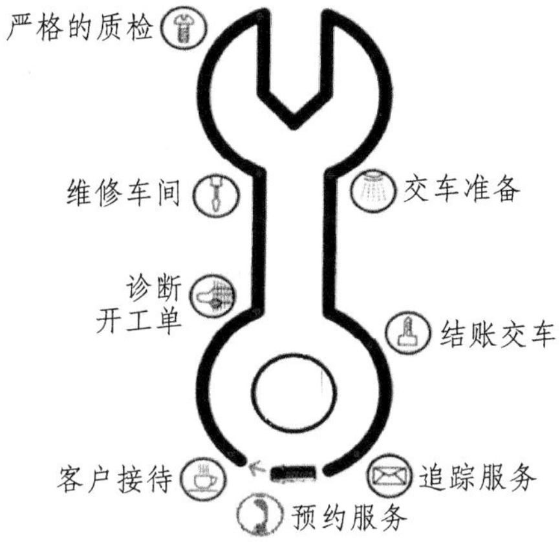

图 1.2.19 吉利汽车的售后服务流程

二、训练目的

（1）正确认识服务顾问岗位的工作内容；

（2）对维修业务接待人员的工作能力进行评价；

（3）掌握并运用规范的服务形象和基础礼仪标准，提升自我形象、职业素养。

三、训练步骤及要求

（1）课前每位学生进行自我形象设计，全班所有成员穿正装，女生化淡妆；

（2）指导教师对全班学生进行分组，6～8 人为一组，组长采取轮流制进行；

（3）值班组长负责本小组成员进行服务顾问、客户等角色扮演，设计多种对话场景进行各种礼仪的演练；

（4）为防止小组搭便车，教师以抽签的方式随机选择学生进行服务礼仪演练，演练成绩作为小组成绩，小组演练的同时，其他组的学生需认真观察，记录与标准不符的项目（见表 1.2.2）；

（5）演练完毕，进行小组点评。

表 1.2.2　　自我形象设计及服务礼仪演练

服务礼仪	动作是否标准		指出不规范所在
	是	否	
站姿			
坐姿			
走姿			
蹲姿			
手势			
微笑			
握手			

续前表

服务礼仪	动作是否标准		指出不规范所在
	是	否	
名片礼			
引领			
送别礼			
介绍礼			
语言沟通			

四、评价与总结

评价与总结示例如表 1.2.3 所示。

表 1.2.3　自我职业形象设计及服务礼仪训练评价

测评内容	1. 自我形象设计　2. 服务礼仪训练				
考评标准	内容	分值	自评	互评	师评
	自我形象设计	30			
	服务礼仪训练	70			
合计		100			
最终得分（自评 25%＋互评 25%＋师评 50%）					
自评：包括团队成员的工作态度、团队分工合作情况、工作流程及对成果质量评价、项目收获。 互评：客观评价，先提优点，再道不足。 师评：教师根据团队成果优缺点，有针对性地点评，启发学生的创新思维，对各团队普遍存在的问题进行重点分析，并提出要重点注意的问题。					

五、训练成果

点评、修改后，提交 1 份自我形象设计方案。

思考练习

（1）服务顾问的作用是什么？

（2）服务顾问的素质要求有哪些？

（3）汽车维修业务接待流程一般包括哪些步骤？

（4）简述对服务顾问的礼仪要求。

（5）老板、客户、车间、零部件和销售部门对服务顾问有哪些期望？

（6）不同品牌服务流程的共同特点有哪些？这些标准服务流程可以为品牌带来什么好处？

任务三　积累维修保养基础知识

学习目标

通过本次任务的学习，你将懂得汽车定期保养的主要内容，重点保养配件不及时更换的风险和新旧配件对比；了解常见维修故障现象及排查方法，尝试判断少量常见故障；熟悉汽车钣金油漆工艺流程，能运用汽车保养相关知识进行销售促进以及延伸产品营销。通过学习和训练，你将能够：

（1）掌握汽车定期保养的主要内容；

（2）运用相关技巧进行重点保养配件及相关延伸产品营销；

（3）解释汽车常见故障现象及应对方法；

（4）解释汽车钣金油漆工艺流程。

工作任务

选择一个自己将来有可能从事的汽车品牌的服务工作，分析汽车品牌售后技术亮点，熟悉保养内容及更换周期，包括保养产品及美容养护产品，以及常见故障。

相关知识

一辆汽车由成千上万个零件组成，随着不断使用，汽车功能组件（包括润滑油）的性能由于磨损、老化、腐蚀等因素而逐渐降低。由于没有一辆车的使用情况完全相同，因此无法预料每个零件的磨损与老化程度。因此，汽车厂家规定了一定的检查周期，针对那些可以预料的、随着时间或使用会产生变化的零件进行调整与更换，即定期保养。及时、正确的保养会使汽车使用寿命延长，安全性能提高。

一、汽车保养常识

汽车保养是指在汽车运行一定的里程和时间间隔后，要按汽车维护技术标准、规定的工艺流程、作业范围、作业项目和技术要求进行预防性维护。其目的在于：保持车辆技术状况良好，确保行车安全，充分发挥汽车的使用效能和降低运行消耗，以取得最佳的使用效率、经济效益和社会效益。因此，汽车维护的各项作业是有计划定期执行的，主要依照汽车技术状况变化安排。

只有定期对车辆进行保养，才能保证其始终处于良好的运行状态，并可以达到延长车辆使用寿命的目的。定期保养按照时间和里程的约定，一般车辆每 5 000 公里或 10 000 公里进行一次定期保养，也有以 7 500 公里进行一次定期保养的；保养时间或者半年或者一年，不同品牌、不同车型的保养时间或里程会有差别。在质保期内，定期维护必须到指定的服务站进行维护保养，这也是客户进行质量担保的必要条件之一。

定期保养中的常规保养主要是更换“三滤”和机油，其中“三滤”指的是机油滤清器、燃油滤清器和空气滤清器。各汽车厂商根据自己产品的特性，有自己品牌车辆的保养周期及保养项目。表 1.3.1 为某品牌定期更换的零配件。

表 1.3.1　　某品牌定期更换的零配件

部位	序号	定期更换零配件	更换期
发动机	1	空气滤清器滤芯	每 1 万公里或 12 个月（或按情况需要）
	2	发动机润滑油	首次 5 000 公里或 3 个月进行更换，以后每 5 000 公里或 6 个月进行更换（或按情况需要）
	3	机油滤清器	首次 5 000 公里或 3 个月进行更换，以后每 5 000 公里或 6 个月进行更换（或按情况需要）
	4	发动机冷却液	每年 应经常检查液面高度 应使用用户手册中规定的型号规格
	5	燃油滤清器	每 3 万公里（或按情况需要）
	6	全部软管	每 2 年（或按情况需要）
	7	PCV 系统	每 3 万公里或 12 个月（或按情况需要）
	8	碳罐	每 6 万公里（或按情况需要）
	9	楔形皮带（包括空调压缩机、水泵皮带）	每 5 万公里（或按情况需要）
	10	火花塞	每 2 万公里（或按情况需要）
制动系统	11	制动软管	每 2 年（或按情况需要）
	12	制动助力器真空软管	每 2 年（或按情况需要）
	13	制动液	每 2 年或 3 万公里（或按情况需要）
	14	动力转向液	每 2 年或 4 万公里（或按情况需要）
传动系统	15	自动变速器油	每 3 年或 6 万公里更换
空调系统	16	空调滤清器	每 1 万公里或 12 个月（或按情况需要）

二、常见保养配件知识

对服务顾问虽然不用像对维修工技术要求那么高，但服务顾问对于常用配件的作用、更换周期、换件的好处等必须了如指掌，这样才能在客户面前展示专业可信赖的形象，提升客户满意度。下面介绍几种重点保养及易损配件知识。

在学习配件知识的同时，请想一想，如果客户车辆有需求，你该如何为客户推荐？

（一）汽车“三滤”

1. 机油滤清器

机油滤清器的作用是对来自油底壳的机油中有害杂质进行滤除，以洁净的机油供给曲轴、连杆、凸轮轴、增压器、活塞环等，起到润滑、冷却、清洗作用，从而延长这些零部件的寿命，机油滤清器要与机油一同更换。如果不更换的话，机油得不到过滤从而导致发动机内部零件因机油中的杂质加速磨损。如果使用了劣质空气滤芯将会使过滤效能降低，大量杂质会进入发动机，各运动部件机械磨损加剧，间接损伤发动机关键零件，影响发动机性能发挥。轻则油耗增加，发动机磨损加剧，重则造成发动机报废，需要额外付出巨额维修费用。

2. 空气滤清器

空气滤清器的作用是过滤空气中的灰尘等杂质，确保没有杂质进入发动机内。如果空气滤清器逾期失效不及时更换，会使进气阻力增加、发动机功率下降、燃料消耗增加，也容易形成积碳等。严重时可能造成关联部件的不正常工作或损坏，引起发动机抖动、异响。在极端严重的情况下可能造成发动机启动性变差，甚至造成发动机熄火与损坏。如果使用了劣质空气滤清器，发动机燃油燃烧不完全，油耗就会增加，车辆动力不足，不但容尘量极低、寿命短，而且容易受潮失效，因此需要频繁更换。长期使用劣质配件，气门、气缸异常磨损和积碳，会引起发动机动力严重不足、异常抖动和噪声。

3. 燃油滤清器

燃油滤清器的作用是为发动机提供清洁的燃油，过滤掉燃油的水分和杂质，从而使发动机性能达到最优化。燃油滤清器最佳更换时间可以参考车辆使用手册上的说明，如果燃料杂质含量大，行驶距离应做相应缩短。燃油滤清器外壳上的箭头表示燃油的流动方向，安装燃油滤清器时，不允许倒装。即使它在倒装状态工作很短的时间也必须更换。劣质燃油滤清器因使用的滤芯材质较差，不仅过滤效果差，长时间在机油内浸泡，滤芯本身会有过滤层脱落，堵塞油路，致使燃油压力不足，车辆无法启动，还会造成燃油系统压力异常，直接导致发动机动力不足或燃烧不充分，损坏三元催化转换器、氧传感器等贵重部件，造成巨大的经济损失。

（二）机油

机油即发动机润滑油，密度约为 0.91×10^3（千克/立方米），能对发动机起到润滑减磨、辅助冷却降温、密封防漏、防锈防蚀、减震缓冲等作用，被誉为汽车的“血液”。机油在发动机中的主要作用（见图 1.3.1）：

（1）润滑：机油在运动零件的所有摩擦表面之间形成连续油膜，以减小零件之间的摩擦。

（2）冷却：机油在循环过程中流过零件工作表面，可以降低零件的温度。

（3）清洁：机油可以带走摩擦表面产生的金属碎末及冲洗掉沉积在气缸、活塞、活塞环及其他零件上的积碳。

（4）密封：附着在气缸壁、活塞及活塞环上的油膜，可起到密封防漏的作用。

（5）防锈：机油有防止零件发生锈蚀的作用。

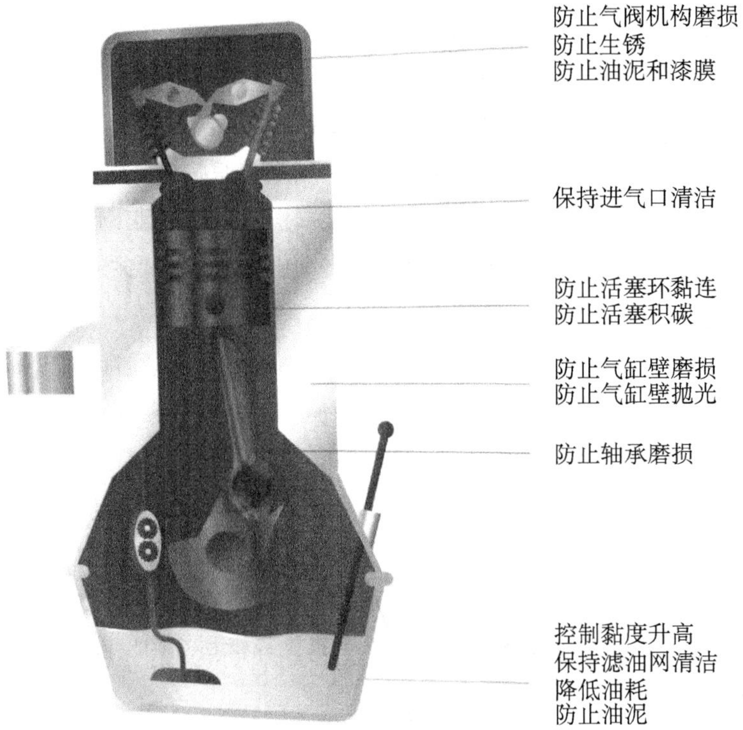

图 1.3.1　机油在发动机中的作用

机油由基础油和添加剂两部分组成。基础油是润滑油的主要成分，决定着润滑油的基本性质，添加剂则可弥补和改善基础油性能方面的不足，赋予某些新的性能，是润滑油的重要组成部分。基础油分为矿物油、半合成油和全合成油。矿物油是从原油里面直接精炼出来的。合成油是经过化学合成的方法，包括裂解、聚合等做出来的油。如果生产机油的基础油全部都是由这类合成油制造的，那就叫全合成机油。半合成机油是由矿物油和全合成油按一定比例制成的（见图 1.3.2）。

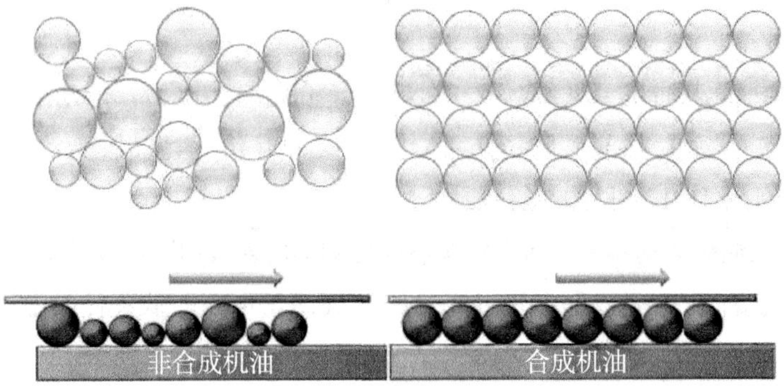

图 1.3.2　非合成机油和合成机油分子排列

全合成机油含有一致的分子，能为引擎提供更多保护。其主要特点是有良好的抗黏度变化的特性，可以满足大温差的使用要求；有优良的抗氧化性，无须频繁更换。使用合成机油，发动机的燃油经济性也会有所改善。

全合成机油在市面上常见的黏度标号有 5W30、5W40 和 0W40（见图 1.3.3）。W 表示它是冬季等级。前面数字越小，就表示机油在低温情况下流动性越好，能为引擎在低温下启动提供更多的保护。以 5W40 机油为例，该机油既可以在冬季使用，也可以在夏季使用。5W 级黏度的机油，可以保证在冬季气温－30℃时的低温流动性（机油不会冻住）。后面数字越高，就表示机油在高温下越黏稠。但是过高的话，可能会降低燃油经济性。40 是指在夏季环境温度高时，可以保证有适当的黏度（不会变得太稀），可以给发动机各部位适宜的润滑。

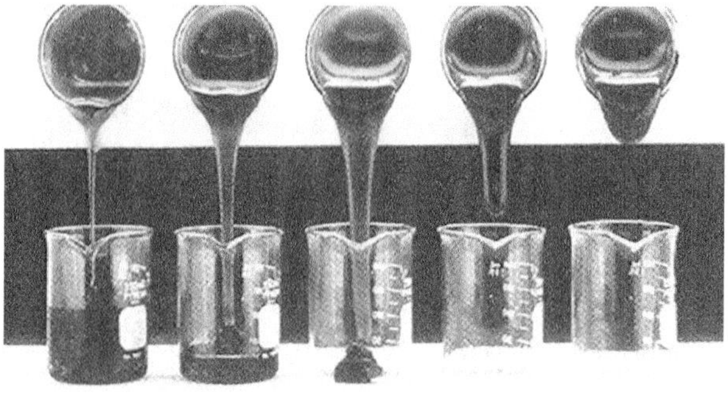

0W30　5W30　10W30　10W40　15W40

图 1.3.3　不同黏度润滑油对比

1. 按时更换机油

（1）厂家的建议换油里程是根据当地的燃油质量、空气状况、路况等因素经过大量试验论证出来的。

（2）如果换油周期过长，机油中的活性分子会变质失效，清洁功能下降，产生发动机油泥和积碳堆积，同时润滑能力下降，导致发动机损伤。

（3）车主很难从日常车辆使用中察觉出这些变化，因此建议车主按照厂家建议的换油周期每 10 000/5 000 公里或一年更换原厂机油。

（4）换油里程除了和机油有关之外，还和机油滤清器有关。建议车主使用原厂机油滤清器，以确保机油完全过滤并且充足供应给发动机，为发动机提供更全面的保护。

2. 使用低质机油的危害

低质机油的性能无法达到厂家的标准，可能会导致发动机产生大量积碳和油泥，严重影响发动机正常工作，在极端情况下，甚至有可能损坏发动机。使用低质机油的症状有油耗升高、发动机声音异常、油门响应迟缓等。

（三）火花塞

火花塞是由壳体、中央陶瓷体两大部分组成的，其中陶瓷体中还包含接线螺杆和电极，而我们平时挑选火花塞时说的“某某金”就是这个小电极的材质，而其他部件的材质对于发动机性能来说都是可以忽略掉的。图 1.3.4 为火花塞的组成。

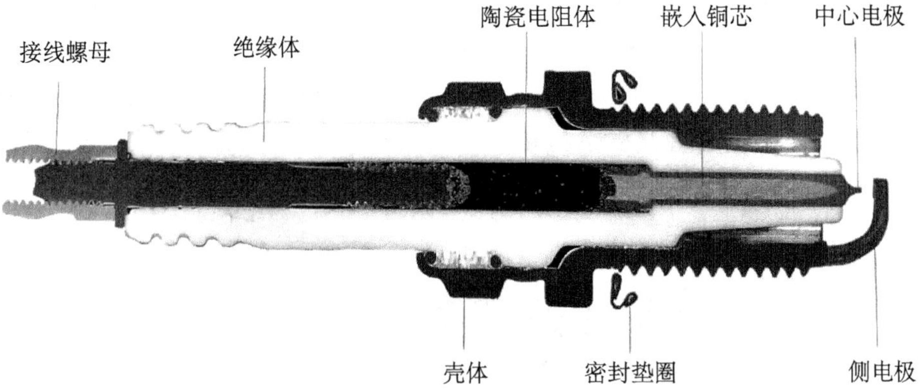

图 1.3.4　火花塞的组成

现在市场上常见的电极材质有铜、镍合金、铂金、铱金四种，铂金和铱金普遍被称为贵金属。

（1）金属导电性能从左到右依次增高（铜＜镍合金＜铂金＜铱金）；

（2）点火需要的电压从左到右依次降低（铜＞镍合金＞铂金＞铱金）。

贵金属火花塞对于发动机的负荷越小，对于降低油耗越有利，贵金属的使用寿命也越长，当然价格也是随着性能的提高而增加的，铱金火花塞的价格普遍在单支百元以上。

火花塞使用的材质对于它的更换周期有决定性影响。铜芯建议每隔 2 万～3 万公里更换一次，镍合金的周期比铜芯稍长，在 4 万～6 万公里更换即可，而铂金和铱金的火花塞金属特性比较稳定，抗氧化能力好，因此使用寿命会相对要长很多，铂金芯建议每隔 8 万公里更换一次，铱金芯建议每隔 10 万公里更换一次。

火花塞另一个重要指标为热值，火花塞热值实际上是指受热和散热能力的一个指标，其自身所受热量的散发量称为热值。热值包括 1～9 九个数字，其中 1～3 为低热值，4～6 为中热值，7～9 为高热值。火花塞的原厂热值直接决定了它的工作环境温度。火花塞的工作环境温度要求是非常高的，火花塞的散热既不能太大，也不能太小，要想确保火花塞的工作温度，就必须与原厂热值匹配。在更换火花塞的时候，有些车主往往会认为价格越高的火花塞性能越好，寿命越长，而忽略了原厂热值这一关键因素。其实完全不是这样的，如果忽略了原厂热值，会对发动机性能造成很大的影响。

1. 不及时更换的风险

长期不更换的火花塞易发生：

（1）电极的磨损加快；

（2）电极间隙变大，点火不稳定；

（3）积碳、其他沉积物或部分融化现象。

不及时更换的初期，有可能只感觉加速无力、启动困难、费油，但严重时可能出现：

（1）电极断裂损伤发动机气缸、活塞；

（2）未完全燃烧的燃油进入排气系统损伤三元催化转换器。

2. 使用假火花塞的隐患

（1）假火花塞在安装后，易发生：

1）点火性能差，发动机启动困难；

2）油耗升高。

（2）严重情况下，会发生：

1）漏电，干扰甚至损害其他电子元件；

2）在行驶过程中会出现熄火，严重危及驾驶安全；

3）中心电极易熔断，严重损害发动机活塞甚至发动机缸体，造成巨额维修费用。

新旧火花塞对比如表 1.3.2 所示。

表 1.3.2　　新旧火花塞对比

新火花塞	旧火花塞
新火花塞呈灰白色至浅褐色	旧火花塞易产生积碳、其他沉积物、部分融化等现象
	 积碳　其他沉积物　部分融化

3. 火花塞养护

（1）应配合使用原厂燃油添加剂，以保护与延长火花塞使用寿命；

（2）减少频繁的短途行驶，可减少积碳，避免启动性能的下降以及油耗增加；

（3）火花塞的安装需要使用专业工具固定扭矩，确保电极和喷油嘴位置正确，保证点火性能。

（四）发动机皮带

发动机皮带的作用是将发动机的动力传送到发电机、空调压缩机、冷却液泵等发动机附属装置。随着消费者对车辆舒适性和性能的期望值越来越高，车辆内附件装置和性能也都有了极大的提升，对发动机皮带性能和寿命的要求也越来越高。如果发动机皮带出现打滑、断裂都将使相关部件性能下降，甚至丧失功能。

厂家都会严格要求在规定的周期内定期更换发动机皮带及附件，更换周期则随发动机的结构不同而有所不同。橡胶除本身具有老化的特性外，发动机舱高温的工作环境以及发动机工作与停机时骤冷骤热的温度变化也会在一定程度上加剧橡胶老化。

不及时更换的风险：

（1）当发动机皮带发生老化、龟裂时，若不及时更换，摩擦力会不断减小，出现打滑现象，导致发动机工作效率低下、油耗增加。

（2）严重时可能造成关联部件的不正常工作或损坏：空调不制冷，引发车舱环境的极不舒适感；发电机不发电，导致车辆断电熄火。

（3）在极端严重的情况下，转向助力丧失，危及行车安全；还可能造成水泵不工作，从而导致发动机水温过高，甚至损坏发动机。

新旧发动机皮带对比如表 1.3.3 所示。

表 1.3.3　　新旧发动机皮带对比

新发动机皮带	旧发动机皮带
沟槽清晰 没有异味 材质软硬适中 表面顺滑、无裂纹、无油渍	如发动机皮带老旧时常发生运行不平稳的情况，可能会随时失效 楔肋磨损 积聚污垢 发动机皮带背面受损

（五）制动片

制动片也称刹车片，其摩擦材料与旋转的制动盘相互挤压，产生制动力，从而达到车辆减速的目的。制动片的优劣直接影响车辆制动系统的工作效率，是车辆极为重要的安全部件。由于摩擦作用，制动片的摩擦材料会逐渐消耗，及时更换制动片对行车安全至关重要。

由于驾驶员驾驶习惯与驾驶环境的差异，制动片的磨损情况和实际更换周期也有所不同（见图 1.3.5）。如奔驰汽车原厂制动片磨损极限为 3 毫米，前制动摩擦片在行驶里程 3 万～5 万公里时更换，后制动摩擦片在行驶里程 4 万～6 万公里时更换。

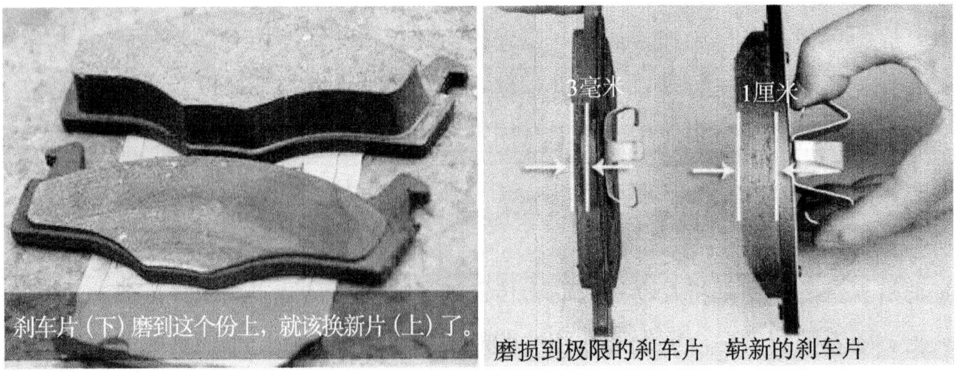

(a)　　(b)

图 1.3.5　制动片

1. 不及时更换的风险

（1）制动距离变长；

（2）散热性能下降，导致抗热衰退能力降低，持续制动时制动力会过度衰减；

（3）严重时摩擦片完全消耗，丧失制动效果并损坏制动盘，可能引发车辆事故，甚至威胁到人员生命安全。

2. 使用假制动片的隐患

（1）制动力不足，制动距离长，紧急制动时无法及时停车酿成事故；

（2）抗热衰退性差，下坡或长距离制动时，摩擦系数下降，制动效果显著衰退甚至失效；

（3）不规则磨损会引起制动异响，在某些情况下会引发方向盘抖动；

（4）材料极易脱落，有损伤制动盘及扩大维修损失的风险。

3. 制动片养护

（1）勿频繁重急刹或常带刹车行驶，以延长制动片的使用寿命；

（2）务必解除手刹后再行驶，避免瞬间造成极速磨损；

（3）定期按照保养要求更换制动液；

（4）除定期保养的常规检查外，如出现制动报警灯亮起的情况，应立即回厂检查更换；

（5）寒冷天气洗车后，不要马上长时间停驻，最好先行驶一段时间，防止制动盘与制动片间结冰；

（6）达到摩擦极限的制动片必须及时更换，即使能够再使用一段时间，也会因制动效果的降低而影响行车安全，及时检查发现并立即更换非常重要，采取宁提前勿滞后的更换原则。

（六）制动盘

制动盘是汽车中最重要的安全部件之一。旋转的制动盘与制动片相互摩擦产生制动力，起到减速或者停车的作用。

由于车辆使用环境及驾驶员驾驶习惯的差异，制动盘的磨损情况和实际更换周期也有所不同，应根据车辆检查结果在制动盘磨损极限时及时更换。例如：奔驰规定原厂前制动盘为每 6 万～10 万公里更换，后制动盘为每 8 万～12 万公里更换。

1. 不及时更换的风险

（1）制动距离变长：制动盘过度磨损或磨损不均，会降低制动力，导致制动距离增加。

（2）持续制动能力降低：老旧的制动盘耐高温能力降低，在高温条件下较易产生热衰竭，影响持续制动力，有安全隐患。

（3）制动噪声：老旧的制动盘与制动片摩擦不均匀，易产生刺耳的噪声。

（4）缩短制动片使用寿命：过度磨损的制动盘不及时更换会加剧制动片的磨损。

2. 使用假制动盘的隐患

（1）制动表现差，制动距离长，威胁行车安全；

（2）抗热衰退性差，持续制动极不稳定；

（3）易产生锈蚀、不耐磨，而且会过快磨损制动片；

（4）在高低温环境中易产生裂纹；

（5）易出现噪声、振动及轮胎偏磨。

新旧制动盘对比如表 1.3.4 所示。

表 1.3.4　　新旧制动盘对比

新制动盘	旧制动盘
表面平整光洁，有特殊漆防腐保护涂层；厚实耐磨，材质均匀	摩擦面厚度变薄、磨损不均匀、有明显沟痕；制动盘表面磨耗明显，边缘形成台阶状

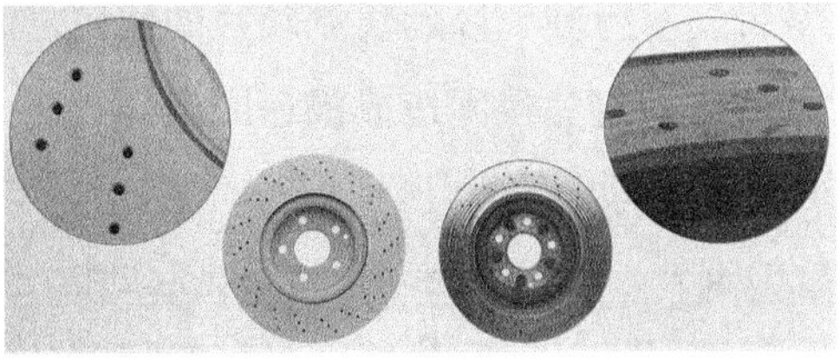

3. 制动盘养护

（1）勿频繁重急刹或常带刹车行驶，以延长制动盘的使用寿命；

（2）寒冷天气洗车后，不要马上长时间停驻，最好先行驶一段时间，防止制动盘与制动片间结冰。

（七）制动液

制动液俗称刹车油，是汽车制动液压系统中负责传递制动压力的液态介质，它通常以醇醚、硼酸酯等化学品为主要原料，加入抗氧化剂等添加剂，再经过调和、脱水、过滤等多道工艺制成。制动液是制动系统制动不可缺少的部分，因为液体是不能被压缩的，因此从总泵输出的压力会通过制动液直接传递至分泵之中，最后产生制动。

如果制动液油质失效，很快会造成制动失效、车辆失控。作为制动压力传递的介质，制动液的稳定性对车辆行驶安全至关重要。这就要求制动液不但能耐高温，在长期高温的环境中不被汽化，而且能耐低温，在极低的温度下保证高流动性。

1. 不及时更换的风险

长期使用的制动液，会吸入空气中的水分，对制动系统造成不良影响，甚至产生严重后果：

（1）制动液吸入空气中的水分，会在制动管路中产生难以排出的气泡、形成气阻，影响制动效果；

（2）会直接引起制动液沸点下降，在进行紧急制动或长时间下坡路段行驶时，制动液易沸腾，进而产生大量气泡，影响制动能力发挥，存在事故风险。

2. 使用假制动液的隐患

（1）假制动液在使用后，易发生：

1）汽化、气阻，造成制动失效；

2）凝固点低，寒冷地区制动液易发生凝固结冰，导致制动失灵，引发严重事故；

3）液体腐蚀性很强，导致制动系统出现泄漏等。

（2）严重情况下：

1）会损伤 ABS/ESP 等系统内其他配件的寿命或功能表现；

2）需付出额外的配件修复费用；

3）导致制动失效，造成人员伤亡与财产的损失。

新旧制动液对比如表 1.3.5 所示。

表 1.3.5　　新旧制动液对比

新制动液	旧制动液
颜色为浅黄色 嗅不到异味 透明无杂质的液体 平衡回流沸点不低于 260℃，湿平衡回流沸点不低于 180℃	气味难闻 颜色较深 油液内有杂质 湿平衡回流沸点降低，不达标

3. 制动液保养

（1）停车时远离过度潮湿的环境；

（2）当刹车出现偶发性偏软时，应尽快回厂检修，排除异常；

（3）不同品牌的制动液由于配料有差异，混用时会产生化学反应并产生腐蚀物质，因此绝对不可以混用；

（4）全车制动液应定期更换，以排除车辆制动隐患。

（八）空调滤清器

在汽车的行驶过程中，会有大量肉眼看不见的细微颗粒，如灰尘、粉尘、花粉、细菌、工业废气等进入空调系统中。汽车空调滤清器的作用就是过滤掉这些有害物质，提高车厢内空气质量，为车内乘用人员营造一个安全、舒适的呼吸环境，保护车内人员的身体健康。

空调滤清器应按车辆保养手册进行定期更换，对于天气污染严重、经常出现雾霾的地区，以及敏感人群（老人、小孩或易过敏者），应适当缩短更换时间，增加更换频次。

1. 不及时更换的风险

（1）长期使用的空调滤清器表面会吸附大量的灰尘，这些灰尘将堵塞过滤层，降低空调滤清器的透气性，使进入车内的清新空气量减少。车内乘客会因缺氧感到头晕或疲倦，影响行车安全。

（2）很多客户认为清除滤清器表面浮土后就可以继续使用，但其实旧空调滤清器中的活性炭层会因吸附过多有害的气体而饱和，不再具有吸附作用，具有不可逆性。长期使用失效的空调滤清器，将对乘客的呼吸道和肺部等人体器官产生损害。

（3）长时间不更换空调滤清器，还会导致进风口堵塞，冷气出风量少，制冷慢。

2. 使用假空调滤清器的隐患

（1）过滤材质差，对花粉、灰尘等有害物质的过滤效果不明显；

（2）由于过滤面积小，使用后易形成堵塞，造成车内新鲜空气量不够，易使乘客感觉疲惫；

（3）活性炭粒量少甚至不含有活性炭，无法有效地吸附工业尾气等有害气体，长期使用会对乘客身体健康构成危害；

（4）采用最简单的非硬塑型坚固框设计，容易受潮或压力变形，丧失过滤效果，影响乘客健康。

新旧空调滤清器对比如表 1.3.6 所示。

表 1.3.6　　新旧空调滤清器对比

新空调滤清器	旧空调滤清器
表面清洁、呈白色，里层为黑色活性炭粒 过滤层间隔排列有序 无土腥味	滤网中有大量树叶、灰尘，颜色变黑，并伴有土腥味 出现破裂、变形 活性炭吸附能力饱和

3. 空调系统养护

（1）当行驶于空气污染的环境时，可以短时间切换成内循环模式，以保证车内空气质量，延长空调滤清器寿命（空调内循环工作一段时间后车辆会自动切换到外循环，以避免引起身体不适感）；

（2）每年至少清洗一次空调系统（蒸发箱、风道和车内杀菌）；

（3）在天气不热时，将车辆两侧的车窗摇下，多开车窗通风，保持车内空气的清新；

（4）正常开空调行驶时，可在快到目的地前把制冷泵关掉，但保持送风功能开启，让自然风将蒸发箱内的水吹干；

（5）夏天雨水较多，尽量减少汽车在涉水路面行驶，不然会导致空调冷凝器下部沾上许多泥沙，时间久了会使冷凝器发生锈蚀，从而缩短空调的使用寿命。

（九）雨刮片

雨刮片是安装在挡风玻璃上的重要附件，用于清除挡风玻璃上妨碍视线的雨雪和尘土，对于行车安全及驾驶舒适性有重要影响。雨刮片的正常工作，确保了在任何时间、任何天气或环境下，都能及时有效地清除挡风玻璃的脏污。特别是在夏季突降暴雨的情况下，能否在关键的几秒内恢复清晰的视野，取决于雨刮片的优劣。

雨刮片是橡胶制品，会因受到日晒雨淋、臭氧、高低温极端天气等自然环境因素影响而逐渐老化。雨刮片不仅在运行过程中，而且在静止条件下，也会因外部天气条件而受损，因此需要定期检查和及时更换。

1. 不及时更换的风险

（1）无法有效清理挡风玻璃上的雨水或脏污，产生细小条纹、雾及线状残留，导致视野不清晰；

（2）雨刮片摆幅不顺、非正常跳动，出现噪声；

（3）出现大面积水膜，导致不正常折射，影响行车视线，容易引发交通事故。

2. 使用假雨刮片的隐患

（1）弯曲度无法与挡风玻璃紧密贴合，容易抖动、跳动或产生噪声；

（2）在高速行驶时，运行不平稳，无法确保刮水效果；

（3）影响视野清晰度，从而使安全性大打折扣；

（4）过早磨损、不耐磨，寿命过短；

（5）长期使用容易刮花挡风玻璃，增加维修成本。

新旧雨刮片对比如表 1.3.7 所示。

表 1.3.7　新旧雨刮片对比

新雨刮片	旧雨刮片
雨刮片弧度准确贴合挡风玻璃弧形 保养提示器呈黑色 雨刮片胶条弹性好，表面平整顺滑	雨刮片中部磨损、龟裂，雨刮片弧度变形，胶条中部或两端无法完全贴合挡风玻璃 雨刮片胶条硬化 胶条尖端的边缘出现磨损 保养提示器变为黄色
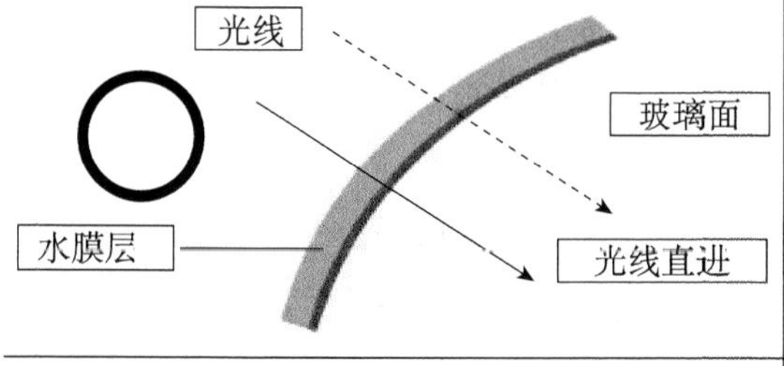	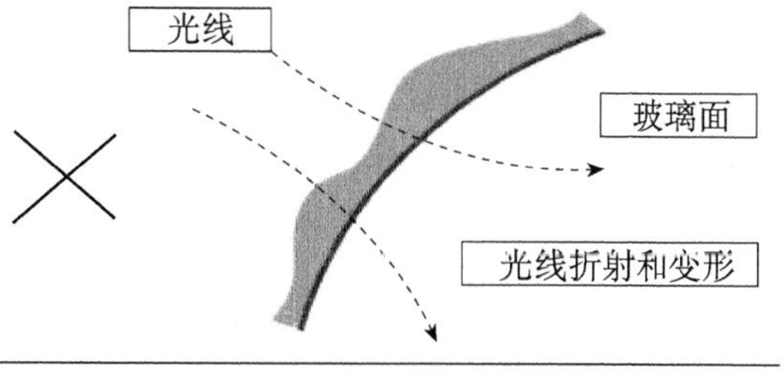
挡风玻璃面均匀的水层允许光线顺利通过，不会产生折射	挡风玻璃面未刮拭均匀的水珠导致光线产生折射，影响司机的视野

3. 雨刮片养护

（1）尽量避免雨刮片在无水的情况下干刮，尤其是挡风玻璃上有坚固异物时，因为这样会损伤雨刮片胶条；

（2）冬季低温使用时，车窗结冰或有雾时，可先用“MAX”键吹送高强度暖风融化薄冰，再用冰铲清理挡风玻璃表面的冰碴，尽量避免使用雨刮片直接刮拭；

（3）雨雪天气过后，及时用清水清洗雨刮片，避免因雨雪中含有的一些有害物质对雨刮片造成腐蚀；

（4）配合使用原厂玻璃清洗液，避免使用其他劣质化学产品，否则会腐蚀雨刮片；

（5）若进行洗车和日常打扫需抬起雨刮片时，要只拿雨刮片的“脊背”，放时要轻轻送回，不可“啪”的一下将雨刮片弹回。

（十）蓄电池

蓄电池就是一个将化学能转化变为电能的设备配件。如果说汽车的发动机是汽车的心脏，蓄电池则是心脏的心脏，它的主要作用是供电给发动机以启动车辆，在发电机供电不足或者启动时为车辆内电气设备（如照明、音响系统等）提供电源，当发电机开始正常供电之后，蓄电池则会接收并储存电能，以备日后使用。

汽车蓄电池一般两年更换一次，不同车型汽车厂商所规定的保养周期不完全相同，具体更换周期以汽车厂商要求为准。蓄电池的寿命因使用习惯的不同存在巨大差异。某些不当的操作习惯将严重影响蓄电池使用寿命，例如：在发动机熄火或怠速状态下较长时间使用大功率汽车用电设备（空调、音响等），停车前未确认关闭所有的用电设备，或车辆长时间停放不进行蓄电池定期检查等。

1. 不及时更换的风险

（1）车辆启动困难，甚至不能启动；

（2）老化蓄电池长期处于充电状态，影响发动机效率，增加油耗；

（3）不稳定的供电可能导致车辆电气故障。

2. 使用假蓄电池的隐患

假冒及劣质蓄电池非但不能满足车辆的供电需求，反而存在严重的安全隐患：

（1）放电能力差，冷车启动困难，损伤起动机及发动机本体；

（2）循环寿命短，充放电次数过少，寿命极短，需要经常更换；

（3）充放电不稳定，严重时会造成电路烧蚀，伤及车辆电气设备；

（4）在高温环境或发生碰撞时，壳体容易破裂，发生电解液泄漏，污染和腐蚀其他车辆部件，严重时可能引发火灾。

新旧蓄电池对比如表 1.3.8 所示。

表 1.3.8　新旧蓄电池对比

新蓄电池	旧蓄电池
具有卓越的蓄电、供电的性能 拥有完整的蓄电池寿命	蓄电池的胶质外观出现老旧、老化现象 蓄电池材质会出现衰退现象 对低温环境的适应性与满足密集、大量、高耗电性能的能力降低 供电与存储性能迅速衰退，随时可能失效

3. 蓄电池养护

（1）保持蓄电池外观洁净的状态；

（2）蓄电池正负极的接头要紧密固定并保持洁净；

（3）发动机熄火前先关闭空调、照明灯、音响等开关，发动机熄火后尽量不要使用车内电气设备；

（4）当发动机启动不顺时，需间隔 5 秒以上再启动；

（5）尽量避免长期不使用，当长期不使用时必须先充足电再放置，如车辆需长期停放，应将蓄电池负极导线断开；

（6）车辆停放时避免暴晒，应停驻于阴凉通风、干燥的环境中；

（7）定期回厂保养时进行蓄电池功能检测，掌握质量的变化并采取必要措施。

（十一）轮胎

轮胎是在各种车辆或机械上装配的接地滚动的圆环形弹性橡胶制品。通常安装在金属轮上，能支撑车身，缓冲外界冲击，实现与路面的接触并保障车辆的行驶性能。轮胎常在复杂和苛刻的条件下使用，它在行驶时承受着各种变形、负荷以及高低温作用，因此必须具有较高的承载性能、牵引性能、缓冲性能。同时，要求具备高耐磨性和耐屈挠性，以及低的滚动阻力与生热性。

轮胎的功能主要有：驱动、转向和制动是汽车安全性和操控性的体现，减震和承载是汽车舒适性的体现，降低燃油消耗是汽车节能环保的体现。

一般有下列情况，建议更换轮胎：

（1）DOT 显示超过 5 年；

（2）胎侧老化、龟裂；

（3）胎面花纹深度小于 3 毫米；

（4）同轴品牌、花纹不一样；

（5）轻卡胎装在轿车上；

（6）胎侧橡胶损伤，无漏气；

（7）胎面修补过多。

轮胎存在下列情况则必须更换：

（1）胎面花纹深度小于1.6毫米；

（2）胎侧缺气碾压损伤；

（3）DOT显示超过7年；

（4）胎面胎侧老化开裂；

（5）胎肩扎钉，胎面扎钉，损伤面积过大。

同时，在平时的使用过程中保持正确的胎压很重要（见图1.3.6）。胎压不正确将导致轮胎的异常磨损：胎压过高，轮胎缓冲性能下降，抓地不足，制动距离变长，滚动阻力下降，操控变轻；胎压过低，轮胎抗冲击性能下降，容易鼓包，抓地不足，制动距离变长，滚动阻力大幅上升，油耗增加，操控变差，老化加剧。

第三方权威测试证明，轮胎气压不足会导致：

（1）制动距离增加10%；

（2）操控与转向变差8%；

（3）防滑性能变差47%；

（4）最高车速下降15%；

（5）滚动阻力大幅增加38%。

轮胎充气压力须按照车辆制造商的建议，此数值通常能在如下地方找到：

（1）车辆用户手册；

（2）轿车驾驶座车门上的标贴；

（3）车厢驾驶座旁的储物抽屉；

（4）油缸盖小门。

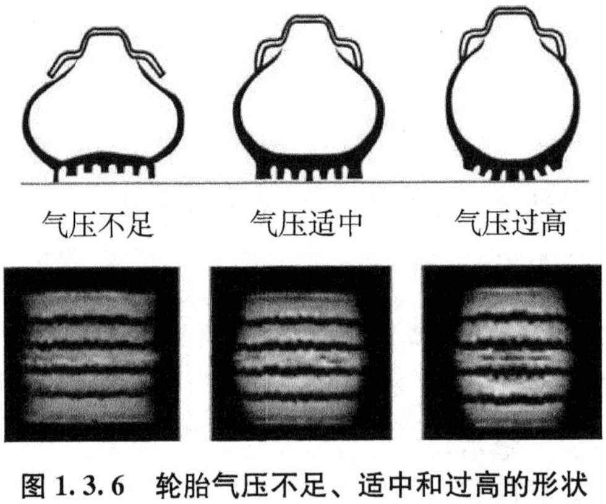

图1.3.6　轮胎气压不足、适中和过高的形状

轮胎专业安装很重要。新轮胎应更换新的气门嘴，因为使用橡胶开裂的老旧气门嘴是很危险的。同时，必须充足润滑，并按照正确的程序进行，防止拆装损坏。润滑胎唇不正确或者轮辋不正确，可能会导致轮胎充气期间胎唇无法到位。如果达到最高充气压力后，无法使胎唇安装在轮辋上，不应再继续充气。放气并检查轮胎规格和轮辋尺寸是否正确，重新涂润滑油再安装。否则，继续充气可能会气压过高，导致胎唇焊裂，或者胎唇钢丝剪切断裂，造成人身伤害。

选轮胎时，要考虑车辆性能、驾驶习惯、道路条件和气候条件等因素。轿车轮胎只能在公路上使用，不适用于越野路况。如果驾驶风格偏好运动，可选择运动型花纹；如果注重舒适安静，可选择舒适型花纹。在城市路况驾驶的越野 SUV，可选用城市型花纹；如果经常会去越野路况，可选择半越野型轮胎花纹。

为保证行车安全，不要使用损坏的轮胎或轮辋来驾驶车辆。特别在上高速公路准备远行之前，更要提前检查，主要包括：

（1）有无鼓包、割伤、裂纹、扎钉和异常胎面磨损等。

（2）胎压是否正常，是否太低或太高。包括备胎在内，车辆上的所有轮胎都要检查。

（3）在经过坑洞、砂砾较多的路面时，要减速慢慢通过。如果躲闪不及，不慎发生了严重的撞击，应及时停车检查，看轮胎轮辋是否有损坏。

（4）经常检查轮胎磨损的情况。如果轮胎磨损不均匀，或者车辆过度抖动、跑偏的话，车辆可能定位不良或不平衡。这些情况不仅缩短轮胎寿命，而且影响车辆的操控性，并存在安全隐患。

使用假轮胎的隐患：

（1）轻则降低轮胎与汽车轮辋、悬挂、差速器等零部件的匹配度，影响行车操控性和舒适度；

（2）重则发生鼓包、异常磨损、起皮、脱落等现象，危及车主的人身、财产安全。

三、汽车养护用品知识

为了拓宽盈利渠道，经销商也常常推出汽车养护项目。养护项目种类很多，服务顾问一般会根据车辆使用情况和客户用车习惯合理地推荐养护用品。例如：做火花塞养护时，可推荐燃油添加剂；做空调滤清器更换保养时，可进行空调清洗服务的营销；做雨刮片保养时，可进行玻璃清洗浓缩液、强力玻璃清洁剂、玻璃除霜剂等相关产品的营销。表 1.3.9 为某品牌汽车公司推出的汽车养护用品，表 1.3.10 为某品牌汽车养护用品使用周期。

表 1.3.9　　某品牌汽车养护用品

类别	产品名称
润滑系统	新车保护剂
	发动机内部清洗剂
	发动机保护剂
	强力抗磨剂

续前表

类别	产品名称
燃油系统	节气门清洗剂
	喷油嘴清洗剂
	进气系统清洗剂
	三元催化清洗剂
冷却系统	冷却系统清洗剂
	冷却系统保护剂
空调系统	空调润滑剂
	空调杀菌除臭剂
变速箱系统	自动变速箱清洁剂
	自动变速箱保护剂

表 1.3.10　某品牌汽车养护用品及使用周期

产品名称	使用周期									
	1 万公里	2 万公里	3 万公里	4 万公里	5 万公里	6 万公里	7 万公里	8 万公里	9 万公里	10 万公里
新车保护剂	★	/	/	/	/	/	/	/	/	/
发动机内部清洗剂	★	★	★	★	★	★	★	★	★	★
发动机保护剂	★	★	★	★	★	★	★	★	★	★
强力抗磨剂			★			★				★
节气门清洗剂	★	★	★	★	★	★	★	★	★	★
喷油嘴清洗剂		★		★		★		★		★
进气系统清洗剂		★		★		★		★		★
三元催化清洗剂		★		★		★		★		★
冷却系统清洗剂	每半年使用一次									
冷却系统保护剂	每半年使用一次									
空调润滑剂	每半年使用一次									
空调杀菌除臭剂	每半年使用一次									
自动变速箱清洁剂			★			★			★	
自动变速箱保护剂			★			★			★	

（一）润滑系统

1. 新车保护剂

新车保护剂主要针对新车在磨合期使用，防止在磨合过程中金属表面粗糙造成的过早磨损，起到强化清洁、分解的作用，防止因发动机高温形成的积碳黏结在活塞环而导致的拉缸断环现象。

课堂讨论

（1）刚买的新车为什么就要用保护剂？

（2）新车为什么就会产生积碳？

（3）用了能有什么效果？

2. 发动机内部清洗剂

发动机内部清洗剂内含有积碳清洁因子，能有效清洁发动机油道的沉积物质，改善润滑效果，同时能中和发动机内部产生的酸性物质，保护发动机不受腐蚀，延长发动机使用寿命。

课堂讨论

（1）为什么要使用发动机内部清洗剂？

（2）发动机内部清洗剂有什么效果？

3. 发动机保护剂

发动机保护剂能减少发动机内部磨损，降温降噪，同时能抑制油泥、积碳、胶质等沉积物的生成，使发动机保持良好的润滑状态。

课堂讨论

（1）为什么要使用发动机保护剂？

（2）使用发动机保护剂有什么明显效果？

4. 强力抗磨剂

专门针对行驶里程较长的车辆，智能修复发动机磨损，改善密封，增强动力，抑制发动机烧机油、冒蓝烟现象，恢复气缸压力，提高加速性能，延长发动机使用寿命。

课堂讨论

（1）为什么要使用强力抗磨剂？

（2）使用强力抗磨剂有什么效果？

（二）燃油系统

1. 节气门清洗剂

节气门清洗剂能有效分解和吹除附着在节气门体、怠速马达上的积碳，润滑节气门，恢复节气门的操作灵敏性。

课堂讨论

（1）为什么要使用节气清洗剂？

（2）清洗节气门能起到什么作用？

2. 喷油嘴清洗剂

喷油嘴清洗剂内含积碳吹除剂，能有效分解和吹除堵塞油嘴的积碳和胶质，恢复怠速，提高加速性能，降低油耗，降低排放。

课堂讨论

（1）为什么要使用喷油嘴清洗剂？

（2）喷油嘴清洗剂有什么作用？

（3）为什么你们服务站的产品比外面维修厂的贵？

3. 进气系统清洗剂

进气系统清洗剂内含积碳吹除剂，能够在引擎运行过程中，自行分解电喷进气系统、进气歧管、进气门、燃烧室中的积碳和胶质，恢复怠速，提高加速性能，降低油耗，降低排放。

课堂讨论

（1）为什么要使用进气系统清洗剂？

（2）进气系统清洗剂有什么效果？

4. 三元催化剂清洗剂

三元催化剂清洗剂能对三元催化转换器表面附着物进行清洁、分解，能有效恢复三元催化转换器表面活性，降低车辆尾气中的有害物质，提高动力，能有效清洁、保护氧传感器和三元催化转换器装置。

课堂讨论

（1）为什么要使用三元催化清洗剂？

（2）清洗三元催化转换器有什么效果？

（三）冷却系统

1. 冷却系统清洗剂

冷却系统清洗剂内含有水垢活化因子，能自行活化和分解附着在冷却系统中的水垢和水锈，避免因冷却系统水垢而导致的引擎“开锅”。

课堂讨论

（1）为什么要使用冷却系统清洗剂？

（2）使用冷却系统清洗剂有什么效果？

（3）我跑长途的话自己直接能清洗吗？

2. 冷却系统保护剂

冷却系统保护剂能中和冷却系统中的酸性物质，防止金属部件的锈蚀，同时能有效润滑水泵和节温器。

课堂讨论

（1）为什么要使用冷却系统保护剂？

（2）冷却系统保护剂有什么作用？

（3）刚加了冷却系统清洗剂怎么还要加冷却系统保护剂，没必要了吧？

（四）空调系统

据统计，每个驾车人员平均每月在车内逗留45小时，由于长时间待在车里，因此车内洁净格外重要。

1. 空调润滑剂

空调润滑剂专门针对空调制冷效果不好的车辆，使用后能增强空调的制冷效果。

课堂讨论

（1）为什么要使用空调润滑剂？

（2）使用空调润滑剂有什么效果？

2. 空调杀菌除臭剂

空调杀菌除臭剂能清除、杀灭黏附的大量污垢、油垢、胺、烟碱、病毒、细菌、真菌、螨虫、有害物质及微生物等，同时能抑制霉菌、病菌形成，改善车内空气质量。

课堂讨论

（1）为什么要使用空调杀菌除臭剂？

（2）使用空调杀菌除臭剂有什么效果？

（五）变速箱系统

1. 自动变速箱清洁剂

自动变速箱清洁剂能去除自动变速箱经过长期使用后产生的油腻、胶质、金属碎屑等沉积物，延长自动变速箱的使用寿命。

课堂讨论

（1）为什么要使用自动变速箱清洁剂？

（2）使用自动变速箱清洁剂有什么效果？

2. 自动变速箱保护剂

自动变速箱保护剂能润滑、保护自动变速器零件，减少零件磨损，降低工作噪声，清洁零件及通道，保持变速箱密封性，延长自动变速箱的使用寿命。

课堂讨论

（1）为什么要使用自动变速箱保护剂？

（2）使用自动变速箱保护剂有什么效果？

四、美容产品

汽车美容养护行业现今的服务范围主要包括五个方面：

（1）车身美容，包括高压洗车，去除沥青、焦油，上蜡增色，镜面处理，新车开蜡，轮胎、钢圈、保险杠的翻新；

（2）内饰美容，包括车饰美容、发动机美容和后备厢美容；

（3）漆面处理，包括氧化膜、飞漆、酸雨等的处理，漆面深浅划痕处理，整车喷漆等；

（4）车辆防护，包括粘贴防爆太阳膜，加装防盗器、倒车雷达、语音系统、导航设备和运动套件等；

（5）汽车精品，包括车内脚垫、车室净化、汽车香水等。

美容产品非常多，不同经销商营销的美容产品也不一样，同一经销商营销的美容产品也会随着时间的变化而变化。表 1.3.11 为某经销商推出的美容项目。

表 1.3.11　　某经销商推出的美容项目

分类	序号	美容项目	分类	序号	美容项目
洗车	1	卡诺德标洗	漆面	1	魔镜增亮
	2	卡诺德精洗		2	抛光打蜡护理
	3	香波出水芙蓉		3	抛光封釉护理
	4	精洗		4	纳米镀膜
发动机舱	1	发动机舱专业护理		5	纳米镀晶
	2	发动机舱镀膜		6	底盘装甲
内室	1	空调深化除菌护理		7	金刚护甲
	2	内室杀菌雾化治理		8	镀膜护理（仅限镀膜后使用）
	3	内室杀菌雾化套餐		9	镀晶护理（仅限镀晶后使用）
	4	内室清洁护理		10	晶体修复护理（仅限镀晶后使用）
	5	完美冰清玉洁		11	晶瓷修复护理（仅限烤瓷后使用）
	6	真皮滋养镀膜套餐		12	超值豪华镀膜（年度）
轮毂	1	轮毂清洁如新		13	豪华鼎致镀晶
	2	轮毂抛光镀膜		14	金钻豪华五层镀晶
玻璃	1	高级玻璃护理		15	至尊完美烤瓷
	2	至尊玻璃护理		16	铂金离子镀膜
售后美护	1	触点保养			
	2	铰链球头养护			
	3	四合一			

课堂讨论

你能说出美容项目的好处吗？应该如何向有需求的客户进行营销？

五、销售促进提示

一般特约维修站会安排刚入职的服务顾问进行一个月到一年不等时间的车间轮岗，如宝马 4S 店一般会安排新员工进行维修车间、配件部门、索赔部门为期半年到一年不等的轮岗，以便其更好地掌握专业知识。为了能提高产值，提升客户满意度，服务顾问除了掌握一定的专业知识外，适当的销售促进也是必要的。

（一）机油滤清器

（1）利用配件展示板对比新旧配件，向客户演示说明不及时更换的风险；

（2）利用配件展示板对比原厂及非原厂配件，向客户演示说明原厂配件的优势，将价格转化为价值。

（二）空气滤清器

通过新旧配件对比向客户演示说明不及时更换旧件的隐患。

FFBA 销售话术参考

F（项目）：空气滤清器是用来清除空气中的微粒杂质的。

F（功能）：详细点说，空气滤清器能过滤空气里的各种异物，如灰尘等，为发动机提供干净的空气。

B（利益）：空气滤清器能减缓发动机的磨损，延长发动机的使用寿命。

A（数字化计算）：这样吧王先生，我帮您算算。如果空气滤清器用久失效了，第一费油，1 万公里至少得 1 000 元油费；第二得清洗油路，一次就得花 2 000 元；第三，万一发动机也受影响损坏，维修费可就得上万元了。而换空气滤清器只需几百元，您说是不是很划算？

（三）火花塞

（1）掌握客户新车或上次更换火花塞后已行驶里程与时间周期，以确定目标客户群（采取宁提前勿滞后的更换原则）；

（2）向客户了解车辆冷车启动、油耗表现等情况；

（3）技师进行火花塞免费检查，确认并掌握火花塞的质量状态；

（4）利用手机拍照、影像或新旧件对比向客户演示说明不及时更换旧件的隐患。

FFBA 销售话术参考

F（项目）：火花塞能产生电火花，它是点燃气缸里的混合气体的装置。

F（功能）：火花塞的作用是让缸体内的燃料充分燃烧。

B（利益）：重要的是，它能帮助您的爱车节约油耗。

A（数字化计算）：换新的火花塞之后，点火时汽油能充分燃烧，节约油耗，每 1 万公里能节约 1 000 元油费呢。另外，火花塞烧蚀后也很容易划伤发动机缸体，大修发动机要几万元。您花很少的钱换个火花塞，这些问题就能帮您避免了。

（四）制动片

（1）事先了解客户驾驶习惯，以及在新车或上次更换制动片后的行驶里程和时间周期，以确定目标客户群（采取宁提前勿滞后的更换原则）；

（2）多使用制动力测试器，并应用测出的数据；

（3）根据制动片损耗的情况，算出制动片剩余里程，及时向客户提出更换新品的建议；

（4）可使用特殊游标卡尺测量，向客户展示旧件残余的厚度；

（5）利用制动片磨损厚度对比展示工具。

销售话术参考

服务顾问：于女士您好，您的爱车来做 4 万公里保养，这次是 B 保养，车辆使用都还好吗？

客户：还不错，你帮我检查一下。

服务顾问：好的，我先铺个四件套，请您跟我一起做个车辆检查。机油需要更换了，我们会将机油、机油滤清器同步更换。您的车辆已经使用 2 年整，正好是刹车油更换的时机，刹车片也已经磨损，我先测量刹车片的厚度，如果厚度不足，建议您将刹车片也进行更换。此外，刹车感应线也建议一并更换。

客户：要换这么多吗？为什么？

服务顾问：我向您逐一解释一下吧。

客户：需要多少钱呢？

服务顾问：您这么爱车，就放心在这里更换，我们的刹车配件都是厂家指定，安全有保障。更换后，还会使用制动力测试器给您的爱车做制动力测试。我向您分别说明一下。

（五）制动盘

（1）建议客户第二次更换制动片时一并更换制动盘（套餐优惠方案），以确保最佳制动表现；

（2）多使用制动力测试器，并应用测出的数据；

（3）可使用特殊游标卡尺测量，向客户展示旧件残余的厚度。

（六）制动液

（1）充分利用制动力测试器测出的数据；

（2）根据制动液的质量情况及时向客户提出更换建议；

（3）利用手机拍照、旧制动液影像或新旧制动液的实物对比，向客户展示说明新旧差异与不更换的隐患；

（4）可使用特殊制动液质量测试仪向客户演示旧制动液沸点的改变；

（5）在客户休息或停留的地点放置有关原厂制动液产品，并介绍其特色与优势；

（6）利用制动液性能作用演示工具向客户展示其对驾驶安全的重要性。

（七）空调滤清器

（1）事先了解客户车辆新车或上次更换空调滤清器后的已行驶里程和时间周期，以确定目标客户群（采取宁提前勿滞后更换原则）；

（2）建议客户更换空调滤清器的同时实施空调系统清洗服务（全面深度清洗/经典深度清洗套餐）；

（3）使用 PM2.5 测试仪向客户演示过滤效果；

（4）将旧件展示给客户，配合讲解；

（5）制作原厂与非原厂空调滤清器过滤效果对比演示工具；

（6）利用风速测试仪展示风道堵塞情况；

（7）事先掌握非原厂空调滤清器的价格差异，适时解除客户对价格产生的疑虑。

FFBA 销售话术参考

F（项目）：是这样的吴先生，空调滤清器的作用是过滤进入车内的空气，包括空气中的粉尘、花粉、烟尘微粒、真菌、细菌等，避免空调风箱阻塞。

F（功能）：空气流经蒸发箱时，空气里的水蒸气很容易凝结在表面，使蒸发箱经常处于潮湿环境，这样更容易吸附空气中的灰尘、颗粒，滋生细菌。

B（利益）：定期更换空调滤清器，可以避免系统产生酸臭难闻的味道，减少车内因空气污染造成的过敏原，同时确保进入空气的流量及质量。对您来说，一来能保障父母、小孩、自己的身体健康，二来能避免车厢缺氧、开车打瞌睡，也是为了安全着想。

A（数字化计算）：家用空气净化器滤网要价上千元，相比之下，空调滤清器的价格不贵。800 元/365 天，平均一天也就 2 元，这么低的价格，就能呼吸健康空气，多划算啊。

（八）雨刮片

（1）先更换一根雨刮片，给客户对比演示新旧雨刮片的刮拭效果，再向客户解释是否需要更换（零星的水痕、多条水痕、有无法刮拭的区域或出现大面积水膜等）；

（2）季节变化时，可以给客户发送使用雨刮片的小提示，增加客户对雨刮片知识的了解；

（3）店内可播放在恶劣天气下，雨刮片无法正常工作导致视野模糊不清甚至引发事故的视频。

（九）蓄电池

（1）充分利用电瓶测试工具，每次车辆进厂时确保进行相关测试，打印电瓶测试单，并向客户出示；

（2）如果车辆冬季在野外无法启动，在没有及时救援的情况下，持续的低温可能危及驾乘人员的健康及安全，因此针对冬季有长距离驾车出行计划的客户，可根据车辆使用情况，建议其及时更换新蓄电池；

（3）事先了解客户车辆使用习惯与车辆上次更换蓄电池后的已行驶里程和时间周期，以确定目标客户群（采取宁提前勿滞后的更换原则）。

（十）发动机皮带

（1）掌握客户车辆新车或自上次更换后的已行驶里程与时间周期，以确定目标客户群（采取宁提前勿滞后的更换原则）；

（2）新旧配件对比，重点对比长度和磨损情况，可以使用特殊皮带长度测量工具。

（十一）养护用品

（1）养护用品不要孤立于常规保养之外，避免出现全部都是养护用品的套餐；

（2）在保养套餐中应根据当地车辆使用情况和客户用车习惯合理地嵌入养护用品项目；

（3）提供尽可能多的养护用品项目，降低养护用品重复使用率，提高客户新鲜感；

（4）应尽量避免在某一次保养时出现养护用品使用过多的情况。

课堂讨论

讨论常用保养配件及延伸产品销售话术。

六、汽车常见维修故障

不同品牌不同车型的常见故障不同，这需要维修业务接待人员在长期的工作中进行积累。一般品牌4S店也会针对本品牌车辆给出常见故障的学习资料，如故障现象原理解释、解决方案及相关应对话术。虽然维修业务接待人员不需要像维修人员那样精通故障解决方法，但对常见故障的故障现象及解决方案还是应该有所了解的，以便应对客户提出的各类问题，提高接待的专业性及客户忠诚度。

(一) 发动机故障灯亮 (需要更换高压油泵)

1. 原理解释

高压油泵采用精度较高的柱塞式原理，通过发动机的动力带动一个斜盘的旋转改变柱塞的往复移动来实现泵油的功能。

2. 解决方法

(1) 改良高压油泵；

(2) 使用质量高的汽油；

(3) 添加燃油添加剂；

(4) 定期更换滤清器和清洗油箱。

3. 其他应对话术

(1) 客套话：车辆给您带来的不便我们深表歉意，我们会严格按照厂家要求对您的爱车做仔细的检查。

(2) 搭建话：您的爱车是经常去外地吗？(外地的油质比较差) 您放心，我们技师会尽快帮您查出导致车辆问题的关键所在。

(3) 保修话：我们帮您查了一下，您的爱车油泵好像工作得不怎么好，我们发现您的爱车的油有点杂质，我们这次就为您的爱车免费更换一个油泵，以后请尽量加质量好的油，还有每隔一次大保养强烈建议您清洗一下油箱，这样对发动机和油泵的寿命是非常有利的。

(二) 积碳问题

客户反映发动机故障灯亮了或车辆发动时会产生抖动。

1. 原理解释

积碳是燃烧时产生的副产品，这种黑的碳烟会堆积在缸盖、缸壁、活塞和气门上，并变得很硬。燃烧室内的积碳会影响发动机的性能，导致机油消耗增加，敲缸或过热。积碳是由于进入汽缸的汽油燃烧不完全造成的。产生这种情况的原因多种多样，如使用劣质汽油、城区道路过多行驶、点火不良，但最主要的原因是驾驶操作过于小心谨慎。

2. 解决方法

建议客户加油时定点加油，不要加走私油；有条件建议上高速跑跑，可以排除部分积碳；使用专用燃油添加剂可提高汽油辛烷值，抑制积碳生成，清洁顽固积碳；定期做保养，更换空气滤清器、火花塞等。

3. 其他应对话术

城市道路拥挤，上下班路程较短，导致车辆在低转速、低车速下行驶，甚至发动机没有达到正常的工作温度就已经熄火到达目的地了，由此引起积碳问题。缓解积碳的方法有：一是建议多跑长途；二是国内汽油品质不达标，杂质较多，建议添加汽油添加剂，让其更充分燃烧；三是定期做保养。

（三）冷车启动问题

冷车启动时整个车辆左右晃动，维持在5秒钟左右，然后就正常了。

1. 原理解释

如果新车就有该故障：这其实是正常的，发动机刚启动时，启动马达带动发动机转动，让发动机从静止转为每分钟几百转的速度，发动机内部的飞轮、汽油泵和前面的空调、皮带等都因为运动状态的突然改变会产生振动，传递到车身就会导致车辆左右晃动，但过几秒钟车体晃动衰减后，就正常了。除了启动时有点晃动，发动机的加速、运转噪声等其他情况都没有什么异常，对吧？所以请放心使用。当然如果您担心将来是否会变严重，请放心，如果真发生那样的情况我们一定会负责，我们有不限里程的两年包修，车辆尽管放心使用。另外，目前市场上的汽油品质参差不齐，为避免油品问题对车辆使用产生不良影响，建议您使用原厂燃油添加剂，并经常跑跑高速。

新车没有，后来产生该故障：这主要由积碳引起的，因为冷车启动时整个发动机温度都比较低，这会使喷油嘴喷射的汽油被积碳吸附了一部分，导致混合气比例和电脑程序标准值不能完全吻合，于是气缸燃烧就不太规律，造成发动机短时间内抖动，让您觉得车辆左右摇晃。但为什么几秒钟就好了呢？因为出现这种情况后，强大的电脑智能控制系统就会根据反馈信息进行介入管理修正数据，于是几秒钟后运转就正常了。为什么会产生积碳呢？这其实是一个车辆使用问题，主要原因包括短途行驶过多、频繁启动和汽油品质较差等。积碳危害相当大，不仅是冷车抖动，甚至还影响车辆加速能力（之前需要先询问客户加速情况怎么样，如果客户回答很好则不必提加速问题）。当然从技术角度来说，还有一些可能包括冷车启动时机油压力、汽油压力过低或保持不住。（但目前为止我们没有遇到后者导致这种情况）。

2. 解决方法

第一，清洗发动机缸内积碳，特别是气门背面、喷油嘴、进气道（如果有兴趣，我们清洗时可以让客户看看清洗出来的积碳透明度，以此消除客户的疑虑）。第二，清洗完积碳后使用好品质的汽油，建议到固定资质的加油站加油，并且使用原厂燃油添加剂，常跑跑高速，避免积碳过早产生。第三，我们也会帮您检查一下机油压力和汽油压力是否正常（包修期客户：如果检查出有异常，请放心，我们一定遵照包修流程帮您把问题解决掉）。

3. 其他应对话术

建议使用燃油添加剂，它可以缓解发动机积碳的形成，同时建议多跑跑高速。

（四）空调不出风

1. 原理解释

（1）不属于故障：鼓风机过载保护及过热保护。

（2）属于故障：鼓风机坏掉或电阻坏掉。

（3）鼓风机受潮或有脏东西导致卡住。

2. 解决方法

如果是故障，需要更换空调风扇及空调外电阻；针对鼓风机受潮或有脏东西卡住，加查空气滤网及鼓风机，不好就更换。建议客户在日常使用车辆时保持车厢内空气干燥，避免出现车厢内空气湿度过大，定期对空气滤清器进行必要的清洁和更换。

3. 其他应对话术

针对车辆空调不出风的状况，有几种原因可能导致此类情况的发生：

（1）可能鼓风机供电电压过低或过高，而使空调的鼓风机自发地产生过载保护功能，导致短暂的空调不出风，待电压平稳后，即会恢复正常使用。

（2）可能是车厢内空气湿度较大，导致空调的鼓风机受潮卡死，进而导致空调不出风。此种情况就需要进行相关的检测和维修。当然也不排除鼓风机或外电阻本身出现异常，导致不出风。您先别着急，让我们针对此问题给您的爱车进行一个专业的检测吧。

（五）刹车异响

1. 原理解释

（1）摩擦系数过高，使得刹车片就像在切割刹车盘一样，会产生异响，此时就需要磨倒角。

（2）刹车片的刚度恰好与刹车盘的刚度接近，就会比较容易产生共振，此时可能会产生异响。

（3）刹车片的材质：如果刹车片材料是金属，碳和金属的比例达到一定程度，就有可能产生异响。

2. 解决方案

（1）检查刹车片接触面是否平整，如平整，则拆刹车片磨倒角即可解决问题。

（2）若刹车片接触面不平整，则根据要求更换改进型刹车片，同时更换刹车片时，制动清洁机清洗制动钳支架，并且在制动片上涂上油脂。

3. 其他应对话术

（1）询问客户行驶的路况，可向客户解释：有时候可能有细小的石头在刹车盘和刹车片之间，因而产生了异响，可以加速后猛踩油门，反复试几次以后，异响可能就没有了。

（2）刹车感应线头上设计了一块感应块，车子使用一段时间后，感应块会被慢慢磨掉，快要磨掉的时候，就有可能会产生异响。此时可以先检查一下，如果刹车片比较厚，我们可以先清洗一下刹车片等，然后磨一下倒角，问题就可以解决了。

（3）如果确实因为刹车片的材质问题，并且车子是新车，我们可以直接做保修，为客户更换刹车片。

（六）离换胎周期还远，但轮胎异常偏磨

现象1：轮胎两边胎肩过度磨损；现象2：轮胎胎面中央部分过度磨损；现象3：单边磨损或羽状边磨损；现象4：轮胎起包。

1. 原理解释

（1）现象1：长期在气压不足的情况下行驶导致轮胎两边胎肩过度磨损；

（2）现象2：长期在气压过高的情况下行驶导致轮胎胎面中央部分过度磨损；

（3）现象3：车轮定位不良导致异常单边磨损；

（4）现象4：汽车在行驶中，轮胎胎肩或接近胎肩的胎边部位撞击外物，导致轮胎在轮辋凸缘和冲积物之间产生严重挤压，胎体帘子线因过度拉伸而断裂，出现胎侧鼓包现象。

2. 解决方案

（1）针对现象1和现象2：根据标准胎压值定期检查胎压，建议每次洗车时都顺便进行胎压检查。当轮胎扎钉或漏气时，请及时到4S店或轮胎店更换或修补轮胎，以避免长时间缺气行驶。

（2）针对现象3：每次保养预检时，服务顾问需检查轮胎，有异常现象需及时告知客户，并提醒客户做四轮定位。另外，建议客户每2万公里做一次四轮定位。

（3）针对现象4：更换鼓包轮胎。

3. 其他应对话术

（1）问：为什么我的轮胎只有一侧磨损？

答：轮胎磨损过快可能是由几种可能引起的。比如：轮胎的气压长期不准，车辆定位参数发生变化，包括您的驾驶习惯都有可能引起轮胎过早磨损。一般而言，原先车辆底盘或悬架或轮胎发生过轻微的碰撞都有可能造成车轮定位不准，从而使轮胎发生偏磨。现帮您的爱车做个检查，如果悬架部件没有变形，我们建议您检查一下四轮定位。

（2）问：为什么我的汽车后轮比前轮磨损得快？

答：因为您的车辆是后轮驱动车。在正常情况下，后轮得到从发动机传来的动力并且驱动汽车，因此后轮轮胎可能比前轮轮胎磨损得快，这是正常现象。

（七）挂倒挡，方向打死情况下熄火

1. 原理解释

在方向盘打死的情况下，方向机已经处于极限位置不能移动，但是方向机助力泵还继

续工作，一直对方向机施加推力。整个过程要求发动机提供更多的动力来支持，而发动机处于怠速情况下，提供不了更多的动力，导致发动机转速下降，再加上挂倒挡，变速箱也需要提供额外的动力，两者加起来就会导致发动机转速下降，严重时出现熄火现象。

2. 解决方法

（1）如果发动机有积碳，建议清洗积碳和油路，保持发动机运转更顺畅。

（2）可以适当地提高发动机怠速。

（3）可以通过软件编程优化怠速时的动力输出。

（4）添加原厂燃油添加剂。

3. 其他应对话术

驾驶过程中尽量避免长时间或多次把方向盘打到极限位置，这种情况不仅会造成发动机熄火，还会造成方向机液压系统压力过高而缩短该系统的使用寿命，产生额外的费用。

（八）方向跑偏

1. 原理解释

方向跑偏，首先要确定跑偏的方向，是向左还是向右。如果轻微向右跑偏，应该是属于正常的，因为现在国内公路的建设为了更快更好地排水，路面都是左高右低。影响方向跑偏有很多因素，比如：胎压的偏差、胎纹的深浅、轮胎的型号、轮胎的平衡，车辆的定位数据（是否出现过事故）、前部刹车的松紧、前部元件的损耗（减震、悬架、轴承）等。

2. 解决方法

检查底盘是否有撞击，检查轮胎，调整胎压，四轮定位。

3. 其他应对话术

建议每年或 2 万公里左右，做一下四轮定位；每两个星期检查一下轮胎，并按标准胎压调整。行驶时注意路面情况，有坑洼路障时视情况缓行或绕道；停车时注意路阶。

七、钣金喷漆工艺流程

（一）钣金工艺流程

汽车车身表面操作的钣金修复一般要经过以下流程：首先，对送修车辆进行检查，确定其车身结构类型；其次，根据受损部位的情况确定修复方式；最后，按要求对不同的部位安排合理的修理工艺。

1. 根据车身结构确定修理工艺

（1）车身校正固定：对于车身的牵拉索引校正，必须保证车身固定，否则，在拉力作用下会产生整体位移，达不到索引校正的目的。

（2）车身校正程序：

1）了解设备的性能及安全使用措施；

2）对车身损伤做出分析判断，确定牵拉方案；

3）初步校正基础的固定点；

4）修正定位点，检查校正效果，按计划牵拉校正。

（3）在进行牵拉校正之前，应对车身内部和外部进行如下保护：

1）尽量取出内部部件，如座位、仪表台、车垫等；

2）焊接时用隔热材料盖住玻璃、座位、仪表台等部件，以防烧伤；

3）拆除车身外面部件，并用棉布或保护带保护好车身，防止擦伤；

4）如果油漆表面擦破，必须修好，防止锈蚀。

（4）车身前端损坏的修复：车身前端损坏主要是前端受碰撞（如追尾事故）形成的。损坏的部位包括前部的横梁一侧的挡泥板，侧梁以及另侧的前翼板等相关区域。

（5）车身后部损坏的修复：

1）校正时，将夹钳或钩子接到后侧梁的后部，如后地板或后顶盖、侧板后端部，一边牵拉，一边测量车身下面每一部分的尺寸，通过观察车身板的配合间隙来确定必要的修理程度。

2）当后侧梁被严重碰撞，导致后门框因变形而开关不畅时，可以靠牵拉侧梁来消除后顶盖侧板的应力。

2. 根据车身表面损伤程度确定修理工艺

（1）凹凸表面的整修：

1）小范围局部凸起的整形：用垫铁贴紧凸起的反面，铁锤敲击凸起部位，使凸起部分被压缩到原来形状。操作时，要求捶击力量要轻巧，以每秒 2 次的频率连续冲击，并做到捶击点均匀分布。

2）局部凹陷的整形：与凸起的修整不同的是，捶击点不在垫铁顶面上方，而是在铁皮的凸起部位。将垫铁贴紧最低处，用铁锤敲击附近凸起处即可。

3）撬起凹陷，利用修平刀修整凹陷，车门表面某处有凹陷，将修平刀做垫铁用，采用捶击表面凸起部位的办法，可将凹陷修复。

（2）表面收缩整形：

金属板上变形部位的收缩：用焊炬火焰将最凸点或最凹点（伸张中心）加热至无樱红色（加热大小与伸张程度有关）。加热后急速敲击红晕区域的周围，并逐渐向加热点的中心包围，以便金属组织紧缩。敲击时，要用垫铁在部件背部，用木锤敲击，冷却后再用铁锤轻轻敲击整平。

如果收缩一点不能达到整平的目的，可用同样方法在该点周围适当位置进行多点收缩，但此时加热范围要小一些。所有收缩点冷却之后，进行一次全面敲平，敲击力要轻。

3. 根据锈蚀程度确定修理工艺

车身表面锈蚀程度不同，其钣金修理方法也不相同。

（1）表面漆层隆起：是由金属面生锈造成的，应将此处漆层清除干净，露出金属层，并用除锈剂清除铁锈，再按照喷漆要求处理，重新涂漆。

（2）穿透性锈蚀：一般会使大面积的漆面隆起，此时，应将这部分生锈的金属全切除，经补焊一块金属块整修之后，再按喷漆要求处理，重新喷漆。

（3）表面漆层被剐蹭是较常见的损伤，应将剐蹭部位附近的漆层用专门的砂纸打磨，直至显露金属，然后对金属面按喷漆要求处理，重新涂装。

（二）喷漆操作流程

1. 刮涂原子灰

在将涂抹了环氧底漆的钣金受损件清洁除油后，刮涂原子灰，原子灰晾干后进行打磨，并确认冲压线。

2. 喷涂底漆

原子灰打磨后进行清洁除油，开始喷涂底漆，并烤干。喷涂底漆时，要把不需要喷涂的部位进行必要的遮挡。

3. 打磨底漆

对底漆进行打磨至原漆面高度相同，并确认其平整度。

4. 调漆

虽然目前特约服务店一般都备有原厂漆，但由于车辆在长时间使用后，面漆颜色与原厂漆会有所差别，因此这时就需要喷漆人员进行手工调漆。

5. 喷涂面漆

将调好的面漆加入喷枪罐中，调整喷枪的气压、出漆量以及喷幅后，开始均匀地喷涂在钣金件上。不同的面漆在喷涂时的工序也有所不同。

面漆分为单层漆和多层漆，是色彩的确定层和装饰保护层。单层漆一般统称为素色漆，也称普通漆，以一层完成。多层漆分银粉系列漆和珍珠系列漆，分双层及多层施工工序完成的涂料。银粉漆是由特制铝质材料研制而成，具有较高的保护性以及户外稳定性和很强的客观性。珍珠系列漆是由云母片及贝壳等材料通过高科技提制而成，是色彩丰富、装饰极强的高级涂料。

面漆部分的喷涂质量要求很高，要做到清洁、丰满、光亮、不垂、不挂、光泽均匀、不漏喷、不花枪、流平好、不咬底、不浮躁、不偏色，这些方面全做到位、一气呵成确实不是件容易的事，需要极丰富的经验和故障预知排除能力。

（三）汽车常见部位刮擦维修

1. 微小的细痕

一些细小的划痕用细蜡加粗蜡就可以对付。首先将车洗净擦干，用海绵沾上粗蜡，以画圆的方式上蜡。粗蜡打完后，再上细蜡，由内往外沿同样的方向，即直向或横向画圆上蜡。这样，之前凌乱的细微刮痕几乎都能去掉。

2. 未掉底漆的刮伤

面积稍大的刮伤或脱漆，用打蜡没办法处理，可以用补漆笔救救急。补漆笔在使用前要摇一摇，让里面的漆调和均匀。做法也很简单，把车子洗净擦干，不要上任何蜡，选用适合车子颜色的补漆笔，直接涂在伤处。等补漆笔抹处干了之后，再将细蜡打上就可以了。

3. 已见底漆的刮痕

较深且明显的底漆刮痕容易让钣金生锈，因此除锈防锈很重要。车子洗净擦干后不要上任何蜡，在刮痕处涂上除锈剂，等10～15分钟并用面纸擦去除锈剂后，再涂上防锈剂，避免刮伤处再继续生锈。

案例剖析

因修理不到位引发的客户不满

国庆、中秋小长假，客户王先生一家人开车出城去放松一下心情，没想到路上车流量超大，景区附近的交通秩序乱得一团糟。在混乱中，王先生的车右前门被一辆SUV撞得很厉害，幸亏自己和家人都没有事。为了不影响家人难得的出游机会，王先生还是将家人送到了景区，然后独自一人来到特约店进行维修。把车送进去之后不久，服务顾问来告诉王先生：门体如果仅仅用钣金整形无法复原，需要更换车门门体总成，让王先生一周后来提车。

一周后王先生来店提车，服务顾问带王先生到完工区，对王先生介绍了进行的维修工作。王先生上前拉开车门想确认一下更换的新车门有没有什么问题，但是打开的一瞬间，就明显感觉到开门很费力，有一种开门很重的感觉。王先生立刻问服务顾问这是怎么回事。服务顾问也尝试着开了数次车门，然后说新车门是有点紧，过一段时间就好了。王先生的车也是从新车用过来的，哪有什么先紧后松的？这是正规维修点，为什么说得这么不专业，跟路边摊骗人说的话一样。

然后，王先生又发现新车门周边间隙不均匀，与旁边位置也不平，于是拒绝收车。重新修整时，王先生坚持要看维修技师作业，维修技师又花了一个多小时也没有弄好。维修技师看了王先生半天说："我真的没有办法了，您就凑合着用吧。"对维修技师的这种回答，王先生真的是没有想到。车门太紧、不会自动回位，维修店不承认；门缝间隙不均匀，维修店修不好。这种店真是太让人失望了。

事实调查：客户车辆的右前门在剧烈碰撞中造成了严重损坏，车身结构也产生了轻微的变形，维修技师在维修时没有仔细对车身变形进行检查，仅更换了新的门体。安装后对门锁松紧度和门缝的间隙、面差没有精准调校，导致了客户在验车时的不满。而随后接待人员和维修技师对客户解释的话术不当，更加剧了客户的不满。

【原因分析】

（1）车门打开、关闭沉重，车门周边间隙不均；

（2）修理效果差，客户对维修结果完全不认同；

（3）客户对特约店员工技能产生不信任感。

【要点建议】

1. 修理质量需按维修手册要求把关

维修/保养作业应该严格按照维修手册的规定进行操作。在车身修理工艺中，对间隙与平整度有明确的技术数据要求，要严格执行。

2. 及时安排优势技术力量解决维修技术难点

车门间隙调校有很强的经验性，应由等级更高的技师实施。

3. 完工交付必须有严格的检验

本案例涉及机修、电修、钣金、油漆，各部分维修机理应翔实，过程检验应到位，保证尺寸要求、保证开合自如、保证门锁啮合可靠、保证紧固件使用新零件、保证紧固力矩。

【源头改善】

1. 纠正只凭经验不看维修手册的不良习惯

在技术交流会中，强调修理时先看维修手册，如维修手册中没有解决方案，再咨询技术热线。

2. 进行案例交流分享

积极收集特约店相关案例，在交流平台上进行分享。

3. 加强对检验职责的监督

特约店内部的服务主管加强对完工情况检查现场的监督，避免不良品流出。

4. 按照车身修理工艺中规定的间隙与平整度进行检查

维修/保养作业应该严格按照维修手册的规定进行操作。在车身修理工艺中，对间隙和平整度都有明确的技术数据要求。即便客户不知道这些数据，但是他会将已经修理状态和没有修理的部位参照对比。严格执行维修工艺，这才是特约店区别于一般修理厂的最大优势和吸引点。

5. 针对有扩充的维修问题及时与客户沟通

不能以掩盖或凑合的方式处理有扩充的维修问题。

知识拓展

仪表盘识别

作为一名服务顾问，在平时工作中经常会有客户咨询车上的某功能如何操作的问题，因此掌握所有功能键的使用、熟悉操作很有必要。例如：服务顾问小李刚加入某品牌经销商，有一天接到一个客户的电话。客户刚买了一辆新车，平时和太太换着开，也没有时间阅读车主手册，由于太太身材娇小，这位先生每次上车都要重新设置座椅位置和方向盘位置，很麻烦，因此打电话到店里来，想让服务顾问小李教他座椅记忆功能的设置方法。

服务顾问在日常的工作中碰到的问题远不止这些，对于服务顾问来说，熟练掌握车辆上的各功能键的操作方法很重要。车辆内部按键繁多、功能复杂，大致可以分为四部分：驾驶员侧、中央控制区域、副驾驶侧以及后排。你了解某品牌车型的功能操作吗？可以选定一辆车进行实车操作。常见仪表系统指示灯说明如表 1.3.12 所示。

表 1.3.12　常见仪表系统指示灯说明

序号	图示	名称	颜色	序号	图示	名称	颜色
1		远光指示灯	蓝色	11	SVS	发动机系统警告灯	黄色
2	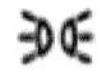	示宽指示灯	绿色	12		冷却液温度高警告灯	红色
3		左转向指示灯	绿色	13		机油压力警告灯	红色
4		右转向指示灯	绿色	14		发动机故障警告灯	黄色
5		制动液面低警告灯	红色	15		充放电警告灯	红色
6		驻车制动指示灯	红色	16		燃油低警告灯	黄色
7		ABS 警告灯	黄色	17		电子车身稳定系统指示灯	黄色
8		安全气囊警告灯	红色	18		安全带未系警告灯	红色
9		前雾指示灯	绿色	19		后雾指示灯	黄色
10		轮胎气压和系统故障指示灯	黄色	20		车门未关警告灯	红色

实践操作

车辆维修保养调研

一、训练内容

车辆维修保养调研。

二、训练目的

（1）了解品牌售后亮点；

（2）掌握汽车定期保养项目及周期；

（3）掌握汽车美容养护产品种类及作用；

（4）掌握某品牌常见故障及解决方案。

三、训练步骤及要求

（1）指导教师对全班学生进行分组，6～8 人为一组，组长采取轮流制进行；

（2）小组选择某汽车品牌 4S 店及车型；

（3）实地调研车辆品牌及车型亮点、售后服务亮点、保养项目、养护产品；

（4）熟悉车辆的功能操作（驾驶员侧、中央控制区域、副驾驶侧以及后排）；

（5）总结相关产品的营销技巧或话术；

（6）制作 PPT 并汇报，汇报时先介绍组员的任务分工、完成过程、遇到的困难与解决方法，再介绍实训内容；

（7）点评、修改后，提交车辆维修保养调研分析报告及 PPT 汇报稿。

四、评价与总结

评价与总结示例如表 1.3.13 所示。

表 1.3.13　车辆维修保养调研分析报告评价

	内容	分值	自评	互评	师评
考评标准	某品牌汽车售后服务亮点	15			
	某品牌保养项目及养护产品介绍及营销话术	30			
	车辆功能操作说明及新技术介绍	30			
	成果展示及介绍	25			
合计		100			
最终得分（自评 25%＋互评 25%＋师评 50%）					

自评：包括团队成员的工作态度、团队分工合作情况、工作流程及对成果质量评价、项目收获。
互评：客观评价，先提优点，再道不足。
师评：教师根据团队成果优缺点，有针对性地点评，启发学生的创新思维，对各团队普遍存在的问题进行重点分析，并提出要重点注意的问题。

五、训练成果

车辆维修保养调研分析报告及 PPT 汇报稿。

思考练习

（1）机油对发动机的作用是什么？（至少回答 4 条）

（2）车辆蓄电池上的标识“12V90Ah900A”中的“12V”“90Ah”“900A”分别代表什么意思？

（3）车辆方向跑偏主要有哪些原因？（至少回答 3 条）

（4）客户车辆轮胎出现偏磨现象，主要有哪些原因？（至少回答 3 条）

（5）向客户推荐四轮定位服务时，如何解释？

（6）车辆怠速时，发动机抖动，可能的原因是什么？（至少回答 3 条）

（7）踩刹车时有异响，可能的原因是什么？（至少回答 4 条）

（8）空调不制冷，可能的原因是什么？（至少回答 4 条）

（9）空调有异味，可能的原因是什么？

（10）发动机过热（俗称水温高），可能的原因是什么？（至少回答 3 条）

（11）轮胎上标注 205/50 R1691W，请解释这些数字的含义。

任务四　解读汽车售后服务政策

学习目标

通过本次任务的学习，你将了解现行汽车三包索赔的内容，解释三包索赔范围和免责范围，掌握汽车保险主要险种和商业车险费率改革，熟悉主流品牌汽车保修索赔政策。通过学习和训练，你将能够：

（1）运用汽车三包索赔知识分析相关案例；

（2）熟练应用车辆保险分类及理赔权限；

（3）掌握商业车险费率改革；

（4）熟悉主流品牌汽车保修索赔政策。

工作任务

选定某品牌，调研保修政策及车辆保险理赔政策。

相关知识

一、汽车三包索赔管理

国家市场监督管理总局于2021年7月22日公布的《家用汽车产品修理更换退货责任规定》（以下简称“新规”）已于2022年1月1日起施行，取代了之前自2013年10月1日起施行的《家用汽车产品修理、更换、退货责任规定》。新规对家用汽车产品三包内容进行整合、完善，增加家用纯电动、插电式混合动力汽车产品三包相关要求，同时也对三包责任范围、退换货条件相关内容进一步作出规范性要求。

（一）汽车三包的定义

汽车三包是指汽车产品的包修、包换、包退，即销售者违反买卖合同的质量约定，消费者对销售者追究质量担保责任的三种请求权。

1. 包修

自购车之日起（以购车发票时间为准），在一定的质量保证期内，因质量问题引起的故障，采取以换件或修复的方式恢复车辆性能。

2. 包换（换车、换总成零部件）

自购车之日起（以购车发票时间为准），在一定的质量保证期内，因严重的质量问题（如制动失效、转向失效、车体开焊、发动机抱死等），经修理仍达不到车辆主要技术性能指标的，消费者可以换车。

3. 包退（退车）

自购车之日起（以购车发票时间为准），在一定的质量保证期内，因严重的质量问题（如制动失效、转向失效、车体开焊、发动机抱死等），消费者可以退车。

（二）术语解释

（1）包修：家用汽车产品出现质量问题时，由修理者免费维修（包括工时费和材料费）。

（2）包修期：包修的限定期限。

（3）三包：产品的包修、包换（换车、换总成零部件）、包退（退车）。

（4）三包有效期：产品包修、包换、包退的限定期限。

（5）家用汽车产品：消费者为生活消费需要而购买和使用的乘用车。

（6）乘用车：相关国家规定标准的除专用乘用车之外的乘用车。注：设计和制造上主要用于载运乘客及其随行物品的汽车，包括驾驶员在内最多不超过9个座位。

（7）生产者：在中华人民共和国境内依法设立的生产家用汽车产品并以其名义颁发产

品合格证的单位。从中华人民共和国境外进口家用汽车产品到境内销售的单位视同生产者。

(8) 销售者：以自己的名义向消费者直接消费、交付家用汽车产品并收取货款、开具发票的单位或个人。

(9) 修理者：与生产者或消费者订立代理修理合同，依照约定为消费者提供家用汽车产品修理服务的单位或个人。

(10) 经营者：生产者、销售者、向销售者提供产品的其他销售者、修理者等。

(11) 产品质量问题：家用汽车产品出现影响正常使用、无法正常使用或者产品质量与法规、标准、企业明示的质量状况不符合的情况。

(12) 严重安全性能故障：家用汽车产品存在危及人身、财产安全的产品质量问题，致使消费者无法安全使用家用汽车产品，包括出现安全装置不能起到应有的保护作用或者存在起火等危险情况。

(三) 汽车三包的责任主体

汽车产品实行“谁销售谁负责三包”的原则。按照《家用汽车产品修理、更换、退货责任规定》：三包责任由销售者依法承担。销售者依照规定承担三包责任后，属于生产者的责任或者属于其他经营者的责任的，销售者有权向生产者、其他经营者追偿。

经销商是直接与消费者订立买卖合同的当事人，在买卖合同的拘束下，三包责任主体当然是经销商（见图 1.4.1）。

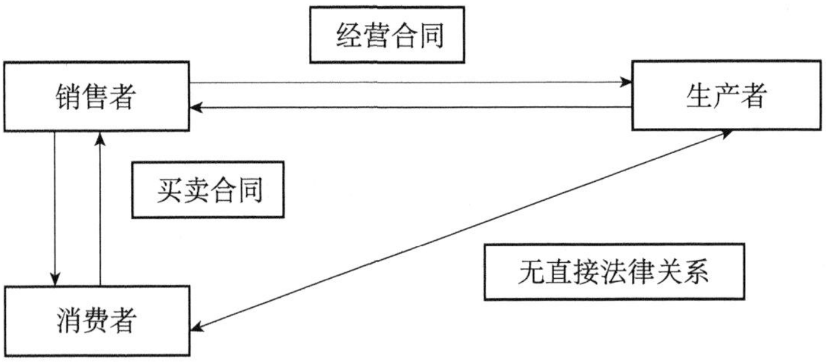

图 1.4.1 汽车三包的责任主体

(四) 三包责任

1. 三包责任要件

三包责任要件包括形式要件和实质要件（见图 1.4.2）。形式要件：家用汽车、有效三包凭证、凭证内容与产品相符等。实质要件：自始不知有瑕疵，车辆未自行改装、调整、拆卸，故障发生后处置得当，瑕疵是非不可抗力造成的。如果要件不具备，将免除全部或部分责任。

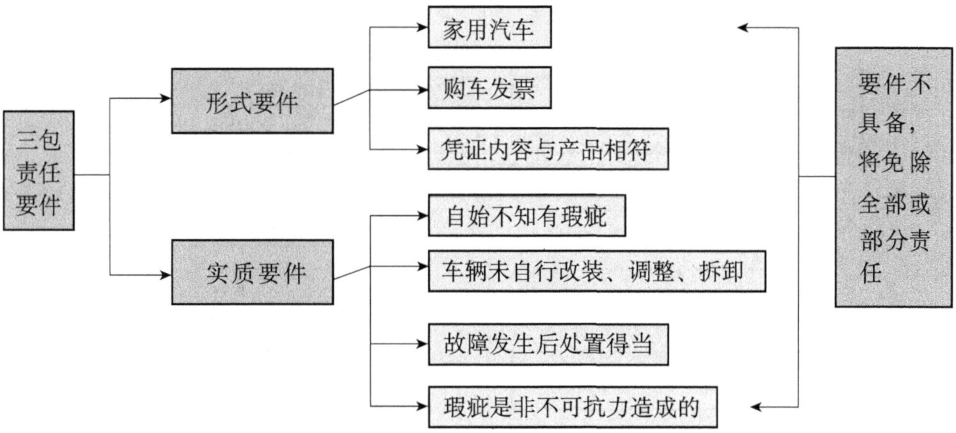

图 1.4.2　三包责任要件

2. 三包有效期

家用汽车产品的三包有效期自销售者开具购车发票之日起算起。

新车包修退换期为 60 日/3 000 公里（以先到者为准）；家用汽车产品包退包换期为不低于 2 年/5 万公里内（以先到者为准）先修理后退换；家用汽车包修期限不低于 3 年/6 万公里（以先到者为准）。具体如图 1.4.3 所示。

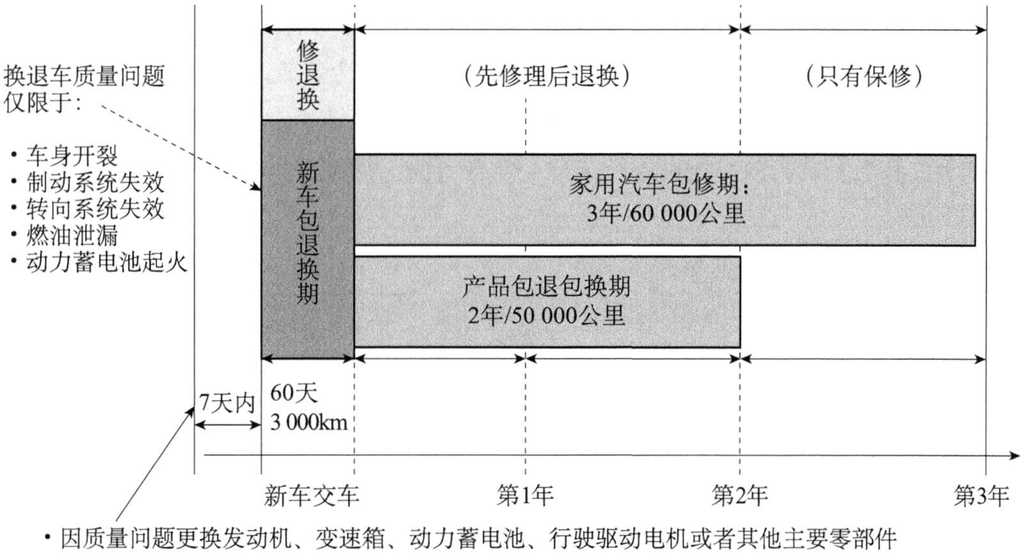

图 1.4.3　家用三包有效期

达不到整车三包有效期的，其所属的总成或系统、零部件名称和质量担保期等三包条款由制造商明示在三包凭证上。

3. 三包责任立法原则（见图 1.4.4）

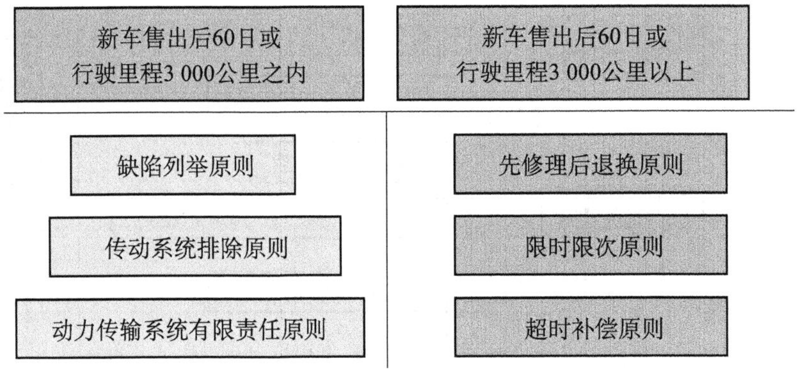

图 1.4.4　三包责任立法原则

（1）新车售出 7 天内：

家用汽车产品自三包有效期起算之日起 7 日内，因质量问题需要更换发动机、变速器、动力蓄电池、行驶驱动电机或者其主要零部件的，消费者可以凭购车发票、三包凭证选择更换家用汽车产品或者退货。销售者应当免费更换或者退货。

（2）新车售出 7 天后但在 60 日或行驶里程 3 000 公里之内：

1）缺陷列举原则：家用汽车产品售出后 60 日之内或者行驶里程 3 000 公里之内，若出现列举的质量问题致使消费者无法安全使用汽车，或安全装置不能起到应有的保护作用或存在起火等危险情况，则应该让消费者退货或更换。消费者可以换、退车的质量问题仅限于：转向系统失效、制动系统失效、车身开裂、燃油泄漏、动力蓄电池起火（见图 1.4.5）。

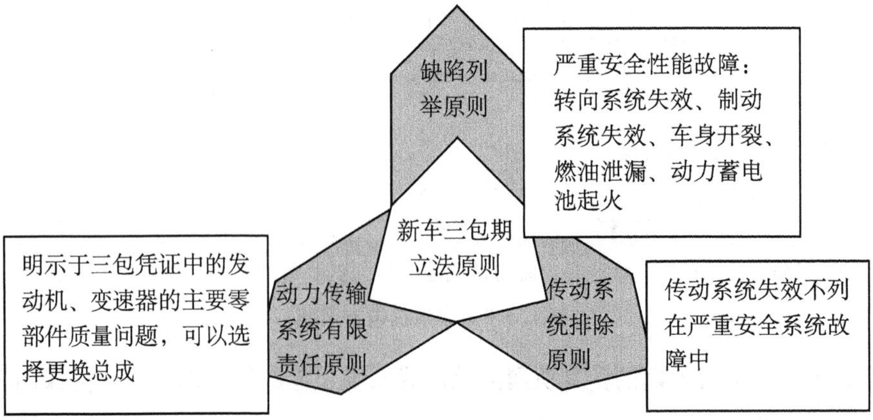

图 1.4.5　新车三包期立法原则

2）传动系统排除原则：家用汽车产品的传动系统出现质量问题，虽然会影响车辆的正常使用，但不会立即危害人身、财产安全，因此要在新车期加以排除。消费者不可以因为传动系统的质量问题请求退货或更换。

3）动力传输系统有限责任原则：汽车动力的传输系统主要靠发动机、变速器两大总成，当这两大总成的主要零件出现质量问题时，消费者可以选择免费更换发动机、变速器总成（见表 1.4.1）。

表 1.4.1　汽车动力传输系统总成

总成	主要零件名称
发动机	缸盖总成、活塞、曲柄、连杆机构、缸体总成、配气机构、润滑系统
变速器及分动器	箱体、液压元件、箱内传动部件、液力变矩器、齿轮、轴类阀体

（3）新车售出 60 日或行驶里程 3 000 公里以上：

1）先修理后退换原则：新车包退换期后，不管车辆出现何种质量问题，消费者不能直接请求退车或换车，只能请求先维修：

a. 修理安全性能故障，严重安全性能故障主要故障模式如表 1.4.2 所示；

表 1.4.2　严重安全性能故障主要故障模式

序号	主要故障模式	故障说明及典型故障示例
1	制动失效	由于基本制动功能或制动动力功能突然失效，驾驶员无法按其意愿对车辆进行制动操作和控制车辆减速，包括驻车制动突然失效致使车辆无法驻车或行驶中车辆自行制动
2	转向失效	汽车在行驶中，由于转向功能或转向助力功能突然失效，驾驶员无法按其意愿控制车辆的行驶方向
3	动力失效	动力系统原因导致汽车突然自行持续加速或无法减速
4	安全装置失效	汽车在碰撞时安全装置无法按规定的功能对驾驶员或乘员起到应有的保护作用，如安全带、安全气囊或座椅固定装置的失效，汽车行驶中驾驶员或乘员车门自行打开
5	车辆火灾	汽车电气故障，易燃油液泄漏或局部过热等原因可能引起火灾风险
6	视野丧失	汽车在行驶时车外前方视野突然丧失，如行驶中发动机舱盖自行掀起
7	车辆姿态失控	汽车在正常行驶时由于汽车受力构件，如车轮、悬架、前/后桥、动力传动、车身部件的原因，车辆突然失控

b. 更换发动机、变速器、车身总成；

c. 更换其他总成主要零部件，其他总成零部件如表 1.4.3 所示。

表 1.4.3　　其他总成主要零部件

总成或系统	主要零部件
车身（车架）	车身骨架、纵梁、横梁、前后车门、副车架
转向系统	转向机总成、转向拉杆、转向柱总成、转向节、液压泵、助力电机、球头
制动系统	制动主缸、制动器分缸、制动器盘（鼓）、助力器、液压泵、真空泵、驻车制动器、液压控制模块
悬架系统	弹簧（螺旋弹簧、扭杆弹簧、钢板弹簧、空气弹簧、液压弹簧）、控制臂、稳定杆
前/后桥	桥壳、主减速器、壳体、传动轴（含半轴）、万向节

2）限时限次原则：三包有效期内虽然采用“先修理后退换”原则，但是如果因质量缺陷而修理次数过多、时间过久，就失去了修理的意义，因此采用限时限次原则加以限制（见表 1.4.4）：

a. 修理累计不超过 30 日；

b. 同一质量同一故障修理不超过 4 次；

c. 修理安全性能故障 2 次；

d. 更换发动机、变速器总成 2 次；

e. 更换其他总成主要零部件 2 次。

表 1.4.4　　限时限次一览表

期限	描述	条件	可选类型		
			修理	换车	退车
7 日	新车 7 日 三包有效期	因质量问题需要更换发动机、变速器、动力蓄电池、行驶驱动电机或者其主要零部件的	√	√	√
60 日或 3 000公里之内	易损耗零部件 质量保证期	1. 易损耗零部件质量保证期需满足汽车质量担保规范	√		
	新车 60 日 三包有效期	1. 制动系统失效、转向系统失效、车身开裂、燃油泄漏、动力蓄电池起火故障（≥1 次）	√	√	√
		2. 在三包凭证中明示的发动机、变速箱、动力蓄电池、行驶驱动电机的主要零部件发生质量问题的，消费者可以选择免费更换总成	更换 总成		
2 年/ 5 万公里	家用汽车 包换包退期	1. 严重安全性能故障（>2 次）	√	√	√
		2. 发动机、变速器、动力蓄电池、行驶驱动电机或车身更换总成（>2 次）	√	√	√
		3. 发动机、变速器、动力蓄电池、行驶驱动电机、转向系统、制动系统、悬架系统、传动系统、污染控制装置、车身的同一主要零部件因其质量问题累计更换 2 次	√	√	√
		4. 同一质量问题累计修理 4 次后（>4 次）	√	√	
		5. 修理占用时间累计超过 30 日（>30 日）	√	√	

续前表

期限	描述	条件	可选类型		
			修理	换车	退车
3 年/6 万公里	家用汽车保修期	2. 主要总成和系统保修期不低于 3 年或 6 万公里	√		

3）超时补偿原则：每次修理的时间以不超过 5 日为限，如果超过 5 日就必须对消费者做出补偿措施：

a. 提供备用车；

b. 给予合理的交通费用补偿。

（五）三包争议处理

当消费者与经销商因是否应该履行三包责任发生争议时，可以寻求解决的渠道有以下三个：

（1）双方协商。

（2）行政程序：

1）投诉→消费者权益保护组织（社会组织）；

2）申诉→当地质量技术监督部门（行政部门）。

（3）司法程序：

1）起诉→人民法院；

2）申请仲裁→仲裁委员会。

（六）三包规定内容的告知

销售者应当建立并执行进货检查验收制度，验明家用汽车产品合格证等相关证明和其他标识。

1. 经销商销售汽车产品时

经销商销售汽车产品时，应当如实告知消费者以下内容：

（1）汽车产品的产地；

（2）汽车产品的结构、配置和性能；

（3）汽车产品三包承诺的相关内容。

2. 经销商在新车交付时

经销商在新车交付时，除要交付无瑕疵的新车外，还负有以下义务：

（1）当面检验家用汽车产品（包括外观、内饰及可检验功能）；

（2）提供发票、三包凭证、产品使用说明书及其他随车文件；

（3）明示家用汽车产品三包有效期和三包条款；

（4）提供由制造商授权或委托的修理商名单、地址和联系电话，并不得限制消费者在上述修理商名单中选择修理商；

（5）按随车文件向消费者交清随车工具、附件、备件；

（6）在三包凭证上填写有关销售信息；

（7）提醒消费者认真阅读安全注意事项，并按产品使用说明书的要求使用、维护；

（8）对于进口家用汽车产品，还应当提供海关出具的“货物进口证明书”和海关出具的“进口机动车随车检验单”。

3. 三包凭证的补办

根据《家用汽车产品修理、更换、退货责任规定》第二十七条的规定：消费者遗失家用汽车产品三包凭证的，销售者、生产者应当在接到消费者申请后 10 个工作日内予以补办。消费者向销售者、生产者申请补办三包凭证后，可以依照本规定继续享有相应权利。

按照本规定更换家用汽车产品后，销售者、生产者应当向消费者提供新的三包凭证，家用汽车产品包修期和三包有效期自更换之日起重新计算。

在家用汽车产品包修期和三包有效期内发生家用汽车产品所有权转移的，三包凭证应当随车转移，三包责任不因汽车所有权转移而改变。

车辆销售者与生产经营者破产、合并、分立、变更的，其三包责任按照有关法律法规规定执行。

家用汽车产品修理更换退货责任规定

（2021 年 7 月 22 日国家市场监督管理总局令第 43 号公布）

《家用汽车产品修理更换退货责任规定》已经 2021 年 3 月 18 日国家市场监督管理总局第 4 次局务会议通过，现予公布，自 2022 年 1 月 1 日起施行。

第一章　总　则

第一条　为了明确家用汽车产品修理、更换、退货（以下统称三包）责任，保护消费者合法权益，根据《中华人民共和国产品质量法》《中华人民共和国消费者权益保护法》等法律，制定本规定。

第二条　在中华人民共和国境内销售的家用汽车产品的三包，适用本规定。

第三条　三包责任由销售者依法承担。销售者依照本规定承担三包责任后，属于生产者责任或者其他经营者责任的，销售者有权向生产者、其他经营者追偿。

从中华人民共和国境外进口家用汽车产品到境内销售的企业，视为生产者。

第四条 家用汽车产品经营者之间可以订立合同约定三包责任的承担，但不得侵害消费者合法权益，不得免除或者减轻本规定所规定的质量义务和三包责任。

鼓励经营者作出严于本规定、更有利于保护消费者合法权益的三包承诺。承诺一经作出，应当依法履行。

第五条 家用汽车产品消费者、经营者行使权利、履行义务或者承担责任，应当遵循诚实信用原则。

家用汽车产品经营者不得故意拖延或者无正当理由拒绝消费者提出的符合本规定的三包要求。

第六条 国家市场监督管理总局（以下简称市场监管总局）负责指导协调、监督管理全国家用汽车产品三包工作，建立家用汽车产品三包信息公开制度，委托相关技术机构承担具体技术工作。

县级以上地方市场监督管理部门负责指导协调、监督管理本行政区域内家用汽车产品三包工作。

第二章 经营者义务

第七条 生产者生产的家用汽车产品应当符合法律、法规规定以及当事人约定的质量要求。未经检验合格，不得出厂销售。

第八条 生产者应当为家用汽车产品配备中文产品合格证或者相关证明、产品一致性证书、产品使用说明书、三包凭证、维修保养手册等随车文件。随车提供工具、附件等物品的，还应当附随车物品清单。

第九条 三包凭证应当包括下列内容：

（一）产品品牌、型号、车辆类型、车辆识别代号（VIN）、生产日期；

（二）生产者的名称、地址、邮政编码、客服电话；

（三）销售者的名称、地址、邮政编码、客服电话、开具购车发票的日期、交付车辆的日期；

（四）生产者或者销售者约定的修理者（以下简称修理者）网点信息的查询方式；

（五）家用汽车产品的三包条款、包修期、三包有效期、使用补偿系数；

（六）主要零部件、特殊零部件的种类范围，易损耗零部件的种类范围及其质量保证期；

（七）家用纯电动、插电式混合动力汽车产品的动力蓄电池在包修期、三包有效期内的容量衰减限值；

（八）按照规定需要明示的其他内容。

第十条　生产者应当向市场监管总局备案生产者基本信息、车型信息、约定的销售和修理网点资料、产品使用说明书、三包凭证、维修保养手册和退换车信息等，但生产者已经在缺陷汽车产品召回信息管理系统上备案的信息除外。

备案信息发生变化的，生产者应当自变化之日起20个工作日内更新备案。

第十一条　生产者应当积极配合销售者、修理者履行其义务，不得故意拖延或者无正当理由拒绝销售者、修理者按照本规定提出的协助、追偿等事项。

第十二条　销售者应当建立进货检查验收制度，验明家用汽车产品的随车文件。

第十三条　销售者应当向消费者交付合格的家用汽车产品，并履行下列规定：

（一）与消费者共同查验家用汽车产品的外观、内饰等可以现场查验的质量状况；

（二）向消费者交付随车文件以及购车发票；

（三）按照随车物品清单向消费者交付随车工具、附件等物品；

（四）对照随车文件，告知消费者家用汽车产品的三包条款、包修期、三包有效期、使用补偿系数、修理者网点信息的查询方式；

（五）提醒消费者阅读安全注意事项并按照产品使用说明书的要求使用、维护、保养家用汽车产品。

第十四条　消费者遗失三包凭证的，可以向销售者申请补办。销售者应当及时免费补办。

第十五条　包修期内家用汽车产品因质量问题不能安全行驶的，修理者应当提供免费修理咨询服务；咨询服务无法解决的，应当开展现场服务，并承担必要的车辆拖运费用。

第十六条　包修期内修理者用于修理的零部件应当是生产者提供或者认可的合格零部件，并且其质量不得低于原车配置的零部件质量。

第十七条　修理者应当建立修理记录存档制度。修理记录保存期限不得低于6年。

修理记录应当包括送修时间、行驶里程、消费者质量问题陈述、检查结果、修理项目、更换的零部件名称和编号、材料费、工时及工时费、车辆拖运费用、提供备用车或者交通费用补偿的情况、交车时间、修理者和消费者签名或者盖章等信息，并提供给消费者一份。

消费者因遗失修理记录或者其他原因需要查阅或者复印修理记录，修理者应当提供便利。

第三章　三包责任

第十八条　家用汽车产品的三包有效期不得低于2年或者行驶里程50 000公里，以先到者为准；包修期不得低于3年或者行驶里程60 000公里，以先到者为准。

三包有效期和包修期自销售者开具购车发票之日起计算；开具购车发票日期与交付家用汽车产品日期不一致的，自交付之日起计算。

第十九条 家用汽车产品在包修期内出现质量问题或者易损耗零部件在其质量保证期内出现质量问题的，消费者可以凭三包凭证选择修理者免费修理（包括免除工时费和材料费）。

修理者能够通过查询相关信息系统等方式核实购买信息的，应当免除消费者提供三包凭证的义务。

第二十条 家用汽车产品自三包有效期起算之日起60日内或者行驶里程3 000公里之内（以先到者为准），因发动机、变速器、动力蓄电池、行驶驱动电机的主要零部件出现质量问题的，消费者可以凭三包凭证选择更换发动机、变速器、动力蓄电池、行驶驱动电机。修理者应当免费更换。

第二十一条 家用汽车产品在包修期内因质量问题单次修理时间超过5日（包括等待修理零部件时间）的，修理者应当自第6日起为消费者提供备用车，或者向消费者支付合理的交通费用补偿。经营者与消费者另有约定的，按照约定的方式予以补偿。

第二十二条 家用汽车产品自三包有效期起算之日起7日内，因质量问题需要更换发动机、变速器、动力蓄电池、行驶驱动电机或者其主要零部件的，消费者可以凭购车发票、三包凭证选择更换家用汽车产品或者退货。销售者应当免费更换或者退货。

第二十三条 家用汽车产品自三包有效期起算之日起60日内或者行驶里程3 000公里之内（以先到者为准），因质量问题出现转向系统失效、制动系统失效、车身开裂、燃油泄漏或者动力蓄电池起火的，消费者可以凭购车发票、三包凭证选择更换家用汽车产品或者退货。销售者应当免费更换或者退货。

第二十四条 家用汽车产品在三包有效期内出现下列情形之一，消费者凭购车发票、三包凭证选择更换家用汽车产品或者退货的，销售者应当更换或者退货：

（一）因严重安全性能故障累计进行2次修理，但仍未排除该故障或者出现新的严重安全性能故障的；

（二）发动机、变速器、动力蓄电池、行驶驱动电机因其质量问题累计更换2次，仍不能正常使用的；

（三）发动机、变速器、动力蓄电池、行驶驱动电机、转向系统、制动系统、悬架系统、传动系统、污染控制装置、车身的同一主要零部件因其质量问题累计更换2次，仍不能正常使用的；

（四）因质量问题累计修理时间超过30日，或者因同一质量问题累计修理超过4次的。

发动机、变速器、动力蓄电池、行驶驱动电机的更换次数与其主要零部件的更换次数不重复计算。

需要根据车辆识别代号（VIN）等定制的防盗系统、全车主线束等特殊零部件和动力蓄电池的运输时间，以及外出救援路途所占用的时间，不计入本条第一款第（四）项规定的修理时间。

第二十五条　家用汽车产品符合本规定规定的更换条件，销售者无同品牌同型号家用汽车产品的，应当向消费者更换不低于原车配置的家用汽车产品。无不低于原车配置的家用汽车产品，消费者凭购车发票、三包凭证选择退货的，销售者应当退货。

第二十六条　销售者为消费者更换家用汽车产品或者退货，应当赔偿消费者下列损失：

（一）车辆登记费用；

（二）销售者收取的扣除相应折旧后的加装、装饰费用；

（三）销售者向消费者收取的相关服务费用。

相关税费、保险费按照国家有关规定执行。

第二十七条　消费者依照本规定第二十四条第一款规定更换家用汽车产品或者退货的，应当向销售者支付家用汽车产品使用补偿费。补偿费的计算方式为：

补偿费＝车价款（元）×行驶里程（公里）/1 000（公里）×n。

使用补偿系数 n 由生产者确定并明示在三包凭证上。使用补偿系数 n 不得高于0.5%。

第二十八条　三包有效期内销售者收到消费者提出的更换家用汽车产品或者退货要求的，应当自收到相关要求之日起10个工作日内向消费者作出答复。不符合更换或者退货条件的，应当在答复中说明理由。

符合更换或者退货条件的，销售者应当自消费者提出更换或者退货要求之日起20个工作日内为消费者完成更换或者退货，并出具换车证明或者退车证明；20个工作日内不能完成家用汽车产品更换的，消费者可以要求退货，但因消费者原因造成的延迟除外。

第二十九条　按照本规定更换的家用汽车产品，其三包有效期和包修期自更换之日起重新计算。

第三十条　包修期内家用汽车产品所有权发生转移的，三包凭证应当随车转移。三包责任不因家用汽车产品所有权的转移而改变。

第三十一条　经营者合并、分立、变更、破产的，其三包责任按照有关法律、法规的规定执行。

第三十二条　包修期内家用汽车产品有下列情形之一的，可以免除经营者对下列质量问题承担的三包责任：

（一）消费者购买时已经被书面告知家用汽车产品存在不违反法律、法规或者强制性国家标准的瑕疵；

（二）消费者未按照使用说明书或者三包凭证要求，使用、维护、保养家用汽车产品而造成的损坏；

（三）使用说明书明示不得对家用汽车产品进行改装、调整、拆卸，但消费者仍然改装、调整、拆卸而造成的损坏；

（四）发生质量问题，消费者自行处置不当而造成的损坏；

（五）因不可抗力造成的损坏。

经营者不得限制消费者自主选择对家用汽车产品维护、保养的企业，并将其作为拒绝承担三包责任的理由。

第三十三条　销售者销售按照本规定更换、退货的家用汽车产品的，应当检验合格，并书面告知其属于“三包换退车”以及更换、退货的原因。

“三包换退车”的三包责任，按照当事人约定执行。

第四章　争议的处理

第三十四条　发生三包责任争议，可以通过下列途径解决：

（一）协商和解；

（二）请求消费者协会或者依法成立的其他调解组织调解；

（三）向市场监督管理部门等有关行政机关投诉；

（四）根据当事人达成的仲裁协议提请仲裁机构仲裁；

（五）向人民法院提起诉讼。

第三十五条　鼓励有关组织建立第三方家用汽车产品三包责任争议处理机制，为消费者免费提供公正、专业、便捷、高效的汽车三包责任争议处理服务。

第三十六条　市场监督管理部门处理三包责任争议投诉举报，按照市场监督管理部门有关投诉举报处理的规定执行。

省级市场监督管理部门可以建立家用汽车产品三包责任争议处理技术咨询人员库，为处理三包责任争议提供技术支持。

第五章　法律责任

第三十七条　未按照本规定第二章规定履行经营者义务，法律、法规对违法行为处罚有规定的，依照法律、法规执行；法律、法规没有规定的，予以警告，责令限期改正，情节严重的，处一万元以上三万元以下罚款。

第三十八条　故意拖延或者无正当理由拒绝承担本规定第三章规定的三包责任的，依照《中华人民共和国消费者权益保护法》第五十六条执行。

第三十九条　本规定所规定的行政处罚，由县级以上地方市场监督管理部门依法实施。行政处罚信息记入国家企业信用信息公示系统，向社会公示。

第六章　附　则

第四十条　本规定下列用语的含义：

家用汽车产品，指消费者为生活消费需要而购买和使用的乘用车和皮卡车。

乘用车，指按照有关国家标准规定的除专用乘用车以外的乘用车。

质量问题，指家用汽车产品质量不符合法律、法规、强制性国家标准以及企业明示采用的标准或者明示的质量状况，或者存在影响正常使用的其他情形。

严重安全性能故障，指家用汽车产品存在的危及人身、财产安全，致使无法安全使用的质量问题，包括安全装置不能起到应有的保护作用或者存在起火等危险的情形。

单次修理时间，指自消费者与修理者确定修理之时至完成修理之时。以小时计算，每满 24 小时，为 1 日；余下时间不足 24 小时的，以 1 日计。

累计修理时间，指单次修理时间累加之和。

第四十一条　家用汽车产品的主要零部件、特殊零部件、易损耗零部件的种类范围，按照有关国家标准确定。

第四十二条　本规定自 2022 年 1 月 1 日起施行。2012 年 12 月 29 日原国家质量监督检验检疫总局令第 150 号公布的《家用汽车产品修理、更换、退货责任规定》同时废止。

二、汽车保修索赔政策

汽车同其他产品一样都有质保期，也称质量担保期。汽车厂家一般会依据三包规定给出行驶时间和行驶里程两个质保期的限定条件，且以先到为准。在质保期内，用户在规定的使用条件下使用，产品因设计、制造、装配、材料质量原因造成的各类故障或零配件的损坏（丧失使用功能的），经过厂家授权维修站检验并确认后均由厂家提供无偿维修或更换相应零件的服务，以确保车辆正常行驶。

汽车制造厂为汽车产品（包括整车和配件）提供的有条件的保修索赔政策，为具有质量缺陷的产品提供服务，以方便用户和树立企业品牌形象的汽车服务环节就叫汽车保修索赔。各汽车制造厂保修索赔的具体规定尽管有些不同，但原则上没有大的区别。另外，随着技术的进步和能源向可持续发展转换的趋势，各品牌不同车型的保修索赔政策也在不断地更新。

（一）汽车保修索赔期限

1. 整车质量担保（不同品牌车型规定不同）

（1）整车三包有效期不低于 2 年或 5 万公里，包修期不低于 3 年或 10 万公里，时间和里程数二者以先到为准。三包有效期和包修期均自开具新车购车发票之日起生效。

（2）车辆部分零件属于易损易耗件，此类零件在其质量保证期内出现质量问题，将负责免费检修或更换（见表 1.4.5）。

（3）车身因锈蚀导致结构破坏（在含酸、碱、盐化工行业地区行驶的车辆除外）的包修期为 5 年或 10 万公里（以先到为准）。

表 1.4.5　易损耗零部件质量担保（不同品牌车型规定不同）

序号	易损耗零部件	质量保证期（先到为准）	序号	易损耗零部件	质量保证期（先到为准）
1	雨刮片	1 个月或 0.1 万公里	8	空气滤清器	6 个月或 1 万公里
2	机油滤清器	6 个月或 0.5 万公里	9	燃油滤清器	12 个月或 1 万公里
3	火花塞	6 个月或 0.5 万公里	10	离合器片	12 个月或 2 万公里
4	制动摩擦片	6 个月或 0.5 万公里	11	遥控电池	12 个月或 2 万公里
5	轮胎	6 个月或 0.5 万公里	12	空调滤清器	12 个月或 2 万公里
6	灯泡	6 个月或 0.5 万公里	13	保险丝及普通继电器（不含集成控制单元）	12 个月或 2 万公里
7	蓄电池	6 个月或 0.5 万公里			

2. 零部件质量担保

对于用户自费或厂家免费更换的纯正零件（家用汽车三包凭证明示的易损易耗件除外），新更换的零件享有以下零部件质量担保服务（纯正零件是指经销商提供或者认可并检验合格的零部件）：

（1）用户自费更换的纯正零件。用户在授权经销商处自费修理更换的纯正零件，其质量保证期为自更换之日起（以维修发票的开票日期为准）1 年不限里程。

（2）厂家免费更换的纯正零件。在整车包修期内，因产品质量问题而免费更换的纯正零件，其质量保证期为自该零件更换之日起 1 年或 3 万公里，时间和里程数二者以先到者为准。

按照用户有利原则，若新更换的纯正零件质量保证期低于整车剩余包修期，则该零件的质量保证期随整车包修期限终止而终止。

（3）在整车包修期外因召回维修而免费更换的零件。在整车包修期外因召回维修而免费更换的纯正零件，质量保证期为自更换之日起 1 年或 3 万公里，时间和里程数二者以先到为准。

(4) 对于厂家免费更换的零部件，若其质量保证期已超出整车包修期，则后续再次更换零件的质量担保将随该质量保证期限结束而终止。

(二) 保修索赔的前提条件

(1) 必须在规定的保修索赔期内。

(2) 用户必须遵守《保修维护手册》的规定，正确驾驶、维护、存放车辆。

(3) 所有保修服务工作必须由汽车制造厂设在各地的特约销售服务站实施。

(4) 必须是由特约销售服务站售出并安装或原车装在车辆上的配件，方可申请保修。

(三) 保修索赔范围

在保修索赔期内，车辆正常使用情况下整车或配件发生质量故障，修复故障所花费的材料费、工时费属于保修索赔范围。

在保修索赔期内，车辆发生故障无法行驶，需要特约销售服务站外出抢修，特约销售服务站在抢修中的交通、住宿等费用属于保修索赔范围。

(四) 不属于保修索赔的范围

(1) 不具有《保修维护手册》、《保修维护手册》上印章不全或发现擅自涂改《保修维护手册》情况的，汽车特约销售服务站有权拒绝用户的保修索赔申请。在汽车制造厂特许经销商处购买的每一辆汽车随车都配有一本《保修维护手册》，该《保修维护手册》须盖有售出该车的特许经销商的印章以及购车用户签名后方可生效。

(2) 易损耗零部件超出生产者明示的质量保证期出现产品质量问题的，不属于保修索赔范围。如各类滤清器、火花塞、制动摩擦片、离合器片、灯泡、轮胎、雨刮片。

(3) 车辆因为缺少维护或未按《保修维护手册》上规定的维护项目进行维护而造成的车辆故障，不属于保修索赔范围。如未按规定更换变速器油，而造成变速器故障。用户每次做完维护后汽车特约销售服务站会在《保修维护手册》规定位置记录维护情况并盖章，并提醒用户下次维护的时间和内容。

(4) 车辆不是在汽车制造厂授权服务站维修或者车辆安装了未经汽车制造厂售后服务部门许可的配件不属于保修索赔范围。

(5) 用户私自拆卸更换里程表或更改里程表读数的车辆（不包括汽车特约销售服务站对车辆故障诊断维修的正常操作）不属于保修索赔范围。

(6) 因为环境、自然灾害、意外事件造成的车辆故障不属于保修索赔范围，如酸雨、地震、冰雹、水灾、火灾、车祸等。

(7) 因为用户使用不当、滥用车辆（如用作赛车）或未经汽车制造厂售后服务部门许可改装车辆而引起的车辆故障不属于保修索赔范围。

（8）间接损失不属于保修索赔范围。因车辆故障引起的经济、时间损失（如租赁其他车辆或在外过夜等）不属于保修索赔范围。

（9）由特约销售服务站操作不当造成的损坏不在保修索赔范围。同时，特约销售服务站应当承担责任并进行修复。

（10）在保修索赔期内，用户车辆出现故障后未经汽车制造厂（或汽车特约销售服务站）同意继续使用而造成进一步损坏，汽车制造厂只对原有故障损失（须证实属产品质量问题）负责，其余损失责任由用户承担。

（11）车辆发生严重事故时，因用户未保护现场或因丢失损坏零件以致无法判明事故原因，汽车制造厂不承担保修索赔费用。事故原因应经汽车制造厂和有关方面（如保险公司等）鉴定，如属产品质量问题，汽车制造厂将按规定支付全部保修及车辆拖运费用。

（12）车辆使用中未遵守使用说明书、《保修维护手册》的有关规定使用轿车、超负荷使用轿车（如用作赛车）或使用不当等造成的损坏。

（13）车辆装有未经许可使用的零部件或车辆未经许可改装过。

（14）交通事故造成的损坏。

（15）经销商必须使用厂家备件部提供的指定型号机油，否则不给予首保费用及办理发动机及相关备件的索赔。

（16）索赔期间的间接损失（车辆租用费、食宿费、营业损失等）均不予索赔。

（五）其他保修索赔事宜

1. 库存待售成品车辆的保修

对车辆因放置时间较长出现油漆变（褪）色、锈蚀、车厢底板翘曲变形等外观缺陷，由汽车制造厂索赔管理部批准后可以保修。保修工作由汽车制造厂设在各地的特约销售服务站完成。汽车制造厂会派出技术服务代表定期（至少每 3 个月 1 次）对中转库和代理商（经销商）展场的车辆进行检查，各地特约销售服务站配合。

2. 保修索赔期满后出现的问题

对于超过保修索赔期而又确属耐用件存在质量问题的车辆，由汽车制造厂技术服务代表和汽车特约销售服务站共同对故障原因进行鉴定，并在征求汽车制造厂索赔管理部同意后方可按保修处理。目前，各大品牌都推出了善意保修政策和延长善意保修政策。

3. 更换仪表的特殊事宜

因仪表有质量问题而更换仪表总成的，汽车特约销售服务站应在用户《保修维护手册》上注明旧仪表上的里程数及更换日期。

4. 故障原因和责任难以判断的问题

对于故障原因和责任难以判断的情况，如用户确实按使用说明书规定使用和维护车辆，且能出示有关证据，如维护记录、询问驾驶人对车辆性能和使用的熟悉程度等符合规定的车辆，须报汽车制造厂索赔管理部同意后可以保修。

适用范围：此保修项目仅适用于生产工厂原装汽车上的所有备件在指定的时间或里程内（以先到者为准），被确认存在质量问题的情况。

保修说明：已交付用户的车辆在保修期内享受保修服务权利。另外，随后的购买者使用车辆时也可以享有剩余保修期内的保修服务权利。

整车保修包括换件保修、油漆钣金和检修调整。

5. 特殊情况索赔

各个品牌汽车索赔的内容在遵守基本原则的基础上，根据该品牌车型的特点有所区别，甚至同一品牌每个车型之间都会有所区别。

例如：上海大众汽车决定单独针对其 DSG 变速器延长质量担保期，将在 2012 年 12 月 31 日之前生产的 DQ200（七速）和 DQ250（六速）双离合变速器的质量担保期延长至 10 年或者 16 万公里（以先到者为准）。而此前（2011 年），上海大众官方表示对上海大众汽车迄今生产的所有装备 DSG 变速器的非营运车辆，只要按照说明书相关规定进行维护及维修，其 DSG 变速器可享受 4 年或 15 万公里的质量担保（以先到者为准）。

6. 纯正精品保修

保修说明：生产厂家提供并由本品牌指定生活馆安装到本品牌汽车上的精品，在精品保修期内发生质量问题需要更换的纯正精品。

保修期限：选装纯正精品的保修期限为 12 个月或 2 万公里（以先到者为准）。

汽车上的原装精品（已由厂家安装在汽车上，并随车一起交付）遵循整车保修政策。

三、我国汽车保险理赔政策

汽车保险是以汽车本身及其相关利益为保险标的的一种不定值财产保险。这里的汽车是指汽车、电车、电瓶车、摩托车、拖拉机、各种专用机械车、特种车。汽车保险是财产保险的一种，也称机动车辆保险。

汽车保险一般包括强制险和商业险两种。其中强制险由政府规定，商业险包括基本险和附加险两种（见图 1.4.6）。在商业险中，各个保险公司的基本险和附加险品种各不相同。通常基本险包括车辆损失险、第三者责任险、车上人员责任险、全车盗抢险等，附加险包括玻璃单独破碎险、自燃损失险、不计免赔险等。不同地区、不同车险产品都不尽相同，而且各车险公司根据市场情况的变化，适时会推出新的车险品种。

（一）交强险

机动车交通事故责任强制保险（简称交强险），是指由保险公司对被保险机动车发生道路交通事故造成本车人员、被保险人以外的受害人的人身伤亡、财产损失，在责任限额

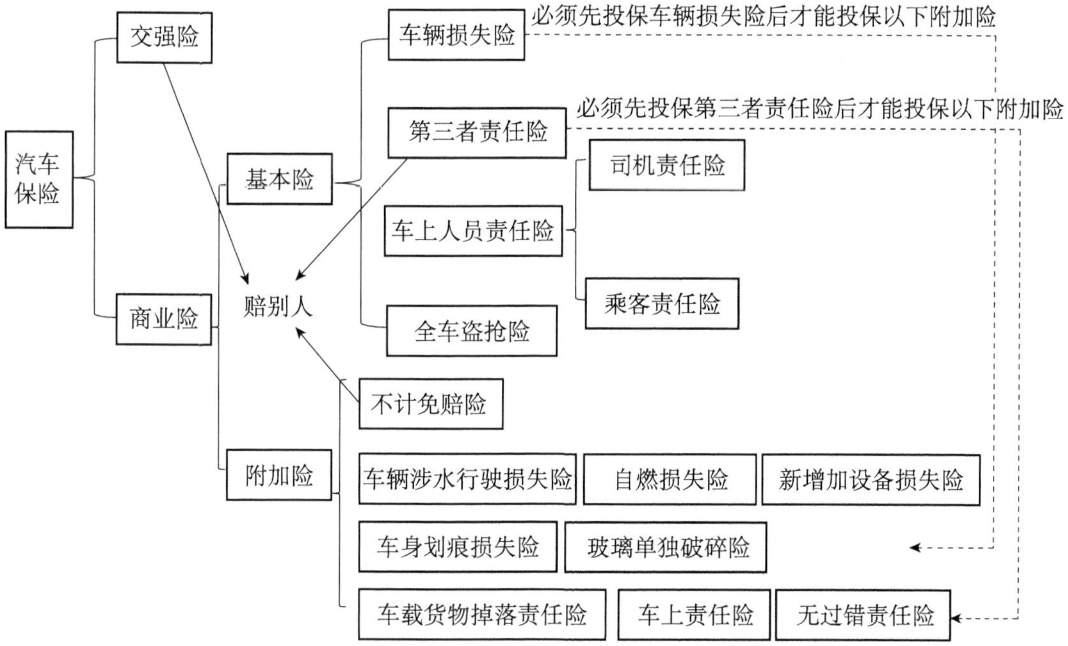

图 1.4.6　机动车保险产品分类

内予以赔偿的强制性责任保险。其保障范围是赔偿第三方的人身伤亡和财产损失。

交强险是我国首个强制机动车保险，根据《机动车交通事故责任强制保险条例》的规定，在中华人民共和国境内道路上行驶的机动车的所有人或管理人都应当投保交强险，机动车所有人、管理人未按规定投保交强险的，公安机关交通管理部门有权扣留机动车，通知机动车所有人、管理人依照规定投保，并处应缴纳的保险费 2 倍的罚款。

交强险实行的是“奖优罚劣”的浮动费率制度，第一年是参考基础保费投保，如果在规定的保险期限内不出现责任事故和严重的违章行为，在续保时就有相应的优惠，费率下调；反则费率上涨，续保时就会多交保费。家庭自用车（6 座以下）交强险保费如表 1.4.6 所示。

表 1.4.6　家庭自用车（6 座以下）交强险保费　　单位：元

事故次数	保费	浮动比例
连续 3 年无有责事故	665	−30%
连续 2 年无有责事故	760	−20%
连续 1 年无有责事故	855	−10%
新车/1 次有责事故	950	0
2 次以上有责事故	1 045	10%
有责+死亡事故	1 235	30%

交强险的保险金额较低，且不能打通限额赔付，无法提供全面的风险保障。其理赔基本原则：交强险在责任限额内分项计算赔偿金额，如表 1.4.7 所示。

表 1.4.7　　交强险理赔金额　　单位：元

分项	死亡伤残	医疗费用	财产损失
有责	110 000	10 000	2 000
无责	11 000	1 000	100
赔偿项目	死亡补偿费	医药费	财产损失
	丧葬费	诊疗费	
	残疾赔偿金	住院费	
	残疾辅助器具费	住院伙食补助费	
	护理费	后续治疗费	
	康复费	营养费	
	误工费	整容费	
	交通费		
	精神损害抚慰金		

（二）第三者责任险

第三者责任险全称商业第三者责任保险，是指被保险人允许的合格驾驶员在使用被保险车辆过程中发生的意外事故，致使第三者遭受人身伤亡或财产的直接损毁所应承担的赔偿责任。此险种是自愿保险，客户可根据自身的需要，在投保交强险的基础上，选择投保不同档次责任限额的第三者责任险，以便享受更高的保险保障。

第三者责任险理赔原则：

（1）第三者责任险对超过交强险各分项责任险额的部分负责赔偿；

（2）未投保交强险的，视为投保第三者责任险计算第三者责任险赔付金额；

（3）第三者责任险按照事故责任比例计算赔偿金额，且存在对应的免赔率。责任比例计算赔偿金额如表 1.4.8 所示。

表 1.4.8　　第三者责任险赔偿金额计算

责任	责任比例	事故责任免赔率	绝对免赔率
全责	100%	20%	违反安全装载规定 10%
主责	70%	15%	
同责	50%	10%	
次责	30%	5%	
—	—	可通过购买不计免赔险获得赔偿	无对应险种保障，需车主自行承担

依据《最高人民法院关于审理人身损害赔偿案件适用法律若干问题的解释》计算赔偿金额，最高不能超过保单列明的保险金额。车辆的最高赔偿限额分为以下档次：5 万元、

10 万元、15 万元、20 万元、30 万元、50 万元、100 万元和 100 万元以上，超过 100 万元的限额必须是 50 万元的整倍数。第三者责任险作为交强险的有力补充，保障范围与交强险一致，在豪车越来越多的今天建议至少投保 50 万元，尤其适合新手新车。

2016 年车险改革对第三者责任险做了重大变更，将被保险人家庭成员和本车驾驶人家庭成员的人身伤亡列入保障范围，其他如故意行为、酒驾、毒驾、无证驾驶、证照不全等情形不予以赔偿。具体如表 1.4.9 所示。

表 1.4.9　　第三者责任险改革前后的变化

<table>
<tr><th>序号</th><th>第三者责任险</th><th>改革前</th><th>改革后</th></tr>
<tr><td>1</td><td>被保险人家庭成员的人身伤亡</td><td rowspan="6">不赔偿</td><td>可以赔偿</td></tr>
<tr><td>2</td><td>本车驾驶人家庭成员的人身伤亡</td><td>可以赔偿</td></tr>
<tr><td>3</td><td>被保险人家庭成员的财产损失</td><td rowspan="4">不赔偿</td></tr>
<tr><td>4</td><td>本车驾驶人家庭成员的财产损失</td></tr>
<tr><td>5</td><td>本车上的财产损失</td></tr>
<tr><td>6</td><td>被保险人/本车驾驶人/本车车上人员的人身伤亡</td></tr>
</table>

（三）车辆损失险

车辆损失险是指被保险人或其允许的驾驶员在驾驶保险车辆时发生保险事故而造成保险车辆受损，保险公司在合理范围内予以赔偿的一种汽车商业保险。大多数保险公司的车辆损失险一般保障的是因雷击、暴风、暴雨、洪水等自然灾害或碰撞、倾覆等意外事故造成保险车辆的损失以及相关的施救费用。

但以下情况责任免除：

1. 与驾驶人有关

（1）离开；

（2）酒驾、毒驾；

（3）无驾驶证，驾驶证被依法扣留、暂扣、吊销、注销期间；

（4）准驾车型不符；

（5）非被保险人允许的驾驶人。

2. 与机动车有关

（1）行驶证、号牌被注销，未年检或检验不合格；

（2）在营业性场所维修、保养、改装期间；

（3）因故意或重大过失导致车辆被利用从事犯罪行为。

车辆损失险理赔原则：按照事故责任比例计算赔偿金额，且存在对应的免赔率。具体如表 1.4.10 所示。

表 1.4.10　车辆损失险赔偿金额计算

责任	责任比例	事故责任免赔率	绝对免赔率	绝对免赔率
全责	100%	20%	无法找到第三方30%	违反安全装载规定10%
主责	70%	15%		
同责	50%	10%		
次责	30%	5%		
—	—	可通过购买不计免赔险获得赔偿	可通过购买无法找到第三方特约险获得赔偿	无对应险种保障，需车主自行承担

（四）车上人员责任险

车上人员责任险是指投保本保险的机动车辆在使用中发生意外事故，致使保险车辆车上人员遭受人身伤亡，依法应由被保险人承担的经济赔偿责任，保险人依照法律法规和保险合同的规定给予赔偿。车上人员是指在发生意外事故的瞬间，在车体内或车体上的人员，包括正在上下车的人员。

车上人员责任险理赔原则：按照事故责任比例计算赔偿金额，且存在对应的免赔率（见表 1.4.11）。在车辆损失险中列举的免责情形对车上人员责任险同样适用。

表 1.4.11　车上人员责任险赔偿金额计算

责任	责任比例	事故责任免赔率
全责	100%	20%
主责	70%	15%
同责	50%	10%
次责	30%	5%
—	—	可通过购买不计免赔险获得赔偿

课堂讨论

如果车上人员在车祸发生时被抛至车外受伤，应该按照车上人员还是第三者进行赔付呢？

（五）全车盗抢险

全车盗抢险全称机动车辆全车盗抢险，保险责任为全车被盗窃、被抢劫、被抢夺造成的车辆损失以及在被盗窃、被抢劫、被抢夺期间受到损坏或车上零部件、附属设备丢失需要修复的合理费用。全车盗抢险赔偿需满足 24 小时内向公安机关报案，经县级以上公安刑侦部立案侦查、证实，满 60 日未找回车辆等条件。

保险责任包含两部分：

（1）因保险车辆被盗窃、被抢劫、被抢夺造成的保险车辆的损失；

(2) 因保险车辆被盗窃、被抢劫、被抢夺造成的合理费用支出。

对于上述两部分费用由保险公司在保险金额内负责赔偿保险车辆全车被盗窃、被抢劫、被抢夺造成的损失。

其保险金额按投保时的实际价值确定（不含车辆购置税）：

实际价值＝新车购置价×[1－（被保险机动车已使用月数×6‰）]

其中，已使用月数不足一个月不计算。

盗抢未遂或盗抢后受损的理赔金额为实际修复费用；全车损失的理赔金额为盗抢时实际价值。如果理赔后车辆被找到，客户既可选择领回车辆并退回赔款，也可保留赔款并将车辆转让给保险公司。

（六）附加险

1. 自燃损失险

自燃损失险是负责赔偿保险车辆因本车电气、线路、供油系统发生故障及运载货物自身原因起火燃烧，造成保险车辆的损失；外界火灾导致车辆着火的，不属于自燃损失险责任范围。自然造成车辆部分损失，按照实际修复的费用赔付；全损按照事故发生时车辆的实际价值赔付。每次事故免赔20%。

2. 玻璃单独破碎险

玻璃单独破碎险是指车辆在停放或使用过程中，其他部分没有损坏，仅挡风玻璃和车窗玻璃单独破碎，保险公司负责赔偿，对于高档车是很有必要买这个险种的。

3. 车身划痕损失险

车身划痕损失险是指他人恶意行为造成车身划痕损坏，保险公司将按实际损失进行赔偿。赔偿时可能存在免赔率，也就是说保险公司不一定赔偿全部损失，部分损失可能需要客户自己承担。保险公司负责赔偿无明显碰撞痕迹的划痕，比如：车辆停在小区，小孩淘气用锐器将车身油漆划坏，在这种情况下如果投保了该险种就能得到理赔。车辆在行驶过程中因意外事故而造成的划痕则属车辆损失险的赔付范围。每次赔付后不能自动恢复保险金额，当赔款累计达到保险金额时，保险责任终止。

4. 新增加设备损失险

新增加设备损失险负责赔偿车辆发生保险事故时造成车上新增加设备的直接损失。当车主自己为车辆加装了制冷、行车记录仪、导航、真皮或电动座椅等不是车辆出厂所带的设备时，应考虑投保新增加设备损失险，否则当这些设备因事故受损时，即使投保了车辆损失险，保险公司也是不赔偿的。

5. 车辆涉水行驶损失险

车辆涉水行驶损失险简称涉水险，是专门针对因水淹导致的发动机损失进行赔偿的一个险种。只有购买了涉水险的车主，在遇到涉水造成的发动机进水引发故障时，才能得到保险公司的相应理赔。

6. 车载货物掉落责任险

车上货物掉落导致他物受损，该责任属于车载货物掉落责任险范畴，即对车载货物从车上掉下来造成他人（即第三者）人身伤亡、财产的损失，保险公司予以赔偿。

7. 车上责任险

车上责任险是指投保了这个险的机动车辆在使用过程中发生意外事故，致使保险车辆所载货物遭受直接损毁和车上人员的人身伤亡，依法应由被保险人承担的经济赔偿责任，以及被保险人为减少损失而支付的必要合理的施救、保护费用，保险公司在保险单所载明的本保险赔偿限额内计算赔偿金额。

8. 无过错责任险

无过错责任险是指机动车辆与非机动车辆、行人发生交通事故造成对方人身伤亡、财产损失，虽然保险车辆无过失，但根据《道路交通事故处理办法》第 44 条的规定，仍应由被保险人承担 10％的经济赔偿。对于 10％以上的经济赔偿部分，如被保险人为抢救伤员等已经支付而无法追回的费用，保险人亦在保险赔偿限额内承担赔偿责任。保险人承担的 10％及以上的赔偿责任加免赔金额之和，最高不得超过赔偿限额。

9. 不计免赔险

不计免赔险的保险责任是指“经特别约定”，发生意外事故后，按照对应投保的主险条款规定的免赔率计算的，应当由被保险人自行承担的免赔金额部分，保险公司会在责任限额内负责赔偿。不计免赔险是一种商业险，作为一种附加险，需要以投保的主险为投保前提条件，不可以单独进行投保（见表 1.4.12）。

表 1.4.12　　机动车辆保险各险种免赔率（改革后）

险种	全责	主责	同责	次责	无法找到第三方	违反安全装载
车辆损失险	20％	15％	10％	5％	30％	10％
自燃损失险	20％					
车身划痕损失险	15％					
车辆行驶涉水损失险	15％					
玻璃单独破碎险	无					
第三者责任险	20％	15％	10％	5％	无	10％
精神损害抚慰金责任险	20％					
车上人员责任险	20％	15％	10％	5％	无	无
全车盗抢险	20％					

注：除违反安全装载的免赔率外，其余全部可以通过购买对应的不计免赔险获得赔偿。

四、2016年车险费改解读

2015年2月，保监会印发了《中国保监会关于深化商业车险条款费率管理制度改革的意见》，并于当年6月启动第一批6个地区的商业车险改革试点工作。2016年初车险费改政策试点地继续增加，12地保监局所辖地区被纳入商业车险改革试点范围。2016年7月1日全国实施车险费改政策，全面推行车险费改。

（一）保险责任范围有所扩大

新规车险扩大了车险的保障范围，删除了多达15条责任免除，最值得关注的几个变化：

（1）车子上了保险没上牌时，即便出了事故也可获得理赔，车上货物或者人员意外撞击导致车损时，同样能获赔。

（2）新规明确了“第三者”等概念，即司机的家人（直系亲属）也列入了“第三者责任险”的赔付范围之内。也就是说，假如司机撞了自己家人，原本保险公司不予赔付，但今后出现这样比较特殊的情况，车主也可以找保险公司理赔。

（3）车主投保了专项附加险后，将不再扣减找不到第三方的30%的绝对免赔。改革前，车主的车如果被撞了，在不知道是谁撞的情况下，保险公司往往只赔付车损的70%，其余的30%要车主自己承担；而改革后，只要车主投保了专项附加险，这个30%的部分也将由保险公司一并承担。

改革之后的索赔方式将变得更加明确，具体为：直接向责任方索赔，向责任方保险公司索赔，还可以向自己的保险公司申请先行赔付并授权公司向责任方追偿。在极端情况下，投保车主遇到交通事故，如果对方是全责，但对方车主投保额不足或是拒不赔偿，车主就可以让自己的保险公司先行赔付，然后授权保险公司向对方追偿，从而更好地保障自身权益。

（二）保费与零整比挂钩

在传统车险费率下，车价和保费基本成正比。新规车险规定要细化很多，通过零整比大数据分析得出每种车型的车险赔付率，通过零整比、车型费率计算出车险价格。零整比＝整车所有配件价格之和/整车销售价格。例如：一辆高端品牌的低配车和一辆普通品牌的高配车同样都是价值30万元，但由于高端品牌的车辆零部件价格昂贵，其保费相较而言也会更贵一些。

此外，在商业车险没有改革之前，车辆保费由车辆价格决定，而今后保费的确定方式，会由原来的新车购置价改为投保时的实际价值，当投保车辆发生全损时，按照投保时的实际价值计算赔付。打个比方：改革之前，一辆新买时价格为25万元的轿车，一年后市场估价20万元，投保时仍旧按照25万元的新车购置价支付保险费用，理赔时却只按20

万元进行赔付；改革之后，车主只需按照实际估价 20 万元来支付相应保费，对应的赔付也在 20 万元左右。这样一来，车主就减少了保费的支出，避免了长期存在的“高保低赔”问题。

（三）保费与理赔次数关系更紧密

改革后的商业车险价格计算公式为：

商业车险保费＝基准保费×费率调整系数

其中，基准保费＝基准纯风险保费/（1－附加费用率），基准纯风险保费由行业测算后统一确定。

费率调整的主要内容包括：

（1）费率调整系数进行了完善。费率调整系数由改革前的 14 个精简为 4 个，改革后的费率调整系数＝无赔款优待系数×交通违法记录系数×自主核保系数×渠道系数。

（2）无赔款优待系数浮动范围扩大。无赔款优待系数从原来的浮动范围 0.7～1.3 调整为 0.6～2.0。改革后，连续 3 年未出险理赔的客户，将按照 6 折承保，上年出险理赔 5 次及以上的客户，保费将翻番。具体浮动系数如表 1.4.13 所示。

表 1.4.13　　改革前后费率调整对比

改革前		改革后	
内容	系数	内容	系数
连续 3 年没有发生赔款	0.7	连续 3 年没有发生赔款	0.60
连续 2 年没有发生赔款	0.8	连续 2 年没有发生赔款	0.70
上年没有发生赔款	0.9	上年没有发生赔款	0.85
新保或上年赔款次数在 3 次以下	1.0	新保、上年有 1 次赔款记录或平台有不浮动原因	1.00
		上年发生 2 次赔款	1.25
上年发生 3 次赔款	1.1	上年发生 3 次赔款	1.50
上年发生 4 次赔款	1.2	上年发生 4 次赔款	1.75
上年发生 5 次及以上赔款	1.3	上年发生 5 次及以上赔款	2.00

（四）交通违章与车险挂钩

交通违章记录与商业车险保费系数挂钩的变化，交通违法系数从原来的浮动范围 0.9～1.0，调整为 0.9～1.5。改革前对违法种类没有进行区分，改革后对不同交通违法类型进行了细化。比如：开车人上一年闯红灯 4 次，或超速 4 次，或饮酒后驾驶机动车 1 次及以上的，保费上涨 10%；违规停车、未系安全带等其他违法行为累计 20 次的，保费上浮 10%；酒驾、醉驾、无证驾驶、肇事逃逸、号牌遮挡、超速超过 50%等严重违法行为发生 1 次，保费都将上浮。其中，醉驾、毒驾 1 次及以上的保费上涨 30%。具体浮动系数如表 1.4.14 所示。

表 1.4.14　　**交通违章与车险挂钩浮动系数**

改革前			改革后（江苏版）			
项目	内容	系数	序号	违法类型简称	上年度违法次数	浮动比例
安全驾驶	上一保险年度无交通违法记录	0.9	1	上年度无交通违法记录	0 次	−0.10
			2	A 类（违反交通信号灯等）	1 次	0.00
					2 次	0.00
					3 次	0.05
					4 次	0.10
					5 次及以上	0.15
			3	B1 类（超速 10%以上但未达 50%等）	1 次	0.00
					2 次	0.00
					3 次	0.05
					4 次	0.10
					5 次及以上	0.15
			4	B2 类（超速超过 50%等）	1 次及以上	0.15
			5	C 类（载物超过核定载质量等）	1 次及以上	0.05
			6	D 类（不按规定安装机动车号牌等）	1 次及以上	0.30
			7	E 类（未取得驾驶证，被吊销、暂扣期间驾驶机动车等）	1 次及以上	0.25
			8	F1 类（醉驾等）	1 次及以上	0.10
			9	F2 类（醉驾、毒驾等）	1 次及以上	0.30
			10	G 类（交通事故后逃逸等）	1 次及以上	0.25
			11	H 类（未按规定使用安全带、驾驶时拨打或接听电话、未参加定期安全技术检验、载人超过核定载人数、违反交通标线或标志、违反规定停放车辆、逆向行驶等其他违法类型）	0～9 次	0.00
					10～19 次	0.05
					20～29 次	0.10
					30 次及以上	0.15

浮动比例由表 1.4.14 中各违法类型对应浮动比例相加得到。合计浮动比例为 0.05，则不上浮；合计浮动比例超过 0.5，则以上浮 50%为限。举例而言，闯红灯 3 次和超速（10%以上但未达 50%）3 次的浮动比例均为 0.05，这意味着如果只是闯红灯 3 次或超速（10%以上但未达 50%）3 次，则不上浮。但如果既闯红灯 3 次又超速 10%（10%以上但未达 50%）3 次，则保费上浮 10%。摩托车和拖拉机的商业车险保费暂不按照交通违法系数浮动。

如果商业车险已按照上述规则浮动后，经公安交管部门确认撤销的交通违法行为，经投保人申请，保险公司采取批改程序，对保费予以重新计算，并退回多收的保费。但只要发生了违章，记录不会因为已交罚款而消除，此项优惠系数均不能再使用，对保费是有一定影响的。

案例剖析

召回活动没有及时通知　客户意外得知大发雷霆

6月，某特约店售后主管老周接到了吕先生的投诉电话，电话中吕先生指出自己之所以投诉是因为特约店的服务态度不好。事情的经过还得从上次吕先生去特约店做保养说起。5月下旬吕先生打电话给特约店，表示想要预约做保养，特约店服务顾问小张确认了一下车间的工作量，告知吕先生第二天如果有时间就可以过来，挂电话前突然想起来吕先生的车是最近一项召回活动的对象，就补充了一句："厂家有个召回活动，保养完了，顺便把您的喇叭线束检查更换一下，大概多耽误您30分钟时间。"一听到这句话，吕先生有点疑惑，因为自己对于这个事情完全不知道，于是吕先生便询问了一些关于召回的情况，这一问吕先生更加生气，原来这个召回活动信息已经发布了好长时间。

"我从来没有收到过任何关于召回的短信或电话，而且年初我的车曾经因为喇叭有时不响的问题到店修理过。现在召回了，这么重要的事情你们怎么能不通知我？要不是我今天主动预约保养，还不知道什么时候能知道这事呢！"吕先生越说越生气。特约店服务顾问小张连忙解释说："我们店给车主都发过手机短信的呀！而且召回这件事情在网上也公布了，可能您没注意到！"听到小张的解释吕先生更生气："你说的短信我从来未收到过，即使你们发了短信，又怎么确定我们车主收到了？这么重要的事情，为什么不打电话一一通知到我们车主？我要投诉你们！"

【原因分析】

客户为什么对特约店服务态度不满意？

特约店对召回不是积极响应，而是消极等待客户自行上门。本案反映了特约店没有或者不会充分将招揽流程灵活地运用在车辆召回活动中。

1. 未及时运用招揽方式告知客户有关召回活动

召回活动是有考核时间期限的，通常与安全事项相关。等待客户主动上门再告知可能延误召回效果，还往往引起客户的不满。特约店可能是好意，但客户却不一定会领情。

2. 售后服务中未良好地运用客户档案

特约店应对客户档案及时、准确地登记或更新，执行招揽流程时要认真对客户档案进行检索。该客户曾经来特约店处理过喇叭质量故障，这次喇叭召回活动，该客户应该是召回活动的重点对象。

3. 采用手机短信进行招揽很难获得确认

类似这样的事情无论客户是否收到手机短信，他都不会进行回复，即使回复了特约店也不会看。最好使用直接联络的方法，即打电话、发信函。

【要点建议】

在汽车召回售后服务行动中运用好售后服务招揽流程：

1. 招揽是提高召回实施率的最佳方法

召回是提升与来厂及保有客户关系的好机会，还有可能将已经流失的客户重新变为保有客户。

2. 维护好客户档案是长期的基础工作

建立准确的客户档案是售后服务的重要基础，除了日常精准的客户维系外，在召回等市场措施时能准确且及时地通知到对象车主。

3. 发短信只能用于传递咨询和情感，不能达到确认和落实的效果

我们做了很多事情，客户没有确认就等于你什么也没有做，要想办法获得客户的确认。

4. 切实做好投诉原因分析

要避开表面现象，搞清楚技术质量、沟通落实、流程方法、政策界限、情感态度方面的真实原因和过程，要有理有据，不能武断地对客户下无理取闹的结论，否则不利于团队整体素质的提升。此外，结论意见应该由责任部门负责人签字。

知识拓展

机动车实用险种排行榜

商业车险改革后，机动车保险条款统一、险种名称统一；删除了28个不常用的附加险，新增无法找到第三方特约险，从而形成了全新的车险产品体系（见表1.4.15）。

表1.4.15　机动车商业险产品体系

险别	机动车商业险产品体系			
主险	车辆损失险	第三者责任险	车上人员责任险	全车盗抢险
附加险	玻璃单独破碎险 自燃损失险 车身划痕损失险 车辆涉水行驶损失险 新增加设备损失险 修理期间费用补偿险 指定修理厂险 不计免赔险 无法找到第三方特约险	车上货物责任险 精神损害抚慰金责任险 不计免赔险	精神损害抚慰金责任险 不计免赔险	不计免赔险

各车险产品的实用性排行如下，保险专员需结合各险种的特点，并依据客户需求推荐适用的险种组合，最好能有备选方案供客户选择。

1. 交强险

交强险如表1.4.16所示。

表 1.4.16　　交强险

交强险	购买建议	适用人群/情形	购买指数
● 强制购买 ● 保费全国统一 ● 责任限额内赔付他人人身伤亡及财产损失 ● 赔偿额度有限	● 及时续保 ● 否则将面临扣车并罚款（应缴纳保费的 2 倍）的处罚	所有人	五星

2. 第三者责任险

第三者责任险如表 1.4.17 所示。

表 1.4.17　　第三者责任险

第三者责任险	购买建议	适用人群/情形	购买指数
● 交强险的有力补充 ● 保障范围与交强险一致	● 在豪车越来越多的今天不可或缺 ● 至少投保 50 万元	所有人： ● 新手新车 ● 女司机 ● 马路杀手 ● 路怒族	五星

3. 车辆损失险

车辆损失险如表 1.4.18 所示。

表 1.4.18　　车辆损失险

车辆损失险	购买建议	适用人群/情形	购买指数
● 赔付爱车的直接损失及必要的、合理的施救费用 ● 全国 95% 的车主投保了车辆损失险	● 车型录入准确 ● 足额投保	所有人： ● 新手新车 ● 女司机 ● 马路杀手 ● 路怒族 ● 车辆外借 ● 路况复杂	五星

4. 车上人员责任险

车上人员责任险如表 1.4.19 所示。

表 1.4.19　　车上人员责任险

车上人员责任险	购买建议	适用人群/情形	购买指数
● 赔付车上人员的人身伤亡，包括驾驶员与乘客 ● 保险金额由客户在投保时自行选择 ● 因价格低而被广大车主接受	1 万元起保	● 接送孩子 ● 搭乘亲朋 ● 无意外伤害险保障 ● 医保不报	五星

5. 不计免赔险

不计免赔险如表 1.4.20 所示。

表 1.4.20　　不计免赔险

不计免赔险	购买建议	对应险种	购买指数
每次保险事故发生后，依照保险条款客户自己还要承担部分损失，购买不计免赔率险，这部分损失由保险公司承担	必买	● 车辆损失险：5%～30% ● 第三者责任险：5%～20% ● 司乘险：5%～20% ● 全车盗抢险：1%～20% ● 车身划痕损失险：15% ● 自燃损失险：20% ● 车辆涉水行驶损失险：15%	五星

6. 无法找到第三方特约险

无法找到第三方特约险如表 1.4.21 所示。

表 1.4.21　　无法找到第三方特约险

无法找到第三方特约险	购买建议	适用人群	购买指数
车辆损失本应由第三方赔偿，因无法找到第三方而增加的由客户自行承担的免赔金额（30%），保险公司负责赔偿	● 各地承保政策不一 ● 强烈建议客户投保	所有人	五星

7. 玻璃单独破碎险

玻璃单独破碎险如表 1.4.22 所示。

表 1.4.22　　玻璃单独破碎险

玻璃单独破碎险	购买建议	适用人群/情形	购买指数
● 赔付车辆挡风玻璃和车窗玻璃发生单独破碎的损失 ● 不包括车灯、车镜玻璃和天窗玻璃（车辆损失险项下赔付）	● 进口车主推荐投保 ● 进口玻璃推荐投保	● 高速路行驶 ● 地面停车 ● 治安不好 ● 鞭炮	四星

8. 车身划痕损失险

车身划痕损失险如表 1.4.23 所示。

表 1.4.23　　车身划痕损失险

车身划痕损失险	购买建议	适用人群/情形	购买指数
● 赔付无明显碰撞痕迹的车身表面油漆单独划伤损失 ● 保险金额可在投保时由客户自行选择 ● 因理赔便捷广受车主欢迎	1 万元起保	● 三年以下车辆 ● 经常停放在外 ● 风沙较大地区 ● “熊孩子” ● 强迫症	四星

9. 全车盗抢险

全车盗抢险如表 1.4.24 所示。

表 1.4.24　　全车盗抢险

全车盗抢险	购买建议	适用人群/情形	购买指数
● 赔付全车被盗窃、被抢劫、被抢夺造成的损失 ● 倒车镜、轮胎等零部件被盗不在赔付范围内	结合车主实际情况推荐	● 无固定车位 ● 停放在外 ● 单身女性 ● 移动车库	三星

10. 车辆涉水行驶损失险

车辆涉水行驶损失险如表 1.4.25 所示。

表 1.4.25　　车辆涉水行驶损失险

车辆涉水行驶损失险	购买建议	适用人群/情形	购买指数
● 赔付车辆使用过程中发动机进水后导致的直接损坏 ● 南方地区车主的不二选择 ● 随着汛期到来，北方地区频繁出现内涝，逐渐引起北方地区车主的关注	南方地区车主推荐购买	● 地下车库 ● 南方地区 ● 城市内涝 ● 汛期长 ● 越野爱好者	三星

11. 自燃损失险

自燃损失险如表 1.4.26 所示。

表 1.4.26　自燃损失险

自燃损失险	购买建议	适用人群/情形	购买指数
● 赔付因线路老化等自身原因起火造成车辆本身的损失 ● 赔偿金额按照出险时车辆的实际价值确定	结合车主实际情况推荐	● 过质保期 ● 油、电路老化 ● 炎热高温 ● 长途行车	三星

实践操作

某品牌售后服务政策调研

一、训练内容

某品牌售后服务政策调研。

二、训练目的

(1) 了解汽车保修索赔政策；

(2) 掌握汽车三包索赔内容；

(3) 掌握汽车延保政策。

三、训练步骤及要求

(1) 指导教师对全班学生进行分组，6～8 人为一组，组长采取轮流制进行；

(2) 小组选择汽车品牌 4S 店（可以是以后有就业意向的品牌店）；

(3) 对汽车品牌 4S 店售后服务政策进行调研，收集资料；

(4) 各团队成员通过充分交流合作、合理分工、相互讨论，完成某主流品牌 4S 店的售后服务政策调研报告，包括保修政策、保险理赔政策、延保政策等；

(5) 制作 PPT 并汇报，汇报时先介绍组员的任务分工、完成过程、遇到的困难与解决方法，再介绍实训内容；

(6) 小组点评；

(7) 点评、修改后，提交 1 份汽车售后服务政策调研分析报告。

四、评价与总结

评价与总结如表 1.4.27 所示。

表 1.4.27　汽车售后服务政策调研评价

测评内容	1. 保修政策调研　2. 保险理赔政策调研　3. 延保政策调研　3. 成果展示及介绍				
考评标准	内容	分值	自评	互评	师评
	保修政策分析	30			
	保险理赔政策调研	15			
	延保政策调研	15			
	成果展示及介绍	40			
合计		100			

最终得分（自评 25%＋互评 25%＋师评 50%）	

自评：包括团队成员的工作态度、团队分工合作情况、工作流程及对成果质量评价、项目收获。
互评：客观评价，先提优点，再道不足。
师评：教师根据团队成果优缺点，有针对性地点评，启发学生的创新思维，对各团队普遍存在的问题进行重点分析，并提出要重点注意的问题。

五、训练成果

1 份汽车售后服务政策调研分析报告。

思考练习

（1）什么是汽车三包？

（2）汽车保险的主要险种有哪些？

（3）2016 年车险费改的主要特点有哪些？

（4）根据三包规定，家用汽车产品在开具购车发票之日起 60 日内或行驶里程 3 000 公里之内（以先到者为准），哪些情况下消费者选择更换车辆或退货，销售者应当负责免费更换或退货？

（5）案例分析题：

1）新车售出后 60 日之内或行驶里程 3 000 公里之内，ABS 系统（或 ESP、EBD、BAS 系统）故障失效时，消费者能不能选择退货？

2）消费者的车辆在三包责任范围内，其已符合退货条件，但是消费者在向经销商提出退货请求时，发现找不到购车发票，经销商能否答应消费者的退货请求？

3）三包退换车转售他人时，经销商对此车是否还负三包责任？

4）消费者车辆在三包责任期限内进厂维修，但是经销商配件部正好缺所需配件，这时服务顾问要不要立即开具维修工单？

5）消费者购车 3 个月内，其车辆发动机出现故障，经销商为其更换 1 个发动机总成。1 个月后，消费者又进厂反映变速箱有异响，经销商通过更换一个变速箱的零部件解决故障，但故障没有完全排除。消费者认为经销商已经帮他修理两次但没修好，要求换车，经销商应该答应消费者的要求吗？

6）消费者在三包包修包退期间，将车辆出卖给第三人，但并未将三包凭证同时交给消费者。该第三人因为质量问题向经销商提出换车请求，但无法出示三包凭证，此时经销商能否以该消费者非原来订立合同之人而拒绝该消费者的换车请求？

7）消费者的新车由 A 经销商卖出去 45 天后，因为变速箱质量有问题，消费者跑到 B 经销商请求检查，B 经销商检查结果认定应该更换变速箱，并由 B 经销商帮他更换变速箱。第 75 天时，又发现 ABS 故障，在 C 经销商更换 ABS 总成，更换完毕后，发现 ABS

警告灯还亮着，消费者回到 A 经销商要求退货（或更换），A 经销商是否应该接受消费者的退货（或更换）请求？

8）消费者在高速公路发生严重车祸，发动机舱因为撞击力度大而变形，车辆被拖吊到附近的修理厂维修。请问：这辆车维修好以后还能继续享受三包责任的权益吗？

9）消费者购车后，感觉越来越不喜欢这辆车，为达到退货或更换目的，假造质量问题，再要求退货或更换，经销商应如何应对这种情况？

10）消费者购车后，为享受更好的视听感觉，在外面加装了一组公放及一个重低音喇叭，后来车上电压因为负荷过重，导致车身控制模块电脑烧坏，车主请求换货，经销商能同意他的请求吗？

项目二 汽车维修业务接待单项训练

项目意义

随着我国汽车市场不断深入发展，汽车售后服务已经成为汽车经销商维系客户和利润来源的关键环节。通过调查发现，在汽车企业的盈利中，新车销售收入比重不断降低，原本通过汽车销售保持利润的汽车企业都开始寻求其他途径来保持盈利，在其他途径中，售后服务的收入比重却在增长，因此几乎所有汽车品牌都无一例外地开始重视售后服务的品质。而在维修企业，客户接触最多的就是业务接待，这是一个非常关键的岗位，其服务质量和水平在很大程度上影响着企业形象和客户满意度。很多汽车品牌对业务接待的要求也在不断提高。

项目内容

根据维修保养类车辆接待的工作内容，我们将本项目分为车辆服务预约、车辆维修接待、车辆维修与质检、车辆结算交车、车辆售后回访五个任务。

1. 车辆服务预约

在与客户的各种联系中，预约是非常重要的环节。完善的预约体系可以使我们更合理地安排产能，起到削峰填谷的作用；预约还可在客户到达前提前安排好服务人员并准备好配件、工具，减少客户的等待时间。服务人员要利用每一次与客户沟通的机会，以专业、热情、耐心的态度应对和处理问题，从而实现客户服务成功的第一步。

2. 车辆维修接待

车辆维修接待是服务顾问与客户沟通问诊的过程，也是服务顾问的核心任务。热情、主动、细致、专业的接待能够体现对客户的尊重和关心，给客户留下深刻的印象，赢得客户的信任，与客户建立良好的互动关系，提升客户的满意度。

3. 车辆维修与质检

客户的车辆接待完毕，服务顾问安排好客户休息后，要立即开始派工，维修技师迅速对车辆进行维修，以确保车辆按约交付。如果在维修过程中有维修增项，需要服务顾问与客户及时沟通，说明故障原因、损坏程度及技师建议，再由客户自己决定。车辆维修结束，由质检人员对维修质量进行检查，确保维修质量。

4. 车辆结算交车

结算交车是最能提升客户满意度的环节。通过该环节，服务顾问可以向客户展示维修成果、说明技师的工作、解释维修费用、提醒下次保养的时间及里程等。该环节可以将服务的无形化进行有形展示，可提高客户满意度。

5. 车辆售后回访

售后回访是服务核心流程的最后一个环节，一方面可以表现出经销商对客户及车辆的关怀，另一方面经销商可以根据客户的反馈信息发现自己服务的不足之处，以便内部整改，进而持续改善。另外，还可以通过回访发现新的服务机会，进行新的服务预约，以完成经销商的闭环服务作业。

项目成果

（1）电话预约接待与技巧方案；

（2）车辆接待与技巧方案；

（3）车辆增项处理方案；

（4）结算交车方案；

（5）售后回访方案。

任务一　车辆服务预约

学习目标

通过本次任务的学习，你将懂得车辆服务预约的方法和流程，掌握与客户沟通交流的方法，掌握与客户电话沟通的技巧，应对客户预约中的常见现象，具备从事汽车车辆预约、与客户顺利电话沟通等工作的能力。通过学习和训练，你将能够：

（1）按照规范完成电话预约客户；

（2）与客户进行良好的预约沟通并达成共识；

（3）培养良好的客户沟通意识和能力。

工作任务

（1）运用预约服务技巧演示预约服务流程；

（2）各项目小组总结1份电话预约接待与技巧方案。

相关知识

预约服务是提高客户满意度及充分发挥企业资源的有效手段，在汽车维修服务企业推广预约服务有积极的作用。

目前，美国、德国、日本等国家的预约服务已经很成熟，某些品牌已经做到了完全预约服务。随着我国汽车客户越来越接受汽车预约服务，预约已成为汽车维修企业一个很重要的服务内容，同时对预约服务人员提出了较高的要求。

客户在车辆进店维修保养之前，有时会先打电话了解一些情况，如保养咨询、配件查询、价格了解、时间了解等。各汽车品牌4S店对接受预约的人员要求各有不同，有的可能会由预约专员做，也有可能由服务顾问、客服部门等完成。不管店内是否有专门人员负责预约安排工作，服务顾问都有可能接触预约服务，比如服务顾问主动邀约客户，或者老客户直接与服务顾问预约等。因此，服务顾问有必要了解预约服务，以便更好地开展预约工作，让客户体验到预约的好处。

一、预约的目的与好处

预约就是通过电话或网络等渠道与客户进行沟通，通过沟通确定预约客户的基本信息，明确客户的需求，并告诉客户预约后的项目和实施日期。预约汽车售后服务可以通过多种手段完成，如电话、网络、手机App等。随着网络的发展，后两种手段的使用频率会越来越高，但是目前还需进一步完善。目前，电话预约仍然是最主要的手段。

课堂讨论

生活中你接受过预约服务吗？预约服务的受益者都有谁？

（一）预约的目的

1. 保持客户黏度，提升客户体验

对客户来说，预约可以享受服务优先权，合理安排到店维护时间，节省非维修等待时间；服务人员可以有更多时间与客户沟通，了解客户需求，确保车辆性能与维修质量；预约服务可以减少客户维修车辆所花费的精力，令其有被尊重的感觉。

2. 合理利用4S店资源，达到削峰填谷的目的

通过预约服务，可以将配件准备、问题分析、人员调配安排在车辆进店之前，从而缩短生产周期；可以合理安排修理任务和时间，避免人员和设备在高峰期疲劳作业，而其余时间资源无效闲置（见图2.1.1）。

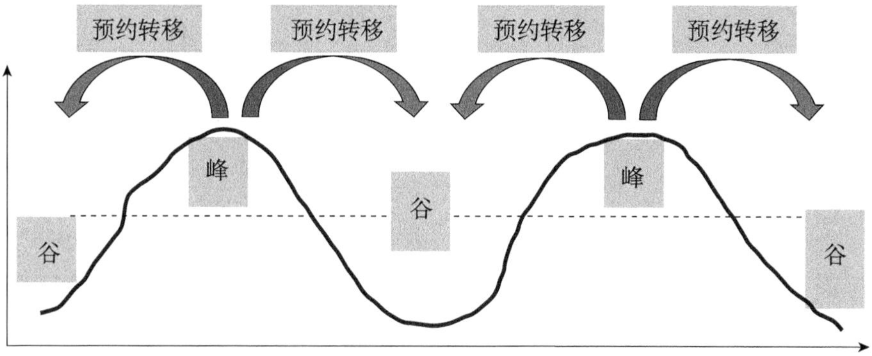

图2.1.1　削峰填谷

（二）预约的好处

有效的预约、维修服务项目的事先确定以及准确地报价，可以使整个维修过程从一开始就透明化。这不但对客户和经销商都有益处，而且会使客户对经销商更加信任。

做好预约工作，可以使客户、服务顾问、经销商以及汽车厂商都受益（见表2.1.1）。

表2.1.1　预约的好处

客户	服务顾问	经销商	汽车厂商
● 缩短等待时间 ● 获得更多的关照 ● 自由地安排时间 ● 有更多咨询时间	● 降低工作强度 ● 有时间多关照客户 ● 从容推销服务产品	● 使工作按照计划进行 ● 提高利用率和效率 ● 保证零件供应及时 ● 降低服务部的成本 ● 提高满意度的分值	● 提升品牌形象 ● 提高客户满意度

二、预约分类

预约可以分为主动预约客户和客户主动预约两种。主动预约客户是服务站主动以电话、短信等方式邀约客户来站维修保养且与客户达成预约目标。客户主动预约是客户主动联系服务站预约维修保养时间。预约形式及内容，如表2.1.2所示。无论是主动预约还是被动预约，客服专员都必须填写电话预约登记表（见表2.1.3）。

表 2.1.2　　预约形式及内容

预约形式	预约内容
主动预约客户	售后市场活动
	保养到期
	召回
	一般维修
	流失客户
客户主动预约	保养预约
	咨询
	投诉
	救援

表 2.1.3　　电话预约登记表

序号：　　　　服务顾问：　　　　年　月　日

<table>
<tr><td colspan="4">客户基本情况</td></tr>
<tr><td>客户姓名</td><td></td><td>联系电话</td><td></td></tr>
<tr><td>车型</td><td></td><td>公里数</td><td></td></tr>
<tr><td>车牌号码</td><td colspan="3"></td></tr>
<tr><td colspan="4">预约情况</td></tr>
<tr><td colspan="2">预约进站时间（日期、时间）</td><td colspan="2">月　日　点　分</td></tr>
<tr><td colspan="4">听诊内容</td></tr>
<tr><td colspan="2">维修保养或故障内容：</td><td colspan="2" rowspan="2">所需备件：</td></tr>
<tr><td colspan="2">维修估时估价：</td></tr>
<tr><td colspan="4">电话记录：</td></tr>
<tr><td colspan="4">备注：</td></tr>
</table>

服务顾问签名：

主动预约客户

预约专员：您好，赵先生，我是××授权经销商×××的预约专员×××。您的爱车浙 A12345 是 1 月 10 日在我店做的 2 万公里保养，根据我们对您保养时间的测算，您的爱车在下周需要做 3 万公里更换机油、机油滤清器和制动液的保养项目了。请问您周五下午或者周六全天，哪个时间更方便呢？

客户赵先生：周六上午吧，大约 9 点到。

客户主动预约

预约专员：您好，欢迎致电××授权经销商服务热线，我是客户关怀专员×××，请问有什么可以帮到您？

客户：我的车最近开起来总觉得车子底盘有些异响，这是怎么回事？

预约专员：这种情况通常需要服务顾问或者技师与您一起试车后才能进行初步判断，我这就把您的情况反馈给服务顾问，半个小时之内由他给您回电了解详细情况，再给您预约到店试车，您看可以吗？

三、预约服务流程

无论是主动预约客户还是客户主动预约，预约专员都应该详细询问客户诉求。主动预约客户，可以让客户感受到经销商对其及其爱车个性化的关爱，让客户拥有更好的客户体验。当客户主动预约时，说明客户有一定的服务需求，此时经销商一定要把握住机会，提供最佳服务，让客户感受到专业、真诚、值得信任的服务。

成功的预约服务指客户预约后到店执行预约项目。预约服务完整流程如图 2.1.2 所示。

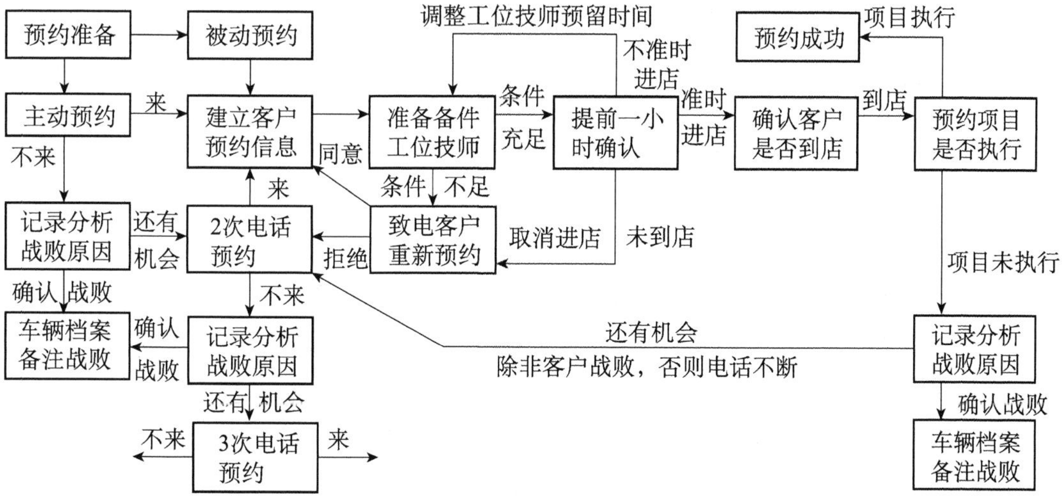

图 2.1.2　预约服务流程

（一）预约准备

预约专员至少每周一次分析DMS系统的客户信息，制作需要联系的客户名单。

（1）找出有可能参加“售后市场活动”的客户；

（2）找出涉及“召回”的客户；

（3）找出近期保养里程到期的客户；

（4）找出保修或保险到期的客户；

（5）找出长期未进店的客户。

（二）建立客户预约信息

预约专员礼貌问候客户，并说明致电目的。电话预约流程如表2.1.4所示。

表2.1.4　电话预约流程

序号	操作流程	说明及工作重点
1	自报家门	预约专员问候客户，并报出经销商名称、自己的姓名和职位
2	获取信息	核实客户的联系方式 核实客户的车辆信息（包括车型、车牌号和公里数）
3	了解需求	如果保养，接受客户的预约时间或建议理想的预约时间，如果要建议预约时间，向客户建议两个预约时段 如果是维修，用5W2H问诊法记录
4	预估费用和时间	询问客户是否有指定的服务顾问，如没有为客户安排服务顾问 如果客户服务需求明确，要告知客户预计完工时间和价格 确认维修保养的付款方式
5	回答客户问题	主动回答客户提问，并及时给出专业回答 主动询问客户是否仍有其他维修需求
6	总结预约内容	包括客户姓名、联系电话、车型、车牌号、维修项目、预约时间、完工时间及费用、客户特殊要求等 提醒客户携带相关文件（行驶证、保养手册）
7	确认提醒方式	一般在客户预约时间前一个小时，预约专员会给客户提醒，根据客户的需要，确认电话提醒还是短信提醒 与客户道别，并等待客户先挂电话

（1）主动预约客户，如果客户接受预约，则安排预约；

（2）如果客户拒绝，与客户道别，并更新DMS系统；

（3）如果联系客户信息有误，则需确认正确信息并更新信息。

可以使用的话术如：“您好，这里是××特约维修服务站，我是您的专属服务顾问×××，请问您现在是否有时间接听电话?”“自您……（购车、上次保养）之日，已经过了一段时间，了解一下您车辆的使用情况以及行驶的里程，是否达到保养的里程了?”“您的车辆已达到保养里程，您可以预约来厂进行保养。您什么时候方便？我现在可以为您预约登记。”

客户主动致电，根据客户诉求，判断来电目的。

(1) 投诉，按投诉处理流程处理。

(2) 咨询，对于可以立即答复的问题，进行直接回复；如果对答案没有把握或者不能立即回复，则应与客户约定回电时间，并咨询相关部门获得答案后，在约定时间内给客户答复；如果在预计时间内未能找到答案，也应遵守承诺在约定时间致电客户告知进展，并重新约定下一次回电时间。

(3) 预约，则为客户进行预约安排。

主动预约客户的参考话术

预约专员：您好！×××售后部，我是前台接待×××。我们查询到您的爱车浙D×××××保养期快到了，想帮您预约保养，以节省您的维修时间。请问您的爱车行驶里程是多少？

客户：3万公里。

预约专员：您准备哪天来呢？我们在7月25日的上午和26日的下午时段还有空档，您看哪个时段方便？（先提出几个时间段引导客户选择，如果没有客户适合的，则需要尽量满足客户需求，但要表现出我们是在尽力帮助他）

客户：26日下午3:00吧。

预约专员：×先生/小姐，此次保养更换机油、机油滤清器和制动液，预计需要2个小时，预计需要花费1 300元左右，我们这里可以付现金或者刷卡（支票需要到账开票），请问您选择哪种付款方式呢？

客户：刷卡吧。

预约专员：×先生/小姐，在您的车辆过来做保养前，我们的服务顾问会提前24小时和1个小时左右与您确认的。请问我们如何跟您联系比较方便呢？

客户：发短信就行了。

预约专员：好的，请问您有没有指定的服务顾问？

客户：还是上次那个小陈吧，我看他的服务还不错。

预约专员：好的，我再跟您重复一下此次预约的内容：×先生/小姐，您的车辆浙D×××××预约在26日下午3:00做3万公里的保养，保养的内容是更换机油、机油滤清器和制动液，预计2小时左右完工，费用为1 300元左右，届时将由服务顾问陈××为您服务，您看可以吗？

客户：好的。

预约专员：另外请您来店时携带发票（涉及保修的车）、行驶证、保养手册及购车发票复印件或会员卡等相关证件。请您在26日下午准时到店，我们会在预约前1个小时给您短信提醒，短信发到这个手机就可以吧？

客户：是的。

预约专员：请问您是否还需要其他服务？

客户：没有了。

预约专员：感谢您选择我们的预约服务（感谢您的来电），我们将为您保留30分钟，期待您的准时光临。祝您生活愉快，再见！

客户主动预约的参考话术

电话响三声之内接起。

服务顾问助理：您好！×××售后部，我是前台接待×××，请问有什么可以帮到您？

客户：我想预约3万公里的保养。

服务顾问助理：请问怎么称呼您？（根据来电查DMS系统）

客户：我姓赵。

服务顾问助理：您好，赵先生/小姐，请问您是要预约保养/维修吗？

客户：××保养/维修。

服务顾问助理：除此之外您还有其他问题吗？（一边问询一边开具准施工单）

客户：没有啦。（如果有其他需求，及时记录并给予回应。如果有其他故障，用5W2H问诊法记录）

服务顾问助理：请问您的车牌号码是？（DMS系统中查询维修历史，检查是否存在未完成信息和服务措施。确认是否首次到店，如果是，在DMS系统中建立客户及车辆数据信息）

客户：是的。

服务顾问助理：请问您的车行驶里程是多少？（首次来店客户）

客户：×××公里。

服务顾问助理：请问您的手机号码是多少？

客户：138××××××××。

服务顾问助理：您准备哪天来呢？

客户：×月×日。

服务顾问助理：我们在×月×日的××和××时段还有空档，您看哪个时段方便？（先提出几个时间段引导客户选择，如果没有客户适合的，则需要尽量满足客户需求，但要表现出我们是在尽力帮助他）

客户：××时段。

服务顾问助理：赵先生/小姐，此次保养（说出具体项目）预计需要××时间，预计需要花费×元（时间和价格应适当报多一些），我们这里可以付现金或者刷卡（支票需要到账开票）。

客户：好的。

服务顾问助理：赵先生/小姐，在您的车辆过来做保养前，我们的服务顾问会提前24小时和1个小时左右与您确认的。请问我们如何跟您联系比较方便呢？

客户：打电话/发短信/邮件。

服务顾问助理：请问您有没有指定的服务顾问或技师？

客户：就上次那个××服务顾问吧。/没有。（客户回答“没有”时，服务顾问助理回答：好的，我们帮您安排一下。）

服务顾问助理：我再跟您重复一下此次预约的内容：车牌号、顾客称呼、预约内容、预约时间、预约服务顾问/技师、期望的联系方式等，预约了×××维修顾问为您服务，您看对吗？

客户：没问题。

服务顾问助理：另外请您来店时携带发票（涉及保修的车）、行驶证、保养手册及购车发票复印件或会员卡等相关证件。

客户：好的。

服务顾问助理：（友好道别）感谢您选择我们的预约服务（感谢您的来电），我们将为您保留30分钟，期待您的准时光临，祝您生活愉快，再见！

（接听完电话，服务顾问助理进一步完善预约登记信息，确定服务顾问是否可以接待，告知服务顾问客户信息和描述的故障，在准施工单上盖上相应的章，并将预约信息登记到DMS系统中。）

（三）创建DMS系统预约单

与客户完成电话预约后，预约专员将预约信息录入电脑系统，生成预约记录。预约记录内容包括客户姓名、电话、车牌号、车型、维修内容简述。如果客户基本信息有变化，预约专员应在DMS系统中更新信息。

目前各汽车品牌厂商都有自己的DMS系统，汽车经销商各部门的工作都可以通过DMS系统有效地联系起来，并实现流转。服务顾问可以提前了解客户信息、车辆信息、车辆维修历史，挖掘潜在销售机会，减少车辆接待时间并给出专业的针对性建议；车间调度可以提前看到客户维修保养项目，提前准备；配件部门可以提前准备所需的配件；保安可以提前做好迎接工作。为此，预约单的准确制作及完善的信息至关重要（见表2.1.5）。

表 2.1.5　　××××汽车销售服务有限公司（电话预约登记表）

201×年 9 月 1 日

预约进厂时间	实际到厂/未到原因	车牌	车架号	型号	客户姓名	联系号码	公里	维修内容	招揽人员	当天实际时间
傅春浩										
9:30	8:35	浙 D213××	MG75551	F30LI	李先生	—	20 400	保养	林彦艳	
童斌										
9:00	8:45	浙 DR92××	D307997	730LI	王先生	—	13 400	保养＋油漆	童斌	
10:00	9:20	浙 AK77××	SH82219	F18LI	俞女士	—	52 000	保修到期检查＋检查镀铬饰条氧化	林彦艳	
10:30	8:40	浙 D750××	VN90548	X1	李先生	—	72 000	空调清洗	童斌	
费银炳										
8:30	8:25	浙 D55W××	OP44513	E36KO	丘先生	—	5 000	油漆	石凯茨	
李志鹏										
8:30	8:24	浙 D53C××	MC53190	F35LI	郑先生	—	48 000	保养及维修	林彦艳	
沈迪										
8:30	8:22	浙 D49T××	SK69583	F18LI	杨先生	—	29 000	保养＋导航升级	沈迪	
9:00	8:58	浙 D15K××	SH72846	F18LI	陈先生	—	45 000	卡内项目	沈迪	
吴世豪										
9:00	9:25	浙 D11B××	OC82198	F25GF	王先生	—	57 000	保养＋油漆	林彦艳	

注：实际到厂为客户到公司时间，由引导员准时认真填写，客户到厂时间与预约时间相差前后 15 分钟为准时到厂时间。

（四）预约信息分发

预约专员从DMS系统预约模块中导出第二天的预约客户信息，制作成“×年×月×日预约客户清单”，并将其通过邮件或纸质报告分发给保安、服务顾问、配件库、车间调度等。

（五）填写预约看板

填写预约看板的目的是内部管控，售后工作人员可以清楚明了地看到一天的预约情况，做好预约准备。一般服务顾问前台处有预约看板，预约看板信息至少包括以下4项信息：车牌号、服务顾问姓名、维修项目和预约到店时间。

（六）发送预约提醒

根据“×年×月×日预约客户清单”，提前一天通过电话、短信或者邮件给客户发送预约提醒。如果客户取消预约，更新DMS系统预约单及更新“×年×月×日预约客户清单”，并及时通知相关人员。

客户会来店

预约专员：×先生/小姐，您好！我是××授权经销商×××的预约专员××，您预约今天××点来店做保养/维修，我们已经为您做好了准备工作，请问您能准时到达吗？

客户：是的。

预约专员：好的，我们恭候您的光临，再见。

客户不来店

预约专员：×先生/小姐，您好！我是××授权经销商×××的预约专员××，您预约今天××点来店做保养/维修，我们已经为您做好了准备工作，请问您能准时到达吗？

客户：不好意思，我临时有事来不了。

预约专员：×先生/小姐，服务人员及工位都可以为您保留30分钟，您在30分钟内能到达吗？

客户：我今天的事情有点棘手，那个点肯定过不去了。

预约专员：×先生/小姐，没关系，那我帮您取消今天的预约，要不我帮您重新预约其他时间吧？明天还是后天呢？

客户：这两天我事情有点多，要么这样吧，我要来再给你们打电话吧。

预约专员：好的，×先生/小姐，请您提前一天跟我们预约，预约电话是×××××××，我也会把预约电话以短信的方式发给您，方便您保存。另外，我就先取消您今天的预约了。

客户：好的。

预约专员：好的，×先生/小姐，祝您生活愉快，再见。

短信预约提醒

尊敬的××客户，您好！您的车已预约成功，预约时间为明天（9月8日）13：00××店保养/维修，工位为您预留前后10分钟！希望您合理安排时间、准时到达，恭迎您的到来！××店预约电话××××－×××××××××。

（七）迎接准备

在客户到店前需要经销商各部门协作做好各项准备，在客户到店前准备好相关工作。保安人员在客户到达前15分钟预留好停车位；预约专员负责更新预约看板；服务顾问负责查看车辆维修历史，核对保修及保险是否到期，是否涉及技术升级及召回活动，客户是否需要代步车，并准备向客户介绍最新的市场活动，推荐新上市的生活精品、附件等；车间调度预留好工位并指定相应技师来完成维修准备工作；车间技师提前查询与本次维修相关的技术资料，准备好维修保养所需的专用工具；配件专员查看DMS系统提前准备配件并放在预约专用货架上。

（八）接待流程

客户来店后，服务顾问接待预约客户，进入客户接待流程。

四、客户预约常见现象及应对要点

在平时的电话预约过程中，并不是所有预约都很顺利，常常会出现客户拒绝的情况。面对客户的抗拒，招揽专员该如何应对呢？

课堂讨论

预约服务可能遇到的常见问题有哪些？你认为要想使预约服务成功应该注意哪些问题？

（一）常见现象及应对要点

常见现象及应对要点如表2.1.6所示。

表2.1.6 客户预约常见现象及应对要点

<table>
<tr><th colspan="2">可能遇到的问题</th><th>应对要点</th></tr>
<tr><td rowspan="2">刚做过</td><td>在其他店做过</td><td rowspan="2">1. 及时致歉
2. 赞美客户及时保养检测的理念
3. 如果没有维修记录，询问客户以前在哪里做过（收集信息）
4. 记录客户维修信息
5. 介绍本店现有活动
注意：了解客户在哪里做过可分析客户需求，找到吸引客户来电的方法</td></tr>
<tr><td>非4S店做过</td></tr>
</table>

续前表

可能遇到的问题		应对要点
有抱怨	价格高	1. 及时致歉 2. 了解抱怨的原因，进入抱怨处理流程 3. 复述总结客户反馈的问题 4. 询问客户有无其他补充信息 5. 再次致歉，并告知客户未尽事宜的回复时间 注意：保持积极倾听，不打断客户说话；边听边做记录，使用自己理解的话复述客户需求，以确保信息一致；跟踪相关人员的回复进度，避免抱怨升级
	近期维修未修复	
	之前服务不满意	
没时间	工作忙	1. 强调预约可节省时间 2. 突出按时保养、推荐项目对客户的好处 3. 再次推动预约 注意：辨别客户“没时间”是否是客户拒绝的真正原因，再次推动预约
	出差在外地	
不需要	车辆使用率低	1. 表示对客户的理解和肯定 2. 突出按时保养、推荐项目对客户的好处 3. 介绍预约优势，推动预约 4. 介绍店内的活动 5. 再次推动预约 注意：表示对客户的理解，培养客户的车辆保养意识
	无保养提醒	
首次未成功	不方便接听	1. 马上致歉 2. 询问客户方便再次联系的时间，提供 2 个时间段 3. 发送提醒短信 注意：尝试了解客户方便的时间，确认具体致电的时间（精确到分钟）；提供 2 个联系的时间段让客户选择，可以提高致电成功率；避免使用“您什么时候方便”这样的开放式问题
	需要和他人商量	

（二）常见现象应对话术

1. 在其他店刚做过

招揽专员：根据您的用车习惯，我们估算您的车辆到保养的时间了，给您打电话是想邀请您到店做一下首保/保养。按需按时保养不仅能保持车辆的良好运转状态，还能保障车辆的最佳使用性能，让您用车更省心。

客户：我已经做过了。

招揽专员：您的保养很及时，能冒昧了解一下，您的车辆保养是在哪里做的吗？（记录信息）

客户：我是在×××经销商保养的。

招揽专员：谢谢您对××品牌售后服务的支持！同时，希望您能再次到我们店感受一下为预约保养客户准备的预约快修通道服务，另外在用车过程中，您有任何有关车辆的需求都可以联系我们，我们愿意为您提供更优质的服务，同时期待您下次来店保养。

2. 客户有抱怨

招揽专员：根据您的用车习惯，我们估算您的车辆到保养的时间了，给您打电话是想邀请您到店做一下保养和车辆检测。按需按时保养不仅能保持车辆的良好运转状态，还能保障车辆的最佳使用性能，让您用车更省心。占用您5分钟的时间，您方便吗？

客户：你们的保养价格太贵了。

招揽专员：我理解您的感受，花钱当然要讲究实惠，同时我们也感兴趣您觉得价格贵的原因是什么。

客户：比外边的维修店贵多了。

招揽专员：我们的价格确实和它们有所不同，但是价格的不同也意味着品质的不同，原厂配件能有效保障车辆始终保持在最佳状态。

招揽专员：作为消费者通常很难甄别配件真伪，如果意外更换了劣质配件，可能会给车辆带来意想不到的伤害。比如原厂空气滤清器与非原厂的比，外观很难分辨，但过滤性能差别很大。在4S店保养虽然贵一些，但原厂配件大幅提高了零件的质量，并且有严格的质量保障，自然就可以帮您避免这些隐患了。

3. 客户工作忙

招揽专员：根据您的用车习惯，我们估算您的车辆到保养的时间了，给您打电话是想邀请您到店做一下保养和车辆检测。按需按时保养不仅能保持车辆的良好运转状态，还能保障车辆的最佳使用性能，让您用车更省心。占用您5分钟的时间，您方便吗？

客户：最近一直忙，没有时间，有时间过去吧！/我过几天就过去。

招揽专员：我特别理解您的时间非常宝贵，我们的预约服务恰好能帮您节约时间，您是否有兴趣了解一下预约服务呢？

客户：不太了解，你说吧。

招揽专员：谢谢您的支持！如果您选择预约服务且准时到达的话，我们会为您提前准备好人员、工位、技师、配件，以保证最高效率下保质保量完成保养项目，比您平时随机到店至少节省××时间。因此提前预约是一个不错的选择，需要现在帮您预约吗？（如客户接受，进入预约流程）

4. 车辆使用率低

招揽专员：我们估算您的车即将到首保的时间了，给您打电话是想邀请您到店做一下首保。按时保养不仅能保持车的良好运转状态，还能延长发动机使用寿命，让您用车更放心。

客户：从买到现在车都没怎么开。

招揽专员：是的，通过您的车辆档案，我已经看到了，您的车的确行驶里程很少。您不介意的话，我想占用 2 分钟时间，向您介绍一下这种里程较少的情况如何合理保养车辆。

客户：好吧，你说吧。

招揽专员：及时保养是保障车辆最佳运转状态、减少维修费用的明智选择。相信您也了解，汽车的润滑油是有保质期的，保质期内的机油能给发动机最好的润滑，尤其新车磨合时如不按需更换，过期机油会因氧化变质，降低对发动机的润滑保护，直接影响发动性能，甚至会缩短发动机使用寿命。因此我们建议您按需保养，我们提供的预约服务能节省您的等候时间，您看需要我现在帮您预约一下吗？（进入预约流程）

5. 客户不感兴趣

招揽专员：好久没看到您来店了。为了答谢您对我们的支持，特意邀请您来店参加×××的活动，活动期间我们还为您提供一次关于×××的专项免费检测，以保障您车辆最佳使用状态。不知您是否有时间？

客户：我没有兴趣参加你们的活动。

招揽专员：我特别理解您的心情，如果您不介意的话，我只占用您 1 分钟时间，简单向您介绍一下这次答谢活动的内容，以免错过可能对您非常有帮助的活动，可以吗？

客户：好吧，你说吧。

招揽专员：谢谢您的支持！（详细介绍本店实施的该项活动内容）方便告诉我您更关注活动哪方面的信息吗？以便日后我们有这样的活动时第一时间通知您。（收集客户喜好，为以后邀请客户进店做准备）

课堂练习

电话预约还可能遇到哪些其他的拒绝呢？让学生两人一组进行角色扮演，扮演服务顾问的学生要注意说话的语气、语调，表现出电话沟通的亲和力。

案例剖析

预约的保养时间变更，未成功通知到客户

9 月初，特约店服务顾问小李给郝小姐发短信，告知她可以事前预约来店进行保养，到店后可即时安排，不需要等待。10 月 10 日，小李按系统提示打电话给郝小姐，提醒车

辆要做保养了，询问她23日有没有时间过来，并且提前预约保养可享受工时费八折优惠。想到自己的车也该保养了，而且预约可以节约时间，郝小姐就答应了。10月23日一早，郝小姐按照约定时间来到特约店，特约店服务顾问小李一见到郝小姐连忙说道："呀，真是不好意思郝小姐，忘了通知您，由于今天这附近大面积停电，车间无法提供保养和维修服务。真的很抱歉，可能让您白跑一趟了。"郝小姐一早来做保养突然遇到这种情形，抱怨道："什么?! 你们情况有变，为什么不提前通知我？那何必又发信息又打电话跟我预约呢？太不负责任了，我要投诉你!"

客户如约来店，特约店告知需要另改时间。特约店的信誉如何挽回，客户的损失怎么赔偿？

【原因分析】

1. 客户对许诺的变更毫不知情

特约店没有将许诺的变更及时告知客户或没有征得客户的认可是引起客户不满和抱怨的根源。

2. 没有提前通知等于对客户的忽视

企业不诚信的行为在情感上是难以接受的，在为客户提供服务时尤其要注意避免出现这样的纰漏。特约店在不得已需要变更预约时间时，及时将变更信息通知到客户是第一要务，没有得到客户的确认，特约店应该为此承担后果。

3. 对客户的不满应该及时进行处理，不然就等于坐等客户投诉

因特约店的过失导致客户利益受损，相关负责人应当出面安抚处理，而不是坐等客户投诉才做出改变。同时，应当做好防止对策，避免一些不必要的投诉再发。

【要点建议】

注重细节，确保预约成功。

1. 充分做足预约后的准备工作

与客户确定预约后，将信息传递给相关人员，做好客户来店前的准备，还有在客户来店前再次确认来店时间。工具：估计清单、维修管理卡、维修管理看板、预约登记表。

2. 预约登记后需要保持和客户持续沟通

保持和客户持续沟通在于事前提醒、重复服务项目、费用预算告知、变更及原因说明。

3. 发短信只能传递咨询和情感，不能确认落实

我们做了很多事情，客户没有确认就等于你什么也没有做，要想办法获得客户的确认，最好是给他打电话。

4. 满足客户合理要求，灵活使用超值服务以留住客户和维护品牌形象

这个事件的责任在特约店，相关负责人应该出面赔礼道歉，可以在工时方面给予折扣以减少客户不必要的损失。

知识拓展

电话接待礼仪

一、接电话

(1) 三声接听，因故未及时接听说抱歉。

(2) 应先问候，然后自报家门。接听外部电话时："您好，××公司××部门!"接听内部电话时："您好，××部门!"

(3) 接听电话声音适中、愉快、亲切。

(4) 微笑接听电话，你的微笑对方听得见。

(5) 接听电话时，应认真做好电话记录，不能边吃东西边打电话。

二、拨打电话

时间：公务电话最好避开节假日、晚上21:00至次日6:00、临近下班等时间段。

空间：私人电话不要在办公室打，要避开同事。你在公共空间打电话实际上是一种噪声骚扰，非紧急事情尽量不要在公共场所打电话。同事接电话时，若其他人在附近喧哗交谈，易导致客户对公司的印象不良，此时若有急事须与同事交谈，应使用书面方式。

时长：无重要事情，牢记三分钟原则。

内容：

(1) 问候对方：您好，请问您是××吗?

(2) 自报家门：我是××单位××部门的×××。

(3) 所为何事：打电话的主要目的是……

(4) 必备用语：请问您现在说话方便吗?

(5) 告别用语：打搅您了，非常感谢!

注意：要有准备，注意打电话的时间，尤其避免在午休时间或下班时间；微笑的语调，声音清晰，有礼貌；不要急于在电话中承诺事情或做决定；讲电话同时在纸上记录。

三、挂断电话

(1) 确认对方已挂电话，自己才挂电话；

(2) 电话轻放，勿摔话筒；

(3) 如果自己有事不宜长谈需要中止通话时，应说明原因，告知对方，"一有空，我马上打电话给您"；

(4) 中止电话时应恭候让对方先挂电话，不宜"越位"抢先；

(5) 一般下级要等上级先挂电话，晚辈等长辈先挂电话；

(6) 被叫等主叫先挂电话，不可只管自己讲完就挂断。

实践操作

电话预约技能训练

【参考案例】

1. 维修保养历史信息

客户张先生的维修保养记录如表 2.1.7 所示：

表 2.1.7 维修保养记录

时间	保修内容	里程（公里）	经销商
2014.4.16	机油保养、燃油添加剂 6 瓶	9 500	本店
2014.10.16	机油保养、更换汽油滤清器	31 000	本店
2015.8.27	机油保养、刹车保养	42 000	本店
2015.12.21	机油保养、更换空气和空调滤清器、免拆清洗积碳	51 000	本店
2016.8.15	机油保养、保修更换左前门玻璃升降器	72 000	本店
2016.12.21	机油保养	81 000	本店

2. 故障：仪表盘发动机灯亮

一、训练内容

为防止小组抄袭，可以进行不同类型的预约服务：

(1) 首次保养预约；

(2) 定期保养预约；

(3) 故障维修预约；

(4) 活动推广预约；

(5) 流失客户邀约。

二、训练目的

(1) 掌握电话接听礼仪；

(2) 掌握电话预约流程；

(3) 掌握成功邀约的技巧。

三、训练步骤及要求

(1) 指导教师对全班学生进行分组，6～8 人为一组，组长采取轮流制进行；

(2) 分组设置电话预约案例，可以自己设置优惠活动，并设置 1～2 个异议；

(3) 以组为单位，组长带领组员讨论编写情景剧本并进行演练；

(4) 为防止小组搭便车，教师以抽签的方式随机选择学生进行电话预约模拟，模拟成绩作为小组成绩（见表 2.1.8）；

(5) 评价与总结；

（6）小组提交1份某品牌电话预约技巧方案（主要介绍流程、预约常见现象及应对话术）。

表 2.1.8　　电话预约模拟评估

	内容	满分	得分
考评标准	声音洪亮、字句清楚、语速适当、微笑服务	10	
	是否在三声铃声/10 秒彩铃内接听客户的电话	5	
	是否主动报出经销商名称、自己的姓名和职位	10	
	是否接受客户预约时间或建议理想的预约时间（建议两个预约时段）	10	
	是否询问或核实客户的联系方式	10	
	是否核实客户的车辆信息（包括车牌号、车型和公里数）	10	
	是否与客户核实维修保养项目、维修项目的所需时间和预估费用	15	
	在确定维修项目后，是否主动询问客户仍有其他维修需求	10	
	是否确认维修保养的付款方式	5	
	是否提醒客户携带相关文件（行驶证、保养手册）	10	
	向客户致谢，结束谈话	5	
合计		100	

四、评价与总结

评价与总结示例如表 2.1.9 所示。

表 2.1.9　　电话预约与接听技能训练评价

<table>
<tr><td>测评内容</td><td colspan="5">1. 电话预约模拟　2. 电话预约技巧方案</td></tr>
<tr><td rowspan="3">考评标准</td><td>内容</td><td>分值</td><td>自评</td><td>互评</td><td>师评</td></tr>
<tr><td>电话预约模拟</td><td>70</td><td></td><td></td><td></td></tr>
<tr><td>电话预约技巧方案</td><td>30</td><td>—</td><td>—</td><td></td></tr>
<tr><td colspan="2">合计</td><td>100</td><td></td><td></td><td></td></tr>
<tr><td colspan="2">最终得分（自评 25%＋互评 25%＋师评 50%）</td><td colspan="4"></td></tr>
<tr><td colspan="6">自评：包括团队成员的工作态度、团队分工合作情况、工作流程及对成果质量评价、项目收获。
互评：客观评价，先提优点，再道不足。
师评：教师根据团队成果优缺点，有针对性地点评，启发学生的创新思维，对各团队普遍存在的问题进行重点分析，并提出要重点注意的问题。</td></tr>
</table>

五、训练成果

在点评、修改后，提交1份电话预约接待技巧方案。

思考练习

（1）在邀请与预约环节中，需要与客户确认哪些时间节点？

（2）对于主动邀约的客户，预约专员需要确认哪些信息？

（3）请从经销商的角度说明预约的好处。

（4）请从客户的角度说明预约的好处。

（5）预约的信息都需要告知哪些部门？

（6）预约服务流程是怎样的？

（7）请说明客户预约常见现象及应对要点。

任务二　车辆维修接待

学习目标

通过本次任务的学习，你将懂得维修保养车辆的预检内容，理解车辆接待环节客户的期望，掌握车辆接待流程及技巧，具备从事维修保养车辆的环车预检、车辆诊断分析以及与客户沟通交流的工作能力。通过学习和训练，你将能够：

（1）运用车辆接待流程及技巧接待车辆；

（2）根据客户需求和车辆情况进行有针对性的服务营销；

（3）应对客户接待过程中的突然事件和客户的特殊要求。

工作任务

（1）主动邀请客户参与车辆环检；

（2）制作维修委托书；

（3）确认维修项目；

（4）总结1份车辆接待技巧方案。

相关知识

车辆接待是服务顾问与客户接触的“关键时刻”，也是服务顾问的核心任务。在车辆接待的过程中，服务顾问和客户之间是互动的关系，要求服务顾问能完全理解客户的需求，用语言和非语言沟通确认客户需求，并查找客户尚未留意的故障或隐患，给出专业的维修建议，同时向客户推荐其不知道的附加项目等。在接车过程中对客户处理是否得当、能否圆满完成服务工作，是衡量企业形象和效益好坏的关键。

标准的接待过程可以显示出企业售后服务的专业和热忱，该项作业完成的优劣可以最直接地反映企业的服务水平。迅速、热情、友好、专业的接待能够体现4S店对客户的尊重和关心，给客户留下深刻的印象，建立良好的互动关系，提升客户满意度。

一、接待环节中客户的期望

在接待环节中，客户的期望具体表现为：

（1）服务顾问热情地接待我，让我感觉自己受到尊重；

（2）维修车辆时方便快捷；

（3）当车辆留在经销商处维修时，能为我安排舒适的休息场所；

（4）服务顾问应表现出对我维修需求的应有关注；

（5）第一次就修理好；

（6）按时并以专业化的方式完成车辆维修；

（7）就所实施的维修项目进行清晰详尽的说明；

（8）在维修后的一个合理时间内，打电话询问我是否对维修结果完全满意；

（9）对出现的问题或我所关注的事项做出迅速反应。

二、车辆接待流程

客户接待贯穿于整个维修接待流程中，车辆接待服务流程的主要内容有迎接准备、迎接客户、车辆预检、确认维修项目、打印工单、引导客户休息 6 个环节，如图 2.2.1 所示。服务顾问在接待车辆时，按流程逐步完成，并注意每个环节的工作要点。该流程为服务顾问的核心任务，可以分环节逐一掌握。

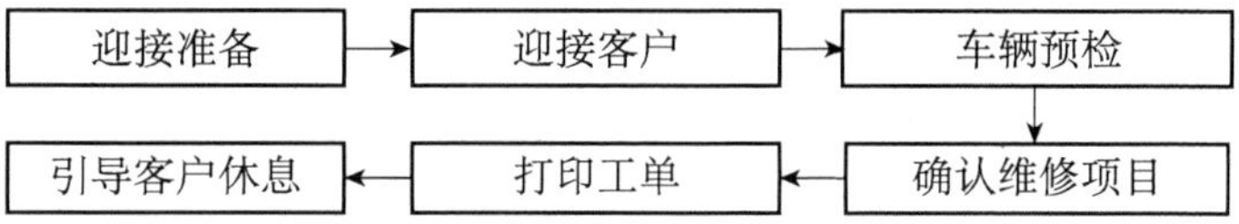

图 2.2.1　车辆接待服务流程

（一）迎接准备

服务顾问在接待前要调整好自己的心情，以热情的态度接待客户，并在接待前准备好自己需要的工具：

1. 预检工具

预检工具包括四件套、车辆预检表、轮胎刹车片厚度测量笔、手电筒、签字笔等：

（1）四件套用于进车间保持座椅和车内整洁，主要包括脚垫、方向盘套、座椅套等；

（2）车辆预检表（见图 2.2.2）用于记录预检车辆情况，主要记录公里数、油量、个性化设置、车牌、车架、外观、报警提示信息、客户所反映的问题等信息；

（3）轮胎刹车片厚度测量笔用于检测轮胎花纹深度和刹车片厚度（也可通过轮胎磨损标记目测）；

（4）手电筒用来平举升位时检查发动机舱和全举升位时检查底盘；

（5）签字笔用于边与客户沟通边记录。

绍兴宝顺汽车销售服务有限公司

车辆预检单

日　期		客户姓名		客户电话	
车辆牌照号		车 架 号		车辆型号	
保修开始日期	年　月　日	当前里程数	公里	燃 油 量	空　1/4　1/2　3/4　满

车辆内部功能及按键检查

方向盘功能键（喇叭及快捷功能）	○	⊘	□
信息系统（提示信息、警告灯、氛围灯）	○	⊘	□
音响工作表现（有无声音、杂音）	○	⊘	□
雨刷（能否喷水、喷水位置、清洁效果）	○	⊘	□
空调、鼓风机（运行是否正常）	○	⊘	□
玻璃升降（开关、功能）	○	⊘	□
仪表内饰（划伤）	○	⊘	□
座椅调节、记忆功能	○	⊘	□
手刹	○	⊘	□

○ 合格　⊘ 不合格　□ 需要检修

举升检查确认

可视的漏油漏水：	□ 发动机	□ 变速箱	□ 其他
减震器：	□ 形变	□ 渗漏	□ 异响
轮胎：	□ 异常磨损	□ 漏气	□ 其他
油箱、油管：	□ 形变	□ 渗漏	□ 其他

刹车片厚度：前____mm；后____mm　可继续使用：前 □Y □N；后 □Y □N

制动系统渗漏、变形：□ Y □ N　制动盘表面平整：□ Y □ N

备注：

车辆外观确认

□ 车辆过脏，无法判断外观情况

□ 车辆外观入厂前存在若干损伤，车主同意不特别标注

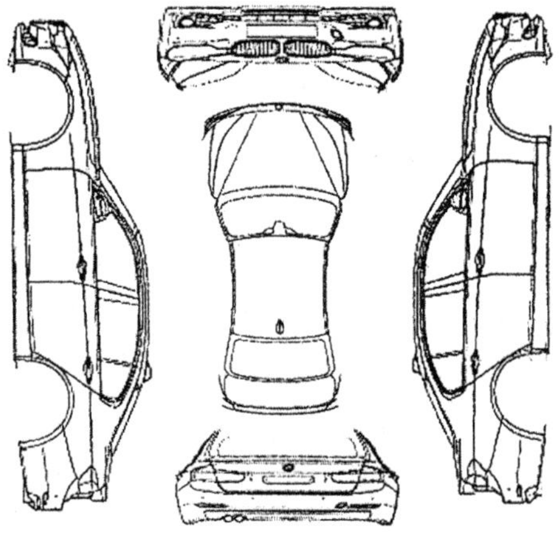

左前轮胎花纹：____mm　右前轮胎花纹：____mm

左前轮辋损伤：□Y □N　右前轮辋损伤：□Y □N

左后轮胎花纹：____mm　右后轮胎花纹：____mm

左后轮辋损伤：□Y □N　右后轮辋损伤：□Y □N

○ 凹痕/飞石击痕　△ 划痕/刮蹭　■ 撞击伤

此次SRP保养项目

□ 机油机滤	□ 前部制动片及制动盘	□ 火花塞
□ 前部制动片	□ 后部制动片及制动盘	□ 燃油滤清器
□ 后部制动片	□ 微尘滤清器	□ 制动液
□ 车辆检查	□ 雨刷片	□ 空气滤清器

随车物品

□ 备胎

□ 千斤顶

□ 随车工具

□ 点烟器

□ CD ______

收音机 AM ______

FM ______

客户声明

是否保留旧件	□ Y	□ N
确认车内无贵重物品	□ Y	□ N
如需要，是否同意路试	□ Y	□ N
是否洗车	□ Y	□ N

如果需要额外工作，如何处理：

□ 做　□ 不做　□ 需再次确认

如费用不超过：____________元，可不用再次确认

本人同意绍兴宝顺汽车销售服务有限公司根据本维修工单所列这修理项目进行诊断或维修，愿意在提车前支付相关的零件、工时油料、税务等费用。本人亦认知该车辆在绍兴宝顺场所内将得到妥善保管。如因绍兴宝顺无法控制之原因造成之意外损失，绍兴宝顺不需负责。车内无现金、或贵重物品其它车内物品已妥善处理，如有丢失 绍兴宝顺不需负责。绍兴宝顺不需保存废旧零件。与本次维修无关联的故障我公司不予负责。

客户签字：　服务顾问签字：　日期：

如果是估价，最后价格可能与所做估价有15%浮动。

图 2.2.2　车辆预检表示例

2. 客户资料

对于预约当天要来的客户，服务顾问应提前查阅并熟悉客户资料，包括查看维修历史、潜在销售机会准备、个性化服务准备，如客户的生日礼物等，以便更好地开展服务。

3. 个人礼仪用品

服务顾问每天需准备好名片、干净整洁的工装、工号牌等个人礼仪用品。

（二）迎接客户

根据各汽车厂家的接待标准不同，服务顾问在维修接待区或预检区欢迎客户。服务顾问在接待区时，应在第一时间迎接客户，主动帮客户打开车门并礼貌问候，如“您好，我是服务顾问××，请问怎么称呼？请问有什么可以帮您”，同时递送自己的名片。客户下车时，提示客户随身带走贵重物品，如“×先生/小姐，请您将车内的如手机、钱包、现金等贵重物品随身携带。如果您的车内有烟酒等不方便携带的物品，我们可以将这些物品进行登记保存”。另外，提示客户提供相关资料，如“请您提供一下行驶证和保养手册”。

有些汽车品牌配有迎宾员，迎宾员应在10秒内迎接客户、引导客户停车，明确告知或指挥顾客停在哪个车位上，由迎宾员将客户介绍给服务顾问。客户进店后，服务顾问问候客户、递送名片，并提供欢迎饮料。

对于预约客户，服务顾问应在3分钟内接待，根据DMS系统预约信息，与客户确认本次服务需求，如“您好，×先生/小姐，根据您的预约记录，您的车辆需要做保养”。同时，向客户展示保养手册、信息手册或维修保养记录并解释，确认本次保养内容。

对于非预约客户，服务顾问应在10分钟内接待，并询问客户需求，在DMS系统中查看资料、安排服务，同时进行预约宣导。如果当天无法安排维修，根据客户意愿，或预约其他时间到店维修，或正常接车，安排次日维修。如果客户第一次到店，服务顾问需详细询问并填写客户个人信息和车辆信息，同时在系统中新建客户信息。

在迎接客户环节，服务顾问可以适当赞美客户，适当推销自己和企业。

（三）车辆预检

车辆预检是服务顾问最重要的工作之一，此流程执行与否、执行的准确细致程度高低都直接关乎此次服务的成败。这一环节不仅可以使服务顾问更好地了解客户的需求及解答客户疑问，发掘潜在的销售机会，展示专业化的服务，还可以让客户参与其中，让其亲自看到自己车辆的状态。检查维修程度更透明，有利于客户与服务顾问建立信任关系。

主动邀请客户参与车辆环检时，应向客户阐明共同进行主动环检的好处，指出所发现的问题并提出解决方案或者报价，对所发现的问题以及与客户达成的共识进行记录。例如：“为了确保我们能对车辆有一个完整的了解，需要耽误您几分钟时间，邀请您和我一起对车辆进行预检，这样您也可以详细地了解您的爱车。”

环车预检分为在预检工位的预检和在客户停车区的环车预检两种。目前，大多数汽车厂家要求经销商实施预检工位的互动式预检，但实际工作中受场地、时间等限制，经销商也实施停车区的环车预检。现逐一对两种预检方式进行介绍。

1. 停车区的环车预检

在停车区的环车预检，既可以按顺时针方向也可以按逆时针方向进行检查，检查的部位包括车内、左侧、后侧、右侧、前侧、前舱六个部位。图 2.2.3 为逆时针环车预检顺序。

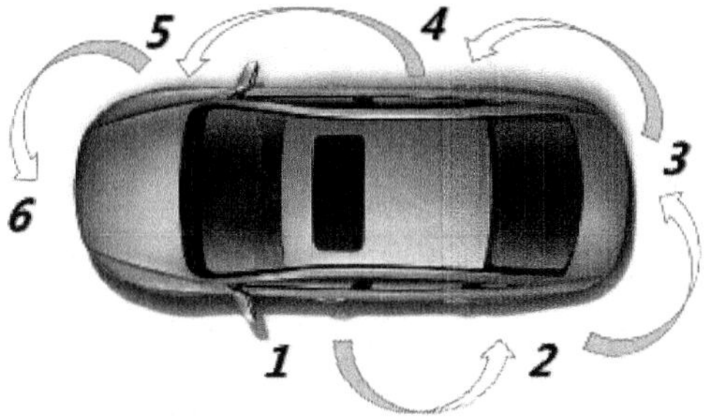

图 2.2.3 环车预检顺序

（1）位置 1：车内。

在车内主要是车辆信息登记、车内饰检查和内饰功能检查。

1）服务顾问进入车内之前铺放四件套，查看司机侧安全带是否扭转，猛拉安全带是否锁止；

2）进入车内，做好座椅位置标记或征得客户同意存储座椅位置，记录在预检单上；

3）进入车内，查看仪表功能及故障灯，通过方向盘上的功能键，查看所有故障显示；

4）记录公里数、燃油量、收音机频段等信息；

5）查看灯光（包括大灯调节）、喇叭；

6）检查空调所有出风口的风量和温度；

7）查看雨刮器喷嘴的方向和清洁程度；

8）检查天窗及四门玻璃升降是否顺畅，是否有噪声；

9）电动调节室外后视镜，倒挡时是否自动调节方向；

10）查看点烟器是否丢失，是否正常工作；

11）查看储物箱（中央扶手、手套箱）是否有贵重物品；

12）征得客户同意，从手套箱里面取出车辆保养手册；

13）熄火，打开发动机罩盖并取下钥匙。

服务顾问在进行车内检查时，需要一边和客户交流一边检查，这样可以得到客户的准确回应。服务顾问可以使用以下话术：“×先生/女士，您车辆的行驶里程为××公里，油箱内剩余燃油为××，电动车窗正常、雨刮器正常、外后视镜正常、喇叭正常、座椅调节正常、安全带正常、车内灯正常、空调系统正常、收音机使用正常，请您再和我一起确认一下车辆的外观。”

（2）位置2：左侧。

主要查看左侧车门、门锁、铰链、轮胎和轮毂、后视镜、装饰件。

1）查看车门翼子板是否有划痕、变形、变色；

2）查看后视镜是否有划痕、变形、变色；

3）查看门锁、装饰件是否完好，铰链是否正常工作；

4）查看轮胎气门嘴帽是否缺失，有无划伤、变形，并记录轮胎品牌和型号；

5）查看轮毂螺栓是否齐全；

6）目测刹车片/盘厚度，盘面磨损是否均匀；

7）打开车门查看内饰及后窗帘。

服务顾问可以使用的话术：“×先生/女士，我们现在检查的是车身左后门，左后门有划伤。您看，最近天气不好，建议您最好喷一下漆，防止后期漆面进一步扩大进而锈蚀漆面底下的金属。这样也会为您节省许多的费用。”“李总，看您车子的左前轮特别扁，我先用胎压计帮您测一下，如果胎压不足、差距很大，轮胎就有可能有漏气。如果是这样我们会进一步帮您检查原因。”

（3）位置3：后侧。

主要检查车灯、漆面、后保险杠、牌照架、备胎、随车工具等。

1）查看尾灯外观、封闭性；

2）查看后备厢盖、后保险杠是否有划痕；

3）打开后备厢查看后备厢里是否有贵重物品；

4）查看三角警示牌、随车工具、备胎和急救包是否齐全；

5）查看加油口盖板是否正常开启及油箱盖扭力限制是否正常。

服务顾问可以使用的话术：“请问是否方便打开后备厢，感谢您的配合，行李箱锁正常、备胎正常、随车工具齐全。”“您的备胎气压有点低，我把它记录在检查表内，一会儿我们会给您做个检查。”

（4）位置4：右侧。

主要检查右侧车门、门锁、铰链、轮胎和轮毂、后视镜、装饰件。

1）查看门锁、装饰件是否完好，铰链是否正常工作；

2）打开车门查看安全带、内饰以及是否有客户的贵重物品；

3）查看后挡风玻璃；

4）查看翼子板是否有划痕、变形、变色；

5）查看后视镜是否有划痕、变形、变色；

6）查看轮胎、轮毂、刹车片/盘厚度，检查胎压、轮胎气门嘴帽并记录轮胎品牌和型号及轮毂螺栓是否齐全等。

服务顾问可以使用的话术："右侧外观一切正常，轮胎表面没有损伤、轮胎花纹磨损正常且可以继续使用。""李总，依车子的里程数（时间）来看，轮胎有些磨耗，我现在用轮胎尺帮您来检查一下轮纹深度。"（配套动作：邀车主看轮胎尺检测后的结果并告知轮胎更换的建议标准。）

（5）位置5：前侧。

主要检查车灯、漆面、前保险杠、中网、雨刮器。

1）查看车门、后视镜，开启车门并查看安全带、内饰、门封条；

2）查看雨刮器是否有磨损；

3）查看挡风玻璃是否有破裂和损伤。

服务顾问可以使用的话术："×先生/小姐，我们正在检查的是车辆的雨刮器，雨刮器的各个挡位正常，雨刮片能够刷洗干净。"

（6）位置6：前舱。

主要检查前舱盖、线束、油尺、各种油液液面位置。

1）查看保险杠、进气格栅、车标、引擎盖是否有划痕、破损；

2）打开引擎盖查看线束插头，接口并紧固；

3）查看液面（冷却液、刹车油、机油、助力转向油、玻璃清洗液是否存在泄漏）；

4）检查各种皮带的松紧程度和皮带磨损老化状况。

服务顾问可以使用的话术："李总，我现在用手电筒来检查发动机内部的使用情况。"（配套动作：手电筒照着皮带，并邀请车主一同检查。）"我们现在检查的是发动机舱，发动机皮带、各个油液位正常，发动机舱有些灰尘，我们会在车辆维修结束之后将灰尘清洁干净。""现在我们检查的是发动机舱内的发动机润滑油，液面有点低，说明发动机润滑油比较脏了。""请您看一下，这是您车辆的预检单，根据我的检查，整体状况很好，您此次做的预约维修项目包括……没问题的话请在预检单上签字。""针对预检中查出的一些问题，建议您可以进行×××项目的维护，以确保您的车辆发挥最佳的性能。"

在整个环车预检过程中，除了按照步骤进行预检外，还要特别注意一些细节：

1）是否向客户索取保养手册。

2）是否已将发现的问题及客户确定的维修项目记录在接车单上。

3）是否提示客户带走车内贵重物品。

4）是否对复杂故障进行5W2H问诊，并将客户描述准确地记录在预检表中，必要时请维修技师协助。

5）检查中发现的损伤或工具缺失是否在接车单上做了相应标注。

6）是否请客户在预检单上签字。

7）是否以客户为导向，例如：用客户容易接受的语言，提供专业化建议，解决客户日常使用过程中遇到的问题，指导客户正确合理使用车辆；关注客户安全，尤其在操作举升机时，及时的提醒和时时的关注尤为重要；用客户容易接受的语言解释故障及维修工作范围；等等。

2. 互动式预检

预检工位的预检分为车辆停放在地面位置［见图 2.2.4（a）］、车辆举升至中等位置［见图 2.2.4（b）］、车辆举升至最高位置［见图 2.2.4（c）］，其全过程可分为：

1）将车辆移动到预检工位；

2）内饰及功能检查；

3）发动机舱检查；

4）后备厢检查；

5）外观检查；

6）两个举升位置检查。

这些检查项目看似独立，其实有很多项目是可以结合在一起同时进行的。

（a）　（b）　（c）

图 2.2.4　预检工位的三个位置模式

（1）将车辆移动到预检工位：

1）积极邀请客户一同前去查车，先引导客户至副驾驶一侧。可使用遥控钥匙，测试开启功能，检查车窗及天窗的工作情况。

2）为客户打开车门，请客户落座，并为其系好安全带，关好车门。可检查右前车门的内饰及外观，副驾驶侧座椅及座椅安全带等。

3）从车身前部绕至驾驶员一侧，铺设好四件套，做好座椅位置标记。某些品牌有座椅记忆功能，若对座椅调节，应先征得客户同意，并将当前位置存入指定座椅记忆中，然后进行调节。在接车单上记录座椅记忆的存储位置，以便交车前进行恢复。可同时检查发动机舱盖损伤、驾驶员侧车门内饰外观、方向盘、座椅表面损伤、安全带等。

4）启动车辆，小心将车辆移至预检工位，进行检查。可同时检查车辆的警示信息，车辆启动、转向的工作状态，前挡风玻璃损坏情况等。

（2）内饰及功能检查（见图 2.2.5）：

1）组合仪表检查，记录车辆里程信息、燃油量；

2）喇叭、雨刮器工作状况检查；

3）外部灯光检查，如远近灯光、转向灯、雾灯等；

4）内部灯光检查，如阅读灯、化妆镜灯、内饰照明灯等；

5）电动车窗、天窗功能检查，包括电动遮阳帘；

6）空调系统检查；

7）音响及电视系统功能检查，清点系统中的光盘数量（记录客户正在收听的电台频率、CD 光盘和正在收看的电视频道）；

8）点烟器是否齐全；

9）手刹；

10）中央扶手、手套箱；

11）后排区域检查；

12）座椅表面状况和各项功能检查。

（3）发动机舱检查（见图 2.2.6）：

1）查看线束接头；

2）查看液面，包括冷却液、刹车油、机油、助力转向油、玻璃清洗液是否存在泄漏；

3）各种皮带松紧和磨损情况。

图 2.2.5　车辆内饰检查

图 2.2.6　发动机舱检查

（4）后备厢检查（见图 2.2.7）：

1）随车工具，包括各种手动工具、三角警示标志、备胎、急救包等；

2）查看后备厢是否有贵重物品。

（5）外观检查（见图 2.2.8）：

外观检查不是单独进行的，而是在前面各项检车中穿插进行的。一旦发现外观损伤，需立即指出，与客户确认并记录在接车单上，主要检查漆面有无凹陷、划痕等。

图 2.2.7　后备厢检查

图 2.2.8　外观检查

（6）半举升位置检查（见图 2.2.9）：

将车辆举升至大灯与客户眼睛持平的高度，与客户一起绕车，边检查边说明：

1）刹车盘和刹车片磨损情况，必要时使用量规测量刹车片厚度；

2）轮胎、轮毂磨损状况，必要时使用量规测量轮胎花纹深度；

3）减震器有无液体渗漏；

4）大灯、雾灯、尾灯的损伤；

5）前后保险杠下部，车身侧面裙边的漆面损伤。

（7）全举升位置检查：（见图 2.2.10）：

将车辆举升至车底高于客户身高的高度，询问客户是否愿意一起在车底进行检查，并提醒注意事项，边检查边讲解说明：

1）查看转向系统是否漏油；

2）查看前桥衬套、减震器及球头是否破损、泄漏；

3）查看排气系统状况查看发动机是否漏油及机爪垫是否漏油、老化；

4）从车轮内侧查看刹车片厚度，刹车盘的磨损状况；

5）检查刹车油管紧固、漏油；

6）查看轮胎内侧状况（是否有鼓包、划伤）；

7）查看车辆举升胶垫是否缺失；

8）查看变速箱是否漏油；

9）查看传动轴及胶盘状况（是否老化）；

10）查看油箱是否存在变形、泄漏；

11）查看排气系统状况（吊耳是否老化等）；

12）查看排气管消音器是否锈蚀；

13）查看后桥是否漏油；

14）查看后桥衬套及减震器是否变形，查看车底胶塞是否缺失。

图 2.2.9 半举升位置检查

图 2.2.10 全举升位置检查

课堂练习

两两组合分别扮演客户和服务顾问，接待预约客户李先生做 3 万公里保养及仪表盘发动机故障灯亮维修，并与客户一起进行环车预检。

（四）确认维修项目

环车预检结束后，服务顾问请客户到接洽区，将车辆预检情况进行总结，并根据自己的专业知识向客户提出合理的保养或维修项目。服务顾问打印维修估价单与客户进行确认，图 2.2.11 为维修估价单示例。确认维修项目环节主要完成以下工作：

（1）服务顾问倾听客户诉求，包括工时、技师、维修安排等；

（2）服务顾问与客户确认本次服务内容，记录客户原始描述；

（3）对于保养项目，服务顾问应向客户提供估价及预计完工时间；

（4）对于维修项目，向客户提供诊断结论的反馈时间；

（5）与客户确认本次维修项目，确保客户对所有工项无异议；

（6）与客户确认付款方式、发票内容及类型；

（7）与客户确认旧件保留方案；

（8）与客户确认是否洗车；

（9）进行产品营销；

（10）告知客户维修技师会对车辆进一步检查，若有增加项目，会及时通知客户，征得客户同意后进行增加项目维修；

BMW&MINI 授权经销商 BMW&MINI Authorized Dealer

绍兴宝顺汽车销售服务有限公司

Shaoxing Baoshun Sales&Service Co.,Ltd.

地　址：　绍兴市袍江工业区中心大道康宁路口205号　　邮编：312000
Address:　No.205,Kangning Cross,Zhongxing Street,Paojiang District,Shaoxing, Zhejiang 312000, P.R. China
电话 Tel:　(0575)88156888　　传真 Fax:　(0575)88159999

估价单/ESTIMATE

[illegible] 先生
[illegible]

移动电话：[illegible]　　会员卡号：

WIP编号 WIP No.	账单编号 Invoice No.
41098	M 509337
工单编号 Repair order No.	账户编号 Account No.
0	C0000001
存档编号 File No.	出单日期 Invoice Date
00825233	2018.03.22 18:04

品牌&车型 Brand & Model	底盘号 Chassis No.	车型代码 Type	车牌号 Registration No.	保修起始日期 Warranty Start Date
BMW 528LI A CHN A	SE26362	F18LI	[illegible]	2011.08.19
进厂日期 Check in date	保修维修天数Warranty repair time	里程数 Mileage	维修顾问 Service adviser	收银员 Cashier
2018.03.22	0	180,500	宋滨(Bin Song)	

序号 No	T	项目 Code	描述 Description	数量 Quantity	费用分担 Contribution	单价/元 Unit price	折扣率 Disc %	总价/元 Total Price
1	L	SRP001	机油保养（预计费用1198元）					0.00
2	L	0000105	保养标准范围	0	悦享折扣	37.00		59.20
3	L	0000610	发动机油保养	0	悦享折扣	37.00		88.80
4	P	B11427953129	原厂件　组件 机油滤清器滤芯	0.00		174.93		139.94
5	F	B83212365513	原厂件　润滑油	0.00		129.00		670.82
---	-	--------------	------------------------------------	----------	------------	小计	E1	958.76
6	L	013	①客户同意试车 ②客户确认车内无贵重物品 ③胎压调整到标准数值前轮（ ）bar,后轮（ ）bar BMW客户您好：您接到回访电话（010-50812345）时，询问您是否会推荐您身边的亲戚朋友来我店体验售后服务,您回答"10分推荐"是对我本次服务的态度和能力的肯定。					0.00
7	L	VHC	VHC免费检查	0.00		0.00		0.00

支付方式 Payment	我司维修保养预约热线：0575-88220929	工时费用 Labour cost:	148.00
现金 Cash ☐	质量说明：一，整车或总成修理质保期为车辆行驶2万公里或100日。	零件费用 Parts cost:	810.76
支票 Cheque ☐	二级维护质保期为车辆行驶5千公里或30日。	其他费用 Other cost:	0.00
信用卡 CreditCard ☐	一级维护小修及专项维修质保为2千公里或10日。	折扣金额 Discount	0.00
	（质保期从竣工出厂之日开始计算，里程和日期以先到为准）	总计　Total cost:	958.77
	于我司自费维修所更换的零件享受BMW两年不限里程质量保证。	实际金额 Actual amount:	958.77

零件号前缀为B,C,D,E,M,N的零件为BMW/MINI/ZINORO正品零件

客户签字：　　维修顾问签字：　　收银员签字：

图 2.2.11　维修估价单示例

（11）询问客户是否需要代步车，办理相关手续。

服务顾问可以使用的话术："此次维修的项目是×××，需要更换的备件是×××，工时价格×××，备件价格×××，预估维修时间是×××。""您除了保养/维修之外，还有其他问题需要解决吗？使用中的任何情况都可以告诉我。"

（五）打印工单

服务顾问将上述维修项目制作成工单并进行打印。目前，4S店DMS系统还无单机版系统，在教学上使用比较多的是北京运华天地科技有限公司的AW804汽车商务与服务实训教学系统，其中有维修委托书（见图2.2.12）制作的相关操作，该软件与4S店售后软件有些相似之处。

维修委托书

地点： 邮编：
电话： 传真：
网址： 邮箱：

客户名称				业务单号	
送修人		联系人		车牌号码	
送修人电话		联系电话		车型	迈腾1.4手自一体
证件号		行驶里程		颜色 白色	维修方式
VIN号	LFV2A21J973286551	发动机号	277957523	预计完工日期	

随车附件	有√ 无× 损○				存油			
	大灯	√	转向灯	√	刹车灯	√	示宽灯	√
	牌照灯	√	车内灯	√	收录机	√	天线	×
	点烟器	√	烟缸	√	电扇	√	摇把	√
	空调器	√	反光镜	√	室内灯	√	门窗玻璃	√
	雨刷器	○	喇叭	√	车门拉手	√	靠垫座垫	√
	脚垫	×	遮阳板	√	轴头亮盖	√	千斤顶	√
	备胎	√	手工具	√	前车牌号	√	后车牌号	√
	运营牌	√	徽标	√	前商标	√	左后商标	√
	中后商标	√	右后商标	√				

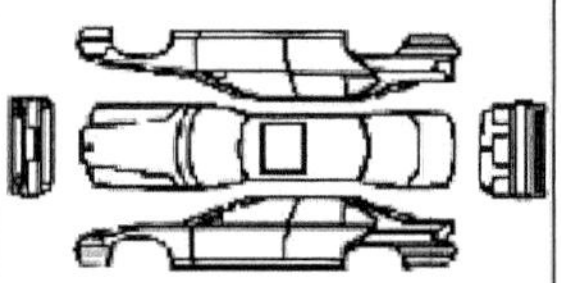

存油 E F

序号	维修项目	施工内容	工时	工时费	收费类别
1	动平衡+四轮定位		1	150	自费
2	更换空气滤芯		1	50	自费
3	更换空调滤芯		1	100	自费
4	节气门		1	150	自费
5	发动机清洗		1	168	自费
6	常规保养		1	150	自费

序号	配件名称	单位	数量	单价	金额	收费类别
1	机油0w-20		1	355	355	自费
2	机油格		1	49.5	49.5	自费
3	衬垫		1	5	5	自费
4	发动机保护剂		1	188	188	自费
5	节气门		1	183	183	自费
6	空调滤芯		1	208	208	自费
7	空气滤芯		1	69	69	自费

工时费（估）： 配件费（估）： 768

备注：

故障现象： 初检结果：

经办人： 用户签字： 页号：1

图2.2.12 维修委托书示例

实际特约维修店打印出的工单有四联，包括“客户联”“服务顾问联”“车辆调度联”“技师联”，服务顾问需请客户在工单上签字。客户在工单上签字确认后，相当于是与经销商签订了具有法律效应的维修合同，维修项目、价格及完工时间等都在工单上体现，是经过双方同意且不能随意变更的，因此客户在工单上签字确认是一项重要的工作。

（六）引导客户休息

工单确认完毕后，服务顾问根据客户的需要，安排客户到休息区等候或离店。

如果客户到休息区，服务顾问陪同客户进入休息区休息，根据季节及地区不同，提供不同形式的细节服务。可以使用话术：“×先生/小姐，这里是我们的精品区，如果您感兴趣，请随时和我联系，我将为您解答相关问题；卫生间在前面路口的右手边，这边是我们的免费上网区，您可以尽情享受高速上网。”“在维修等待期间，您可以在休息室通过维修进度看板来了解车辆的实际维修进程，同时您也可以通过透明的玻璃看到您车辆的维修全过程，我将及时向您通报检查的状况，如有问题或需求，您可以给我打电话或到办公室来找我。”

在客户车辆保养或维修过程中，服务顾问要对客户进行过程关怀。在通常情况下，当服务进程到80%的时候，客户由于长时间等待容易产生不耐烦的感觉，在这个节点适时的关心和问候可以有效地缓解客户对时间的敏感。在预计所需维修时间进行到80%的时候，服务顾问进厂确认进度是否无误，向客户通报维修进度，关怀客户，化解客户因等待而产生的焦虑。可以采用以下话术：“×先生/小姐，您在这里休息得还好吗？您的车辆维修进度正常，预计可以在××点准时完成，请您稍等。”

三、车辆接待技巧

客户只有有了需求，才会考虑购买相应的产品或服务。在现实生活中，许多客户在进入特约维修店时，根本不知道他们的真正需求，这就需要接待人员多引导、多提问，通过提问挖掘客户需求时进行产品营销。为此，服务顾问掌握一定的接待技巧是相当必要的。

（一）提问技巧

提问是挖掘客户需求的重要方法之一。首先通过观察客户谈吐、衣着、行为和车辆的状况来判断客户对车辆的关心程度，再利用提问建立相互信任，发现客户需求。提问的方式分为开放式提问和封闭式提问。

开放式提问往往用来收集信息，引导客户谈他自己的处境、生活和需求，有助于业务接待更好地评估客户的需求，获得更多的信息。例如：“您说的行车异响具体指哪里？”“谁跟您说的5 000公里不需要做保养？”等等。通过开放式的描述、解释、说明等提问，在头脑中迅速总结所得到的信息，同时与站内提供的产品或服务进行对比和分析，准确锁定客户需求。

封闭式提问只需回答是或否，用来询问特定的回答或信息，对理解、确认、阐明主题十分有用。例如："今天是否将发动机清洗一下？""您今天取车还是明天取车？"等等。

请思考：在车辆接待环节，不同类型的问题应如何提问？完成下列表格（见表 2.2.1）。

表 2.2.1 不同类型问题的优缺点

提问类型	与日常工作相关的例子	优点	可能的缺点
开放式问句	● 我理解您的感受，花钱当然要讲究实惠，同时我们也想知道您觉得价格贵的原因是什么。 ● 非常抱歉！给您带来了用车不便，您能具体描述一下出现的问题吗？	● 适用于展开谈话 ● 获得背景/信息 ● 引导谈话	● 不适用于做出决定 ● 不适用于作为谈话结束的手段 ● 缩短谈话 ● 选择有限时
封闭式问句	● ×先生/女士，请问您这次保养需要保留旧件吗？ ● 请问您这次保养需要洗车吗？	● 适用于做出决定 ● 确定事实 ● 缩短谈话 ● 作为结束谈话的手段	● 不适用于获得更多背景/信息 ● 不适用于对方是简短答复的人的情况
选择式问句	● 您这次保养的费用一共是××元，请核对。请问您是付现金还是刷卡结账？ ● ×先生/女士，请问您这次是保养还是维修呢？	● 帮助客户做出决定的特殊工具 ● 展示两种所期望的选择/产品 ● 不促使客户匆忙做出决定 ● 减少诊断过程中的错误	不适用于获得更多背景/信息

（二）积极倾听

积极倾听主要是指让你的客户说话，不要打断他，用你的身体语言向客户清楚地说明你正在倾听。要理解客户的意思，引导客户找出他们自己的需求。表示专心的几种反应：点头、回答"嗯""很有趣""我想多了解一些"等。积极倾听可以重复客户说过的话，或者用你自己的语言重复他说的一部分内容，表示你已经理解他的话。例如：客户："听起来很好，但谁能保证我的车能按时保养好？"服务顾问："您相信我们提供的信息，但不认为我们能在承诺期限内完成，是吗？"对于赞同的观点应在谈话结束前复述一遍，这样可以避免不必要的误解和冲突。

听的艺术

美国知名主持人林克莱特一天访问一名小朋友，问他："你长大后想要当什么呀？"小朋友天真地回答："嗯………我要当飞机的驾驶员！"林克莱特接着问："如果有一天，你的飞机飞到太平洋上空，所有引擎都熄火了，你会怎么办？"小朋友想了想："我会先告诉坐在飞机上的人绑好安全带，然后我挂上我的降落伞跳出去。"当现场的观众笑得东倒西歪时，林克莱特继续注视着小朋友，想看他是不是个自作聪明的家伙。没想到，接着小朋友的两行热泪夺眶而出，这才使得林克莱特发觉这小朋友的悲悯之情远非笔墨所能形容。于是林克莱特问他："为什么要这么做?"小朋友的答案透露出一个孩子真挚的想法："我要去拿燃料，我还要回来!"

当你听到别人说话时，你真的听懂了他说的意思了吗？你懂了吗？如果不懂，就请听别人说完吧，这就是"听的艺术"。

建议：听话不要只听一半，不要把自己的意思投射到别人所说的话上头。

（三）FFBA 价值展现技巧

FFBA 即项目（Feature）、功能（Function）、利益（Benefit）、数字化计算（Accounting）。

（1）项目：突出与客户兴趣相符的项目。在描述项目发挥什么作用及演示项目如何运行时，用名称提及项目并指向或触摸该项目，确保客户完全理解。应注意不要停留在对产品数据进行陈述的层面上。

（2）功能：清晰讲解该项目的功能、简介和技术优势。在介绍时及时获得客户认可，应展示产品如何符合客户需求，在产品与客户之间建立情感联系。

（3）利益：说明该项目能发挥什么作用（按照客户的需求进行调整），清晰地介绍项目对客户的好处。用"客户语言"对好处进行个性化描述，使用措辞"这对您来说意味着……"。

（4）数字化计算：说明该配置能为客户带来的经济上的好处，可数字化地展现客户利益。

销售防冻液话术示例如表 2.2.2 所示。

表 2.2.2　销售防冻液话术

F（项目）	服务顾问：防冻液冬天防冻、夏天防沸、全年防水垢和腐蚀，保护发动机。
F（功能）	服务顾问：具体来说，它能防止在冬天停车时冷却液结冰，胀裂散热器和冻坏发动机。
B（利益）	服务顾问：它还能给发动机降温，避免发动机水温过高损坏发动机内部零件，让发动机寿命更长。另外，防冻液也能减少水垢的产生，减少对水箱散热器的腐蚀。
A（数字化计算）	服务顾问：王先生，我帮您算算看，如果水箱冻坏了，更换水箱要 5 000 元。如果烧坏或冻坏发动机缸体，大修发动机或更换发动机总共要花费几万元、十几万元，甚至几十万元的费用。相比起来，防冻液的支出就是九牛一毛了。花小钱省大钱，您说合算不合算?

（四）CPR 异议处理技巧

解决客户有疑虑的事项对所有和客户打交道的员工来说都是一个非常具有挑战性且关键的任务。实践证明，CPR（说明-复述-解决）方法能有效地将客户潜在的不满转化成欣喜的体验。服务顾问要记住：即便客户发表了一些完全错误或故意刁难的言语，也千万不要对客户发脾气，而应通过提供答案让他们觉得他们的状况得到了改善。

在车辆接待过程中，客户通常会使用“拖延政策”来婉拒某些维修保养项目。最常出现的说法就是：“先不修，下次再说。”在大多数情况下，客户婉拒维修保养项目不外乎“时间”“技术”“价格”三个因素。此时，服务顾问不应直接反驳顾客，而应耐心探究客户顾虑，摸清客户需求，利用专门话术做有针对性的引导（见表2.2.3和表2.2.4）。

表2.2.3　　客户认为不用修话术1

场景	轮胎鼓包了，未漏气，客户表示先不用换
C（说明）	服务顾问：张总，您觉得不用换是因为价格问题还是有其他想法呢？
P（复述）	服务顾问：张总，您是说价格不便宜，而且也没漏气，应该是不用换的，是吧？
R（解决）	服务顾问：张总，您轮胎胎壁出现鼓包，表示轮胎经过瞬间强烈的撞击，轮胎产生严重的内部结构损坏，基于安全考虑，这样的轮胎是不能再使用的。尤其是在高速路上万一爆胎可就麻烦了。您看这几个胎都是鼓包换下来的，为了您行车安全，我建议您还是更换吧，这可比保养还重要呢，安全是不可取代的，您说是吧？

表2.2.4　　客户认为不用修话术2

场景	刹车片报警灯没亮，厚度剩下4毫米（更换标准在3毫米），客户说这次不换，下次再说
C（说明）	服务顾问：您这次不换刹车片的主要顾虑是什么呢？
P（复述）	服务顾问：张总，您的意思是还能用，应该节省点，不能用时再换，是吧？
R（解决）	服务顾问：张总，我理解您的意思，换成是我，我也会这样想的。只是以目前刹车片的厚度是不足以维持到下次的保养里程的，假如到5 000公里时刹车警告灯亮了，您就必须花时间再过来，同时存在刹车盘磨耗过度的风险，这样可能费用更高，又浪费您的时间，建议您还是这次就更换吧。

课堂练习

请分组讨论下列异议，两人一组进行角色演练。

（1）客户认为维修时间太长；

（2）客户担心技师解决不了问题；

（3）客户说价格比其他品牌贵；

（4）客户认为价格比路边贵；

（5）客户单纯觉得价格高，想要优惠。

案例剖析

任务饱满时客户的接待

车主高先生开车到外地出差，发生追尾事故需要对前保险杠进行喷漆，将车开到当地的特约店维修。特约店服务顾问小陈接待了高先生，简单确认了受损情况后，告诉高先生需要三天的时间才能修理交车。高先生说自己是外地车，因为家里有事需要尽快赶回家，三天的时间太长了会耽误事，能否安排尽快交车。

小陈对高先生说："我们店最近事故车很多，都等着交车呢，您要是有时间就在这儿修，没时间您可以去别的地方看看。""你这是什么意思？有你这么做服务的吗？我的车做过这么多次维修保养，从没见过你们这样的特约店！这什么服务态度啊！"高先生不爽道。"我实话实说，我态度怎么了……"这时，前台主管老陈闻讯赶来，问清楚事情的前因后果之后，老陈向高先生解释因特约店近段时间钣喷车间在改造，工位变少，维修进度较慢，车间待修车辆较多，根据目前的实际情况，高先生的车确实需要三天才能完成修理。老陈表示，既然高先生回北京要赶时间，会安排维修人员晚上加班，尽快完成车辆的维修。

经过一番沟通安抚后，特约店承诺高先生一天半后交车，客户的抱怨才基本得以平息。

【原因分析】

1. 客户要求加快维修进程是有原因的

高先生因是外地车，要尽快赶回家，三天的维修进程太长会耽误事，作为前台人员应第一时间对客户情况予以关怀。

2. 客户诚心诚意向特约店寻求帮助

面对客户的求助，前台接待应该提供一个或多个解决方案，而不是直接拒绝客户。接待员心中没有客户，也没有服务的意识，毫不顾忌客户的感受，最后"祸从口出"。

【要点建议】

1. 按维修项目特征分类安排维修计划

特约店维修项目大致是车辆保养、故障排除、事故车修复。保养项目比较容易采用预约方法进行调节，对于事故车只能"住院治疗"，周期长一点客户也能接受。故障排除不便采用预约方法，客户通常希望马上处理，特约店在故障排除的能力上应该留有储备。

2. 通过前台接待进行适当疏导

在"越忙越乱"之时，前台接待越是应该在接待中准确掌握客户特征、客户诉求、故障情况，力所能及地给予安排，让客户感受到你已经在不停努力，你已经尽心尽力了，切记不能向客户传递烦恼。

3. 善于转换

维修无法安排的，设法将故障排除的业务转换为预约上门。

4. 尽量挽回客户心中的品牌形象

时刻牢记你并不仅代表你自己，任何对客户造成伤害的行为都将影响客户对特约店甚至对品牌产生负面影响。

5. 修复客户的车辆，抚平客户心的创伤

现在进行的操作实际是对接待流程的补课。面对案例中出现的情况，服务顾问应一开始就把客户当成自家人，向他解释特约店的情况，甚至领他去车间看看，得到他的体谅，而不是和客户拌嘴。

知识拓展

售后服务营销挖掘

车辆接待是服务顾问基本工作之一，为了提高绩效，服务顾问还应根据客户需求进行售后服务营销。例如：针对车辆划痕可进行自费小钣喷营销，若划痕较小可进行免费处理，提高客户满意度；针对市区用车客户进行发动机保护剂、清洗剂等养护用品营销；若客户要进行长途旅游，可进行制动系统深度养护营销；针对保修到期客户，进行延保营销；根据客户对车的爱护程度，可进行洗车、发动机舱、车内、漆面、玻璃、轮毂、售后美护等产品营销。

售后服务营销的关键是只有解决客户车辆实际问题，或者能明显提升车辆使用性能，使客户感受到明显的改善，才能使客户信服、买单，因此售后营销话题的开场最好是从客户可以看到、听到或者感受到的现象开始。根据现象，服务顾问解释产生现象的原因，同时说明如果此类问题不解决可能还会带来的影响，引起客户重视，然后告知客户解决方案。

【售后营销案例 1】长途自驾游客户营销挖掘

服务顾问：张先生，您是打算“十一”长假去西藏自驾游是吧？

客户：是的，我和朋友两个人一起自驾去。

服务顾问：（略显担心，主动提出问题）哦，那路途挺远的。还要跑高速、山路，那对刹车系统要求比较严格。

客户：是的，帮我好好检查一下。

服务顾问：好的，根据您的实际情况，我会告诉车间技师在常规保养的基础上，认真检查您的刹车系统。哦，对了，张先生，出于安全考虑，我建议您本次进行一次刹车系统的深度保养，通过刹车系统的深度养护，可以使制动灵敏、制动力增大、刹车距离缩短，从而提高车辆的安全性，正好适合您跑长途及复杂路面情况。

【售后营销案例 2】空调管路系统清洁营销挖掘

服务顾问：（检查车内通风装置）您的出风口有异味了。

客户：可不是，味道越来越明显！

服务顾问：空调滤网有隔除粉尘、细菌的作用，长时间不更换，滤网堵塞、脏污，失去过滤效果，通风自然有异味了。

客户：哦，也就是空调滤网要更换了，是吧？

服务顾问：是的，您的车辆的滤网已经长时间没更换了，堵塞、脏污严重，估计通风管内也积累了大量的霉菌、污垢，除了异味，对乘客健康也不利。

客户：是吗？那应该如何处理？

服务顾问：不用担心，其实只要更换空调滤网，再做一次空调管路系统清洁，就能彻底杀菌并消除异味。空调滤网建议至少每年更换一次，在气温较高、车辆使用频繁的春夏之初更换效果最好。空调管路系统清洁是在通风已经明显有异味的情况下选用，平时不必听信其他地方的宣传，盲目选用。

客户：那好，打一下单子吧。

服务顾问：维修完成后，交车时我将向您展示更换过的旧滤网，您会发现旧滤网已经堵塞、发霉，的确需要更换了。

【售后营销案例 3】自费小钣喷营销

服务顾问：×先生/女士，您好！麻烦您和我一起做个环车检查吧！

客户：好的。

服务顾问：×先生/女士，您看您的车子前叶子板有道划痕。

客户：哦，是吗？可能是前几天不小心划的。

服务顾问：这个划痕挺深的，我建议尽快在受损部位进行补漆处理，因为车身金属表面没有油漆保护，受损的部位会生锈腐蚀，您今天有时间吗？

客户：做油漆要很长时间吧？今天可以交车吗？我明天有事需要用车。

服务顾问：您放心，我们公司现在推出小钣喷快修服务，像您这种情况我们保证今天交车。

客户：那价格是不是很贵？

服务顾问：不会的，我们现在有优惠活动，算起来价格比平时便宜很多呢。

客户：情况 1：好的，开单。

　　　情况 2：今天没有时间，改天吧。

（服务顾问将相关信息登记在小钣喷登记表上）

实践操作

维修保养车辆接待

【参考案例】

一个炎热的夏天，客户吴先生驾驶一辆某型号轿车直接开到了 4S 店，未预约。你作为服务顾问按服务接待流程规范完成接车，挖掘客户需求和进行产品营销，并回答客户问题。

背景资料：

（1）该车行驶 1 万公里，车内、后备厢干净整洁，同时车内有香水味。

（2）按企业技术规范，1 万公里定期维护需要更换机油、机油滤清器、空气滤清器，清洗节气门阀体，深化保养润滑系统，轮胎换位动平衡。

（3）在接待过程中，客户突然接听到一个电话：明天要出长途，希望仔细检查一下车辆。

客户提问（每组可自己设定 1～2 个异议，下列问题仅做参考）：

（1）感觉你们车的品质没有想象中的好，让我有些失望。

（2）深化保养润滑系统主要是做什么？为什么要做？

一、训练内容

维修保养车辆接待。

二、训练目的

（1）掌握接待礼仪；

（2）掌握车辆接待技巧；

（3）能规范专业地接待维修保养车辆；

（4）根据客户和车辆情况进行产品营销。

三、训练步骤及要求

（1）指导教师对全班学生进行分组，6～8人为一组，组长采取轮流制进行；

（2）以组为单位，组长带领组员讨论，充分发挥想象力，以上述案例或自行设置车辆接待案例，编写车辆接待演练剧本，可以自己设置优惠活动，每个案例设置1～2个异议；

（3）为防止小组搭便车，教师以抽签的方式随机选择学生进行维修保养车辆接待模拟，模拟成绩作为小组成绩；

（4）评价与总结（好的与不足两方面评价），参考表2.2.5；

（5）提交1份车辆接待技巧方案，包括某品牌车辆接待流程、接待异议点、接待技巧等。

表2.2.5　车辆接待模拟评价

<table>
<tr><td rowspan="22">考评标准</td><td></td><td>内容</td><td>满分</td><td>得分</td></tr>
<tr><td rowspan="3">迎接准备</td><td>微笑服务、礼貌服务，全程与客户互动交流</td><td rowspan="3">5</td><td rowspan="3"></td></tr>
<tr><td>衣服干净、平整，着黑色皮鞋，面容整洁，不佩戴夸张首饰</td></tr>
<tr><td>在客户到达前准备好单据（如准施工单）、四件套</td></tr>
<tr><td rowspan="7">迎接客户</td><td>客户进入维修中心时，主动欢迎/接待客户</td><td rowspan="7">10</td><td rowspan="7"></td></tr>
<tr><td>给客户提供饮品</td></tr>
<tr><td>使用标准问候语言，恰当称呼客户，或者礼貌询问客户姓名，询问/核实/更新客户资料，如手机号和车辆信息</td></tr>
<tr><td>询问客户是否有预约，确认客户需求</td></tr>
<tr><td>核实车辆维修记录、维修备忘等</td></tr>
<tr><td>邀请客户一起检查车辆状况</td></tr>
<tr><td>恰当赞美客户，适当推荐自己和企业</td></tr>
<tr><td rowspan="11">车辆预检</td><td>请客户出示行驶证、保养手册和车钥匙，填写问诊表基本信息</td><td rowspan="11">40</td><td rowspan="11"></td></tr>
<tr><td>提醒客户取走贵重物品，记录座椅位置，套好防护用品</td></tr>
<tr><td>征得客户同意，规范引导客户在副驾驶位置就座</td></tr>
<tr><td>从左前门起按逆时针方向进行检查</td></tr>
<tr><td>在准施工单上记录了当前总里程、油表位置</td></tr>
<tr><td>查看轮胎和轮毂以及任何车身损坏迹象，记录在预检表上</td></tr>
<tr><td>在准施工单上记录了个别零部件或附件的缺失情况</td></tr>
<tr><td>环车检查时，了解车辆使用状况及存在的问题</td></tr>
<tr><td>确认客户的故障描述，并做好记录</td></tr>
<tr><td>有缺陷时建议维修并请客户在环车检查单上签字</td></tr>
<tr><td>针对客户异议，专业热情地回答以消除客户疑虑</td></tr>
</table>

续前表

		内容	满分	得分
考评标准	确认维修项目	根据车龄及公里数介绍应该增加的服务项目并且解释其必要性和好处	20	
		对维修费用进行估算，将维修费用按工时费和配件费进行细化		
		预估并向客户说明维修、保养工作所需的时间		
		询问客户旧件处理方式		
		询问客户是否接受免费洗车服务		
		确认或提醒此次维修保养的付款方式		
		针对客户异议，专业热情地回答以消除客户疑虑		
	打印工单	与客户一起核实准施工单并请客户签字同意	15	
		提供准施工单作为客户提车凭证		
		向客户说明维修过程中如发现其他维修项目会及时与其联系，在其同意并授权后才会进行维修		
		针对客户异议，专业热情地回答以消除客户疑虑		
	引导客户休息	询问客户是否需要到休息室休息或先行离店	10	
		用手势引导客户到休息室，介绍休息室环境		
		提醒客户不要单独进车间		
		说明会随时报告维修进度		
		向客户说明自己的姓名及联系方式		

四、评价与总结

评价与总结示例如表 2.2.6 所示。

表 2.2.6　　维修保养车辆接待技能训练评价

测评内容	1. 车辆接待模拟　2. 车辆接待技巧方案				
考评标准	内容	分值	自评	互评	师评
	车辆接待模拟	70			
	车辆接待技巧方案	30	—	—	
合计		100			
最终得分（自评 25%＋互评 25%＋师评 50%）					

自评：包括团队成员的工作态度、团队分工合作情况、工作流程及对成果质量评价、项目收获。
互评：客观评价，先提优点，再道不足。
师评：教师根据团队成果优缺点，有针对性地点评，启发学生的创新思维，对各团队普遍存在的问题进行重点分析，并提出要重点注意的问题。

五、训练成果

在点评、修改后，提交 1 份车辆接待与技巧方案。

思考练习

（1）请简述车辆接待流程。

（2）在整个车辆预检过程中，需要重点检查哪些部位？

（3）服务顾问迎接客户的准备包括哪些？

（4）简述环车预检的路线。

（5）简述环车预检的主要内容。

（6）车辆接待技巧有哪些？

（7）当客户询问车辆左后门只能从外侧打开而从车内无法打开时，应该首先建议客户检查什么？

任务三　车辆维修与质检

学习目标

通过本次任务的学习，你将懂得汽车维修与质检工作流程，掌握维修增项构成及增项流程，熟练应用项目追加技巧，具备对维修保养工作中出现的增项或延时等特殊情况进行快速处理的能力。通过学习和训练，你将能够：

（1）熟悉维修作业流程；

（2）就维修过程中出现的新项目与客户进行沟通和确认；

（3）熟悉汽车售后服务质量检查工作流程及要素；

（4）合理处理维修质量与维修延时问题。

工作任务

（1）合理快速处理追加项目；

（2）总结1份维修增项处理方案（维修增项处理方法）。

相关知识

当售后服务人员同客户签订任务委托书后，维修作业由此开始。服务顾问将任务委托书随同客户车辆直接交由车间主任或车间调度员，再由车间主任或车间调度员依据任务委托书的内容开具维修作业派工单，将派工单随同客户车辆交由维修人员进行维修。

一、车辆维修与质检的重要性

要想使客户对售后服务满意，不仅要保证接待客户的服务质量，更要保证维修质量。汽车维修是汽车售后服务企业运营的重要环节，如何保证正常运营、减少客户投诉，与汽车维修的质量有直接关系。因此，服务顾问在接待客户车辆完毕、安排好客户休息后，要立即安排维修作业，并对维修流程了如指掌，全程跟踪维修状况及客户动态，以确保车辆按时交付，使客户满意。

维修技师完成每辆车的维修后，都需要检查以确保该车辆的维修保养达到满意的效果。对于任何返工的车辆都应该予以高度重视，并且对客户的抱怨做好记录，以便进行跟踪，使得这一问题得到处理。车辆质检是整个流程中特殊的一环，其重要性在于一次性修复车辆，避免返工或使返工率最低。

二、车辆维修与质检流程

客户车辆送入维修车间后，车间技师即开始相应的维修工作。在整个维修过程中，服务顾问应熟悉维修的整个流程及维修过程，关注维修的进度及维修中可能出现的问题，并将技师的操作情况及可能的增项处理及时通知客户，以便获得客户的认可。维修作业流程如图 2.3.1 所示。

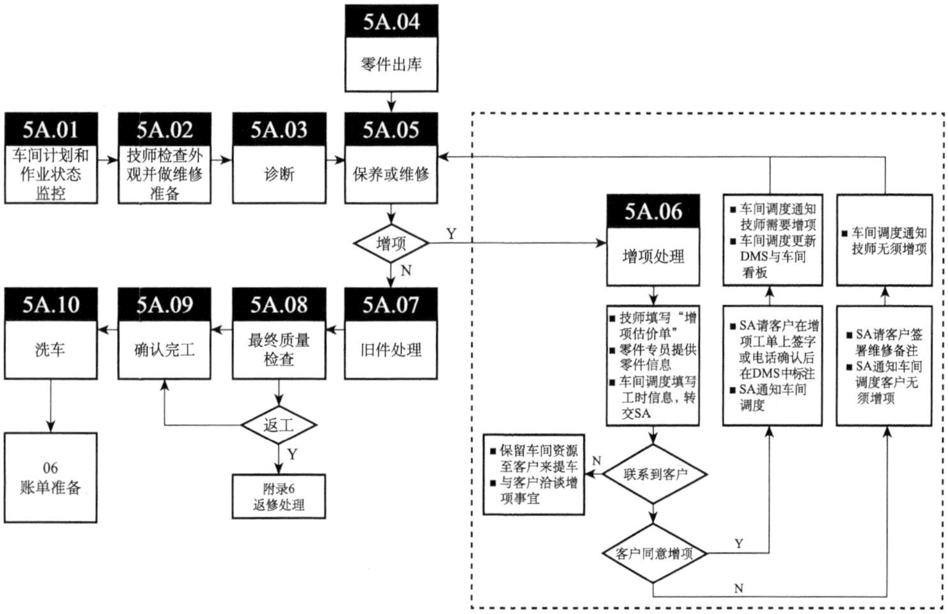

图 2.3.1　维修作业流程

（一）车间计划和作业状态监控

维修派工及时、高效，是做好售后服务接待和车间工作衔接的重要纽带。车间调度从服务顾问处接收工单文件夹，并检查工作复杂情况，对于关键问题组织维修接待，和技师进行沟通，主要说明作业项目、故障性质、作业顺序、注意事项、完工时间及要更换的零部件等内容。

车间调度根据派工优先级（返修车辆、预约客户、快修、一般维修给予优先安排）、工作难度、班组技术水平和工作负荷，结合客户需求确定维修班组，为技师分派工作，将工单的“技师联”交给指定的技师且在DMS系统中更新车间计划，并将工单中的“调度联”放在调度看板上，定期检查工作进度。如果进度落后，检查原因；如果不能按期交车，通知服务顾问新的交车时间，并更新调度看板以及DMS系统中的车间计划；若需增加工单内容，则进行增项流程。

（二）技师检查外观并做维修准备

移车员将车辆移至工位后，技师在DMS系统上选择工单、开卡，并快速检查车辆外观情况是否与服务顾问提供的车辆检查单一致。如果不一致，及时通知服务顾问。

针对快修项目，技师快速检查全车，确定是否有增项建议。如果发现增项，及时转派一般维修技师，或者通知服务顾问与客户沟通是否需要预约另外的时间。

外观检查后，技师放置翼子板及保险杠保护罩。

（三）诊断

技师进行诊断，如遇复杂情况或返修，技师应在系统内查看维修历史。如有技术难题，技师申请内部技术人员支持，涉及保修项目，参考保修政策。

技师明确维修方案并在工单中做技术备注，必要时备份诊断报告及编程报告。

（四）零件出库

技师阅读工单，明确所需零件，并向零件部门要求供应。零件专员准备领料单，并向技师提供所需零件，技师检查配件是否完整，双方签字。

（五）保养或维修

技师对车辆实施保养或维修工作，如果技师发现工单内容之外的其他维修项目，则进行增项流程，技师填写维修报告，必要时打印编程报告并附在工单文件夹中。

对复杂维修，技师在完成一定程度的主要维修项目后使用过程检验单检查完整性和技术是否符合要求，如“发动机过程检验”，并将之附在工单文件夹中。

维修过程中如果发现无法在预计交车时间内完工，技师通知车间调度与服务顾问，服务顾问及时向客户更新完工时间。

维修工序完成后，技师自检故障是否已被修复。

技师检查所有工单文件，将车辆移交至质检工位，签字后将工单转交给质检员。

技师清洁原维修工位，清洁、归还设备和工具，并进行旧件处理。

（六）增项流程

如果有查修项或发现新的维修项目，则进行增项流程。增项流程如图 2.3.2 所示。

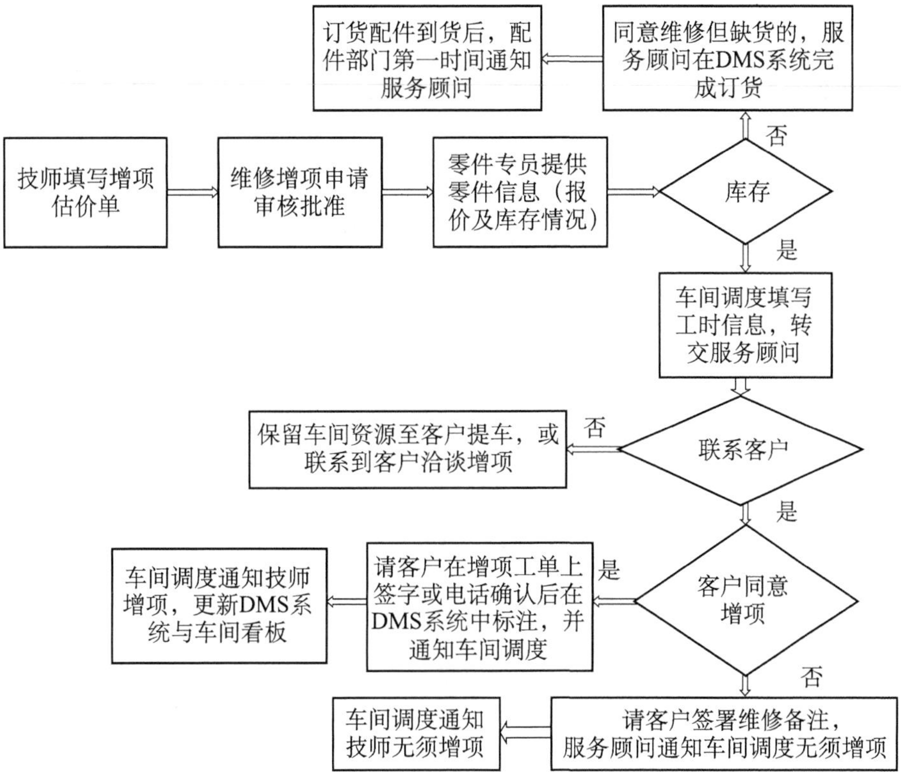

图 2.3.2　维修增项流程

（七）旧件处理

技师检查旧件是否需要返还，如果需要返还客户，将旧件包装好，放置于车辆后备厢内或指定位置；对于保修零件，技师将旧件交给保修专员，保修专员按照保修规定，查看、储存旧件并进行标识；如果客户不要求保留旧件，技师保存旧件至旧件库，定期进行处理；对于油液类，要按照国家规定进行回收处理。

（八）车辆质量检查

质检员从技师处取得工单，检查每一个维修工项质量，核对是否符合工单内容以及客户诉求。如有未达质量要求或有未完成的工作，记录在内部返修单上，质检员交还工单至车间调度，然后交给技师重新打卡维修；如有发现工单以外其他维修项目，则进行增项流程。

质检员检查是否有遗留工具或零件等物品，检查所有涉及安全事项，确定是否有必要进行路试，如果需要，质检员可与服务顾问一同进行路试。质检员完成并签署质量检查单，将其附在工单文件夹中。图 2.3.3 为质量检查单示例。

绍兴宝顺汽车销售服务有限公司

车间质量检验单 & 服务顾问终检单

工单号：41298　　车架号：SE26362　　车牌号：[illegible]

车间质量检查（组内自/互检）

检验开始时间：＿＿年＿＿月＿＿日＿＿时＿＿分

检查项目_工单工项

1. 工单上的所有工项全部完成
☐ Y　☐ N　备注＿＿＿＿
2. 所需诊断报告 / 编程报告 / 领料单 / 加项单 / 试车单 完整
☐ Y　☐ N　备注＿＿＿＿
3. 工单的维修内容填写完整、清楚
☐ Y　☐ N　备注＿＿＿＿
4. 按要求保留旧件
☐ Y　☐ N　备注＿＿＿＿
5. 在工单中列出外包项目
☐ Y　☐ N　备注＿＿＿＿

检查项目_车辆功能和安全性

1. 车辆照明灯 / 转向灯 / 刹车灯 / 尾灯 / 雾灯 / 喇叭正常
☐ Y　☐ N　备注＿＿＿＿
2. 转向系统正常：间隙 / 密封性 / 方向盘位置 / 异响
☐ Y　☐ N　备注＿＿＿＿
3. 制动器正常：脚 / 手制动（行程、效果）异响 / 密封性
☐ Y　☐ N　备注＿＿＿＿
4. 车轮正常：车轮固定件（包括轮胎螺栓的扭矩）/ 胎压 / 车轮 / 轮毂外形 / 轮胎花纹深度及磨损情况
☐ Y　☐ N　备注＿＿＿＿
5. 维修过程中是否断开过电瓶
☐ Y　☐ N　备注＿＿＿＿
6. 电瓶无渗漏 / 形变
☐ Y　☐ N　备注＿＿＿＿
7. 电压（发电机 / 电瓶）正常
☐ Y　☐ N　备注＿＿＿＿
8. 玻璃水喷出量 / 喷水位置 / 雨刮片正常
☐ Y　☐ N　备注＿＿＿＿
9. 按ISTA要求紧固力矩
☐ Y　☐ N　备注＿＿＿＿

技师提醒：＿＿＿＿

检验结束时间：＿＿年＿＿月＿＿日＿＿时＿＿分

主修技师/组长签字字：

车间质量检查（质检员）

检验开始时间：＿＿年＿＿月＿＿日＿＿时＿＿分

检查项目_工单工项

1. 工单上的所有工项全部完成
☐ Y　☐ N　备注＿＿＿＿

检查项目_油液

1. 发动机机油及冷却液正常
☐ Y　☐ N　备注＿＿＿＿
2. 变速箱油正常
☐ Y　☐ N　备注＿＿＿＿
3. 转向系统液压油正常
☐ Y　☐ N　备注＿＿＿＿
4. 制动液正常
☐ Y　☐ N　备注＿＿＿＿
5. 底盘或相关此次维修部件正常
☐ Y　☐ N　备注＿＿＿＿

检查项目_保养 / 修复后状况检查

1. 车身电器正常：　仪表无故障信息提示
☐ Y　☐ N　备注＿＿＿＿
2. 排气系统正常：密封性（漏气）/ 形变 / 锈蚀 / 松动
☐ Y ☐ N　备注＿＿＿＿
3. 皮带正常：涨紧程度 / 磨损情况 / 涨紧轮及惰轮状况
☐ Y ☐ N　备注＿＿＿＿
4. 底盘正常：前桥 / 后桥 / 悬架 / 传动轴 / 转向 / 制动等部件受损 / 变形 / 松旷 / 异响
☐ Y ☐ N　备注＿＿＿＿
5. 发动机正常：漏油 / 漏水 / 漏气 / 噪音 / 异响 / 抖动
☐ Y ☐ N　备注＿＿＿＿
6. 车轮正常：车轮固定件（包括轮胎螺栓的扭矩）及胎压
☐ Y ☐ N　备注＿＿＿＿
7. 喷漆车辆无色差、橘皮、脏点
☐ Y ☐ N　备注＿＿＿＿
8. 钣喷车辆缝隙合适
☐ Y ☐ N　备注＿＿＿＿

检查项目_路试

路试内容：☐ 大修 ☐ 安全 ☐ 噪音 ☐ 客户要求
其他原因：＿＿＿＿
路试前里程：＿＿＿＿km
路试后里程：＿＿＿＿km
路试人：＿＿＿＿
路试后评价：＿＿＿＿

检验结束时间：＿＿年＿＿月＿＿日＿＿时＿＿分

质检员签字：

服务顾问终检

检验开始时间：2018年3月22日19时52分

检查工单工作是否全部完成

1. 检查工单内容与客户要求相符
☑ Y　☐ N　备注＿＿＿＿
2. 工单中涉及的配件全部出齐
☑ Y　☐ N　备注＿＿＿＿
3. 如有配件需订货，按要求订购
☑ Y　☐ N　备注＿＿＿＿
4. 检查结算单的项目、类别正确
☑ Y　☐ N　备注＿＿＿＿
5. 检查所有单据、签字齐全
☐ Y　☐ N　备注＿＿＿＿
6. 路试后的公里数合理
☐ Y　☐ N　备注＿＿＿＿
7. 喷漆车辆无色差、橘皮、脏点
☐ Y　☐ N　备注＿＿＿＿
8. 钣喷车辆缝隙合适
☐ Y　☐ N　备注＿＿＿＿

车辆检查

1. 仪表信息显示正常
☑ Y　☐ N　备注＿＿＿＿
2. 车辆内部无遗落的工具
☑ Y　☐ N　备注＿＿＿＿
3. 车内清洁（灰尘、油污手印、烟灰缸、顶棚、仪表台、座椅）
☑ Y　☐ N　备注＿＿＿＿
4. 顾客登记的物品无缺失或破损
☑ Y　☐ N　备注＿＿＿＿
5. 按照工单要求留存的旧件
☑ Y　☐ N　备注＿＿＿＿
6. 收音机、座椅位置恢复
☑ Y　☐ N　备注＿＿＿＿
7. 车辆外观与进场时相比较无异常
☑ Y　☐ N　备注＿＿＿＿

建议、说明

未完成的工作及原因：＿＿＿＿

关于此次维修（或保养）的特殊说明，及下次维修（或保养）的建议：
[illegible]

日期：＿＿＿＿

服务顾问签字：[illegible]　客户签字：

图 2.3.3　维修质量检查单示例

针对快修项目，最终质检由快修组长在快修工位上直接进行，与质检员质检流程一致。快修组长须具备质检资格，如有维修建议，与服务顾问联系是否需要增项，简单增项由快修组长处理，复杂增项交车间调度安排一般维修班组处理。

一般维修车辆进行维修人员自检→维修班组长检验→终检人员终查三级质量检查：

1. 维修人员自检

在完成修理后，维修技术员应对本次完成的作业进行自检，主要内容包括：

（1）检查作业项目有无漏项。认真查看客户要求的各项服务内容是否完成，尤其应该认真仔细地检查维修工作，检查是否存在问题。如果发现还存在问题，必须及时解决。若有问题会影响到维修项目费用或交车时间，必须及时反馈给服务顾问，以便向客户汇报。

（2）检查车上的收录机、时钟等电气设备是否复原为接到车辆时的状况。

（3）检查车辆有无四漏现象（漏水、漏电、漏油、漏气），螺栓按规范进行紧固，拆卸的附件全部安装到位，使用的工具全部收回。

（4）掌握橡胶件、易损件的磨损情况，并做好记录。

（5）将更换下的旧配件放到指定处，以便在交车时由服务顾问交还给客户处理。索赔配件交付索赔员，以便日后归还相关的汽车公司。剩余的未使用的配件和旧配件分别保管好，向车间主管汇报情况。

（6）对于大修车辆，维修技术员须同车间主管、质检员进行过程检验，检测发动机主要装配数据，并填写发动机大修检验单中的相关内容。

（7）自检合格后，维修技术员应在工单上记录修理的内容、时间、车辆今后使用方面的建议和配件更换的情况等并签名。把检查完成事项填入管理进度看板，与下一步质检的班组长、质检员进行车辆交接，将工单、更换的配件、钥匙等交予该质检员。

2. 维修班组长检验

待维修技术员自检结束后，需将派工单交给班组长，由班组长对车辆进行二次检查，消除安全隐患，确保车辆完好，主要完成以下工作项目：

（1）按照规定必须对所完成的各个维修项目进行复检确认，如更换配件的确认等，确保做到无漏项、无错项。

（2）对接车登记表上客户反馈的问题进行确认，做到检查有结果、调整有记录。

（3）对于重要修理、安全性能方面的修理、返修等应优先检验，要认真细致，确保维修质量。

（4）对车辆进行运转试车，确认维修项目无四漏现象发生，确保维修项目符合技术规范。

（5）对于转向系统、制动系统、总成部件的维修，应将注意事项在维修合同上醒目注明。

(6) 班组长发现有问题时，必须及时采取相应措施进行纠正，将质检结果反馈给维修技术员，总结维修经验和教训，为以后的维修作业提供借鉴，以提高维修技术员的技术水平，避免再次出现同样的问题。

(7) 检验合格后，班组长在维修合同上签名，并与车间主管、质检员进行质检工作交接。

3. 终检人员终查

最后由技术总监或者车间主管对维修作业进行质量验收，主要的验收项目包括：

(1) 依据维修合同上的项目进行逐项验收，并核实有无漏项。

(2) 对轮胎螺钉的紧固进行抽查。

(3) 检查维修部位有无四漏现象。

(4) 对于重大项目或有关安全方面的维修项目，车间主管、质检员必须进行路试检测或者多次检查，查缺补漏，以求万无一失。

(5) 依据接车登记表的记录，对车辆进行有无检修过程中人为损坏的检查。

(6) 检验维修项目是否符合相关的技术规范。对于检测不合格项，技术总监/质检员开具“维修作业返修单”，交维修班组长重新检查和维修，直至符合技术规范为止。

(7) 检查有无物品遗失，如工具、资料等。做好最终检验记录，并在维修工单和合同上签字确认。

(8) 将钥匙交给洗车人员，请洗车人员对车辆进行清洗。将维修合同、工单交给服务顾问，交代相关事宜，告知服务顾问车辆已修好、正在清洗，请他安排交车。

(九) 确认完工及洗车

质检员通知车间调度车辆已完工，车间调度在DMS系统中登记出厂，并通知移车员移车。从进展看板中撤下工单“调度联”，进行归档保存。

移车员将车辆移至洗车工位，洗车人员对车辆进行外部清洁、内部清洁。清洁结束后，将清洁车辆移交至交车区，移车员更新钥匙牌上的停车位置，移车员把车辆钥匙及工单交至对应的服务顾问。如果是快修，优先安排洗车。

(十) 结算交车

该环节具体操作详见“任务四　车辆结算交车”。

课堂讨论

日常维修过程中经常会遇到哪些问题？客户有何表现？

三、增项流程

服务顾问接车时未发现或不能确认的问题及项目，车间技师在维修中发现、确认的问题及项目，与客户进行再确认后授权的维修建议或维修追加项目叫作维修增项。

维修作业环节服务顾问只是有限参与，服务顾问在车辆维修期间，应及时了解车辆修理状况，便于回答客户询问。当维修进度、维修内容和维修时间改变时，服务顾问必须及时使用电话或其他方式将信息反馈给客户。同时，必须向客户说明更改后的修理项目及所需时间、预计费用、支付方法、交车时间，在征得客户同意后告知车间主管实施新的维修方案，并对客户的配合表示感谢。

（一）与客户联系前的准备

技师根据诊断结果以及维修方案填写增项估价单（见图 2.3.4），获得车间主管签字批准后，与原始工单一起交给零件专员。零件专员将增项估价单上的零件信息及价格填写完毕后，交给车间调度。如果目前零件缺货，则进行零件订购。

绍兴宝顺汽车销售服务有限公司

增项单

车牌号：________ 车架号：________ 车型：________ 服务顾问：________ 工单号：________ 保修开始日期：________

风险评估代码：
A.非常严重：存在较大的安全隐患；
B.严重：可直接观测到部件损坏，（若不维修）可能会扩大车辆损失；
C.一般：（现状况）可使用观察，视情况安排维修时间；
D.不确定：车辆存在隐性故障，但目前无法直接判断，需进一步（拆装、分解、联接设备等）检查后确认

技师 填写					零件部 填写					调度 填写			服务顾问 填写				
编号	检查过程中发现的问题	风险代码	技师建议	零件名称	零件号	数量	配件价格（单价）	有无现货	库存状况（RDC）	工时代码	FRU	预计完工时间	付费类型	费用（工时+配件）	是否维修	是否订货	旧件是否保留
1													☐保修 ☐保险 ☐自费				
2													☐保修 ☐保险 ☐自费				
3													☐保修 ☐保险 ☐自费				
4													☐保修 ☐保险 ☐自费				
5													☐保修 ☐保险 ☐自费				
6													☐保修 ☐保险 ☐自费				
7													☐保修 ☐保险 ☐自费				
8													☐保修 ☐保险 ☐自费				
9													☐保修 ☐保险 ☐自费				
10													☐保修 ☐保险 ☐自费				
11													☐保修 ☐保险 ☐自费				
12													☐保修 ☐保险 ☐自费				
13													☐保修 ☐保险 ☐自费				
14													☐保修 ☐保险 ☐自费				
15													☐保修 ☐保险 ☐自费				

技师		零件部		调度	服务顾问	
填写人(技师)：	审核人(技术经理/主管)：	报价人：	订货人：	填写人：	增项人：	增项总金额：
填写时间(日/时/分)：	填写时间（日/时/分）：	报价时间(日/时/分)：	订货时间(日/时/分)：	填写时间(日/时/分)：	增项时间(日/时/分)：	与客户确认方式：☐当面 ☐电话 ☐其他

最终完工时间：　　最终结账总金额：　　客户签字：

图 2.3.4　维修增项估价单示例

车间调度根据增项估价单确定工时数量，重新评估交车时间，将其填写在增项估价单上，并将信息完备的增项估价单与原始工单一并交给服务顾问。服务顾问在与客户联系之前，需要从车间了解以下信息：

（1）增项的原因，不维修会导致的后果；

（2）增项所涉及的零件及是否有库存；

（3）增项的报价；

（4）如果执行增项，新的交车时间。

如果对以上信息了解不全面，在和客户沟通过程中可能会遇到问题，导致交车延误。

（二）取得客户授权

信息收集全后，需要联系客户，取得客户授权。只有在得到客户的同意或授权后，才能开始增加项目的维修。

（1）如果客户在店内等待，则请客户在增项估价单上签字；如果客户不在店内，通过电话确认后，在增项估价单上标注“×月×日×时已通过电话确认”；如果增项金额很高，建议尽量得到客户签字认可，以降低争议风险。

（2）如果客户拒绝增项，服务顾问在DMS系统中做备注，并准备涉及安全类故障维修工作的免责文件，提请客户签字或至少作为交车附属文件。

（3）始终未能联系上客户，应通过短信的方式告知客户，待客户取车时服务顾问再与其沟通增项事宜。

与客户联系时可以参考的话术有：

（1）×先生/女士，您好。您的车辆还在维修，维修技师反馈您的爱车有以下几个问题：

第一，车辆经过检查，技师发现车辆的×××部位出现了一些问题。通过查询车辆的维修记录，此部件属于包修期内损坏，可以进行免费更换，损坏的配件也将由我店回收并交还给汽车厂家。对于您来说，是不需要负担费用的，但是维修时间可能需要延长××小时，配件正好有库存，您看这次需要更换吗？

第二，这是影响您安全驾驶的项目××。现在已经磨损到极限位了，建议您本次更换××（易损件），需要的费用是××，耗时××。

第三，××项目经过诊断专家的检测及判断，在几周后就需要更换了，如果到时继续使用可能会出现×××的问题，您觉得此次是否要一起更换？如果是这次更换，需要的费用是××，耗时×××。如果您觉得到时候再来，我也可以提前帮您做好预约工作，以节省您等待的时间，请您选择？

（2）那我最后再和您确认一下增加的维修项目：××，总计费用是××，完工时间预计在×××。请问车辆换下来的旧件您需要带走吗？您还有其他的问题吗？

（3）麻烦您在增项的工单上签字确认一下，非常感谢您的配合，完工后第一时间我会通知您取车，请您再稍等一下。

（三）通知车间调度客户的决定

客户同意增项，服务顾问将客户授权后的增项估价单交给车间调度；车间调度更新DMS系统工单内容，向技师派单，并在DMS系统中更新车间计划，更新调度看板；如果客户拒绝增项，服务顾问通知车间调度，安排车辆出厂；如果未联系上客户，服务顾问通知车间调度保留维修资源，直到客户来取车。

四、维修增项构成

合理增项的意义在于消除故障隐患，提高维修质量，让客户真正感受到服务商的专业技能和服务态度，因此维修班组在填写增项单时应遵循实事求是的原则进行上报，不允许出现虚报、乱报等现象。维修增项既要保障其客户的认可度，又不可以因过度营销而引起客户抱怨。

一般维修服务站为保护客户利益，防止过度营销情况的出现，维修增项是否成立必须得到班组长或技术总监或车间主管的签字确认。服务顾问在和客户沟通前务必查询历史维修记录，以增加增项的成功率，未经审核通过的维修增项不可以和客户沟通。

维修班组在填写增项单前必须核实现有维修项目及历史维修记录，避免因重复维修而引起客户抱怨。维修增项可分为：安全性增项（转向、刹车、雨刮片……）、性能性增项（动力、滤芯、养护……）、舒适性增项（空调、底盘、装饰……）。针对安全性增项，车辆如果不符合标准，则必须增项以保障车辆行驶安全；针对性能性增项和舒适性增项，原则上每台车增项不可超过三项，以避免因过度消费而引起客户抱怨。

维修增项产值的组成如图2.3.5所示。

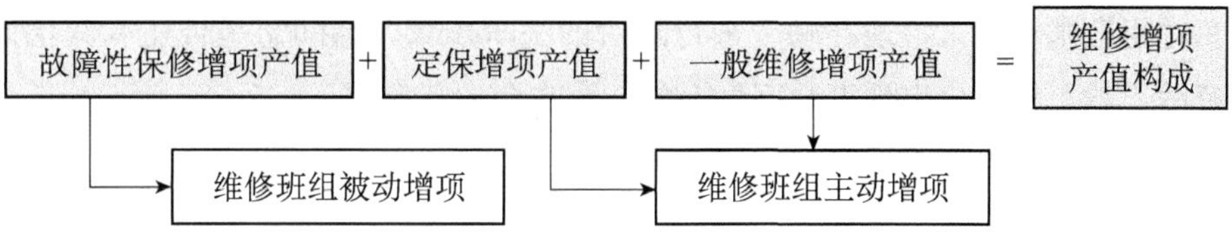

图2.3.5　维修增项产值的组成

五、项目追加技巧

维修服务站在处理增修项目时，一定要遵循“检查彻底、准备充分、一次提报”的原则。通过维修增项，为客户发现问题并提前解决隐患，可以极大提高客户满意度。

（一）说不如看

俗话说：“耳听为虚，眼见为实。”现场查看更能使客户信服，服务顾问可邀请客户移步车间，现场描述会更加直观、具体。

服务顾问可以与维修技师合作追加，技师的讲解更有说服力。但要注意的是，与技师合作要提前沟通，避免当客户的面出现不必要的误会或者错误。如果客户拒绝，要做书面“维修告知函”，避免给客户造成心理压力，同时规避一些责任。

（二）客户关怀

当客户等待时，其心理将经历“舒适区-焦虑区-爆炸区”三个阶段的变化。其中，焦虑区尤为关键，在焦虑区的服务动作能够缓解客户的情绪，防患于未然。对于维修等待时间较长的客户，服务顾问要利用空隙主动到休息区与客户交流（告知维修进度等）。对于延时车辆，服务顾问首先要明确车辆延误的原因，跟维修技师确认所需时间并及时通知客户，提前向客户说明原委并道歉。对于需要增加的项目主动和客户沟通，客户同意后应明确告知客户增修项目需要的费用、延长时间，并请客户签字。

在与客户沟通时，服务顾问应掌握一定的沟通技巧，注意语音语调、沟通的态度，并且用同理心去交流。如“您工作做完了吗”，用亲切和愤怒的语气，结果会截然相反。“3：00之后您不能把车送来维修”与“3：00之前您你什么时间都可以把车送来”两个意思相同，但说话方式不一样，产生的效果也不一样。如果一个客户说：“我得走了，去接孩子放学了。”你可以回答：“那您一定不想迟到，您大概什么时候走呢？”

客户关怀可以应用的参考话术：

（1）“×先生/女士，您好！您的车辆还在维修，根据和您约定的交车时间，现在的维修进程正在有条不紊地进行，如果没有其余的问题，将按照约定的时间将车交还给您。”

（2）“请问在等待时，您觉得休息室的环境是否还舒适？空调的温度还适宜吗？您是否还有其他的需求？或者您是否对我们的其他产品有了解的兴趣呢？”

（3）“×先生/女士，您好！我刚才进车间和维修技师已经核实完毕，您的车辆按照约定的交车时间已基本完工，现在马上进行最后的洗车步骤，请问您是否还有其他的疑问？洗车结束后，状态看板会出现滚动字幕提醒，我也会通知您。”

六、维修增项提升关键点

维修增项是一个持续的过程，是服务商基本业务之一，不是做一次服务活动，有活动周期或有终止时间，因此服务商需要把这项业务根深蒂固地植入售后服务人员的意识中。

（1）维修技师要在维修过程中树立全面检查与增项意识，服务商对此要建立相应激励机制；

（2）维修增项主要可以从故障性报修、定期保养、一般维修等方面挖掘，必须加强全员学习保养周期、养护品使用周期、备件寿命周期，结合品牌的自身特点制定不同的营销话术以应对客户的问题，让客户体验到服务商的专业性和亲和力；

（3）服务顾问要在维修增项流程中发挥桥梁的作用，在维修技师或技术总监的帮助下与客户沟通，及时解答客户的疑问，提高维修增项成功率。

案例剖析

特约店遗忘客户特别交代处理的事项，客户心生埋怨

赵小姐到特约店做车辆维修保养，由于使用中发现车辆右前门的玻璃升降器无法升降，因此这次在保养时，赵小姐特别要求特约店进行维修处理，向服务顾问交代清楚后，赵小姐说好次日来取车。第二天，赵小姐前去特约店取车，发现右前门的玻璃仍然无法升降，于是马上找到服务顾问进行核实，服务顾问确认后发现确实没有维修，连忙跟赵小姐道歉，但是赵小姐不能接受，因为特约店的失误打乱了她今天的行程安排，她要求特约店给予赔偿。

听到赵小姐的抱怨，服务经理老谢前来协调。经过调查，老谢解释说："由于服务顾问在制作问诊单时漏了维修玻璃升降器项目，因此才会出现这种情况。"老谢对于服务顾问的疏忽向赵小姐表达了歉意。老谢表示维修人员在给客户做保养的时候，其实发现了车辆右前门的玻璃升降开关是坏的，但是因为问诊表上没有标注，维修人员就没有作业，也没有及时将故障信息传递并反馈给前台人员。

【原因分析】

1. 客户已告知车门玻璃升降开关有故障

服务顾问的制单内容要准确，要严格根据问诊表的内容记录客户的诉求。

2. 特约店作业管理不精准

客户头一天到店、次日取车，作业时间是足够的，而特约店作业的内容仅仅是为车辆做了一次保养，还将客户交代的事情遗漏了。这反映出该特约店作业管理效率很低，这是引发客户不满意的一个重要原因。

3. 客户感到不被重视

客户交代了的诉求没有解决，又不是自己不付费，花钱都买不来服务真是奇怪了，火气不打一处来。

4. 作业管理不到位

前台的服务顾问应该跟踪作业进度，及时到作业工位与维修技师联络。维修人员在维修过程中发现的车辆故障问题不管客户有没有反映，都应该及时传递故障信息，由服务顾问制订维修方案并与客户协商。

【要点建议】

1. 搞清楚客户到特约店来干什么

认真听取和记录客户的诉求，在客户叙述之后可用问诊的方法进行一些细节的了解和可能遗漏环节的提示，根据客户的诉求进行初步的检查与安排服务项目的核实。这个过程请客户一起参与，以便客户了解所有的服务内容。

2. 作业下达前当面向客户复述一遍

明确告知特约店打算安排做哪些事，同时概略告知费用情况。在客户对费用有异议时，提前协商，避免事后产生误会。

3. 及时查看并协调各作业的实施情况

客户没有离店之前，你始终要将其放在心上，经常到工位上看看作业进展，向维修技师询问一下情况。以便在客户着急时能够给出合适的说明，而不是因敷衍客户而激发抱怨。

4. 维修操作时发现新的作业项目时必须及时与服务顾问沟通

服务顾问要在第一时间和客户取得联系，向客户说明车辆的新情况、严重性、是否现在处理的必要性、预计费用。如果问题涉及安全性要说服客户接受修理，或告知开车的防护要点，并要求客户对暂时不接受修理的服务签字认可。

知识拓展

维修作业要点

维修作业环节属于汽车售后服务企业内部环节，企业的经营业绩和车辆维修质量主要由此环节产生，因此这个环节是汽车售后服务企业管理的核心环节。为保证维修的效率和质量，应注意以下几方面工作。

一、在维修作业范围内作业

维修人员接到维修任务委托书或派工单后，应当及时、全面、准确地完成维修项目，不应超出维修范围进行作业。如果发现维修内容与车辆的实际情况不完全相符，需要增加、减少或调整维修项目，应及时通知售后服务接待，由售后服务接待估算相关维修费用、完工时间，取得客户同意后方可更改维修内容，并办理签字手续。

二、按照维修规定作业

在常规维护检查作业时，维修人员应当严格按照维护检查技术规范进行，更换、添加、检查、紧固等有关项目应做到仔细全面、准确到位，最后填写维护检查单。在故障修理作业中应当按照维修手册及有关操作程序进行检修，并使用相关监测仪器和专用工具，不能只凭老经验、土办法，走捷径、违规作业。

在每项维修作业完成后或需要更换工位时，维修作业的负责人或小组长必须对本次维修做一次全面检查，检查其是否符合相关要求。例如：一辆事故车，在维修工位竣工后要转到钣金工位时，负责维修工位的技术人员必须进行自检和互检，确认无误后方可转移工位，这样的检查也称过程检验。

三、爱惜作业车辆

维修人员在进行汽车维修作业时应穿着干净、统一的工作服，在作业中应当爱惜客户的车辆，注意车辆的防护与清洁卫生。作业前需要给车辆加上翼子板护垫、座椅护套、方向盘护套、脚垫等防护用具。如果需拆卸内饰，双手必须在保证清洁的前提下进行拆装。在维修过程中如果要拆卸蓄电池，须在完工后，将收音机等用电设备复原。

维修作业时还应当注意文明生产、文明维修，做到零件、工具、油水“三不落地”，禁止在客户车内吃东西、喝水、吸烟，禁止接触、乱动与操作项目无关的地方。对于客户遗留在车内的物品，维修人员要小心加以爱护，以备客户提车时物归原主。随时保持维修现场的整洁，保持维修企业的良好形象。

四、索赔车辆配件的处理

对于索赔车辆，更换下来的索赔旧件在该工位作业完成后应及时交给索赔员，由索赔员进行统一管理。对于客户已经声明不要的非索赔旧件，在更换下来后应按旧件管理规定进行处理。否则，应在包装后放在车辆后备厢内交还给客户，如果无法放入后备厢，应妥善保存以便交给客户。

五、保证维修效率

各工种作业必须保证及时、准确、诚信，保证作业的质量与速度。某工位完成作业或维修进度发生变化时，需及时通知服务顾问，以便其更新车间进度看板或车间进度表，并向客户说明。如车辆有多个工种维修，在本人负责维修项目结束之后，应及时完成与下道工序的维修人员的交接工作。对于一般小修及保养，尽量保证在车辆进入车间后 2 小时内交车。

六、力争一次性修复车辆

对于汽车售后服务企业来说，维修的质量很多时候体现在一次修复率（FFV）上。一次修复率是指经销商在一段时间内统计的，客户车辆首次进厂即得到满意的维修服务的车辆数 a 占进厂维修车辆总量 b 的百分比。

而与一次修复相反的情况就是返修，返修既包括因维修技术原因而未能排除故障，又包括整个服务接待过程不当引起客户抱怨，甚至可能是汽车生产厂商某个环节的失误造成客户车辆返厂进行检测维修。一次返修往往会造成客户满意度下降，更可怕的是出现二次返修或多次返修。一次修复率与返修率之间的关系是负相关的，FNV（返修率）＝1－FFV（一次修复率）。

在其他条件不变的情况下，一次修复率越高，客户的满意度也越高。因此，在维修过程中，汽车售后服务企业应该力争保证高水平的一次修复率。通常，车辆的一次修复率应保证在 90%以上。

实践操作

维修保养车辆维修增项处理

【参考案例】

客户王先生在 4S 店进行车辆 3 万公里常规保养，保养过程中，维修技师发现车辆轮胎有些偏磨，需要追加维修项目四轮定位，预计需要额外花费 30 分钟，费用为 300 元。你作为服务顾问，请进行维修作业的跟进及追加项目的应对，接待好王先生。

一、训练内容

维修保养车辆维修增项处理。

二、训练目的

（1）能与客户进行良好的追加项目沟通并达成共识；

（2）合理快速处理增加项目。

三、训练步骤及要求

（1）指导教师对全班学生进行分组，6～8 人为一组，组长采取轮流制进行；

（2）以组为单位，组长带领组员调研某品牌维修增项流程、维修增项产值构成及增项实施情况，如养护品增项、保养增项、维修增项、索赔增项、精品增项等；

（3）分组设置维修增项案例，包括增项的原因、不维修会导致的后果、维修增项报价、涉及的工时数、新的交车时间等，进行角色演练；

（4）为防止小组搭便车，教师以抽签的方式随机选择学生进行增项处理模拟，模拟成绩作为小组成绩；

（5）评价与总结（好的与不足两方面评价），参考模拟评价表 2.3.1；

（6）提交 1 份车辆增项处理方案，包括某品牌车辆增项接待流程、增项类型及执行情况、增项提升的关键点分析等。

表 2.3.1　　增项处理模拟评价

	内容	满分	得分
考评标准	声音洪亮、字句清楚、语速适当、微笑服务	5	
	是否通知客户维修保养工作的进度	10	
	是否将追加维修项目的原因向客户进行说明	20	
	是否说明增项的费用，对客户进行报价	20	
	是否通知客户新的完工日期，新的交车时间	15	
	若车辆完工延时，是否说明延时原因	10	
	对涉及安全隐患的项目，是否请客户签字	10	
	是否使用维修增项技巧促进成交	10	

四、评价与总结

评价与总结示例如表 2.3.2 所示。

表 2.3.2　　维修保养车辆维修增项处理技能训练评价

测评内容	1. 车辆维修增项接待模拟　2. 车辆维修增项处理方案				
考评标准	内容	分值	自评	互评	师评
	车辆维修增项接待模拟	70			
	车辆维修增项处理方案	30	—	—	

合计	100			
最终得分（自评25%＋互评25%＋师评50%）				
自评：包括团队成员的工作态度、团队分工合作情况、工作流程及对成果质量评价、项目收获。 互评：客观评价，先提优点，再道不足。 师评：教师根据团队成果优缺点，有针对性地点评，启发学生的创新思维，对各团队普遍存在的问题进行重点分析，并提出要重点注意的问题。				

五、训练成果

在点评、修改后，提交1份车辆增项处理方案。

思考练习

（1）简述车辆维修作业流程。

（2）简述车辆维修项目追加流程。

（3）简述车辆质检流程。

（4）在维修过程中出现增项，说服客户前服务顾问需要做什么准备？

（5）车辆维修项目追加的技巧有哪些？

（6）服务顾问如何就空气滤清器增项、空调滤清器增项、刹车片增项、维修延时、维修质量问题等与客户进行沟通？

任务四　车辆结算交车

学习目标

通过本次任务的学习，你将懂得汽车维修完成之后如何进行结算交车准备，如何引导客户进行结算，如何展示维修成果和解释维修内容，具备与客户沟通、将完好车辆交付给客户的能力。通过学习和训练，你将能够：

（1）熟悉车辆交车的相关准备项目；

（2）展示维修成果，解释维修内容；

（3）恰当处理客户交车中的异议，顺利完成交车。

工作任务

（1）能完成车辆交付前的准备工作（服务顾问终检、结算单准备）；

（2）能展示维修成果，解释维修内容，处理客户提出的异议，顺利完成交车；

（3）总结 1 份结算交车方案。

相关知识

客户车辆结算交付环节是最能提升客户满意度的环节。通过这个环节，服务顾问可以将服务的无形化进行有形化展示，说明维修技师的工作并解释维修费用，提高客户满意度。

一、结算交车的重要性

当客户来提取车辆时，此时客户的期待是最高的。服务顾问应以最大透明度向客户清楚完整地展示车辆维修保养情况，这样做有助于令客户满意，也会因此对服务顾问产生信任，以后也会主动找该服务顾问为其提供服务。结算交车重要性主要体现在：

（1）部分的客户抱怨产生在解释签收环节；

（2）结算交车是让客户感觉在维修站所接受的服务物有所值的环节；

（3）结算交车是服务站把专用工具、专业的机修工以及流畅有效的整体流程所带来的价值充分体现出来并展示给客户的环节；

（4）结算交车环节是服务站服务价值创建的高潮；

（5）结算交车是让客户充分了解服务站为了满足其所有服务要求所做的工作；

（6）结算交车是超越客户满意期望，为下次继续选择服务站奠定基础的环节。

二、结算交车的准备

车辆完工后，在通知客户可以提取车辆之前，服务顾问必须对车辆进行终检及结算账单准备，确保维修工作已经按照客户的要求完成，并且在客户达成的维修费用及交车时间内完成。此环节看似简单，但有很多需要注意的细节。

（一）服务顾问终检

为保证将修复好的车辆完美无缺地交还给客户，服务顾问的最终检查是必不可少的（见图 2.4.1）。终检的主要内容有：

（1）检查工单项目是否都已完成。如果工单未完成，联系质检员进行返工；若进行了发动机舱的相关维修，直观检查发动机舱；

（2）检查确认车辆内、外清洁度。除车辆外观洁净外，还应做到无灰尘、油污，不遗留抹布、工具、小零件等，烟灰缸清洁；

（3）检查发动机舱。检查五油三水，如机油、冷却液、玻璃水、制动液、电瓶等；

图 2.4.1 服务顾问终检

(4) 确认旧零件按照客户的要求处理。如果客户要求带走，要装入塑料袋并放置在行李舱；

(5) 恢复车内设置至接车状态。比如将座椅位置，收音机、CD/电视频道等多媒体设置恢复原来状态。

(二) 资料准备

(1) 检查派工单。确保客户要求的所有维修/保养项目以及经客户同意增补的建议维修项目都已得到了维修和解决（查看维修完成时间、维修技师签名）；

(2) 检查派工单背面。将技师手写在工单背面的额外信息，如车辆注意事项、将来需要进行的工作等信息输入 DMS 系统，方便交车时跟客户说明；确保车辆所有维修项目都已经经过质检，并签字确认合格；

(3) 打印结算单。检查最终价格与预估价格是否一致，如不一致，找出原因，以便向客户解释；

(4) 填写保养手册并加盖 4S 店印章；

(5) 在与客户商定的交付车辆时间前，面带微笑，礼貌地通知客户准备提车。

三、结算交车的流程

服务顾问在交车前已做好准备工作并等待客户的来临，向客户解释维修店的人员做了什么和为什么要花这些钱，回答客户提出的任何问题，并在适当的机会说明额外服务。客户结算后引导客户至交车区取车。

结算交车是服务顾问与客户再一次面对面接触的机会，服务顾问可以充分利用这一机会，展示自己的专业水平，与客户建立起良好的伙伴关系。通过结算说明，客户对此次消费感到清楚明白、物有所值，从而增加对服务顾问及经销商的信任。几乎所有的案例都表明，这个步骤是决定客户下次是否愿意再到 4S 店接受服务的关键。如果服务不周到，客户将因感到不满而否定服务顾问的服务。结算交车流程如图 2.4.3 所示，结算交车流程说明如表 2.4.1 所示。

BMW&MINI 授权经销商
BMW&MINI Authorized Dealer

绍兴宝顺汽车销售服务有限公司
Shaoxing Baoshun Sales&Service Co.,Ltd.

地　址：绍兴市袍江工业区中心大道康宁路口205号　　邮编：312000
Address: No.205,Kangning Cross,Zhongxing Street,Paojiang District,Shaoxing, Zhejiang 312000, P .R. China
电话 Tel: (0575)88156888　　传真 Fax: (0575)88159999

结算单/RECEIPT

[redacted] 女士
[redacted]

移动电话：[redacted]　　会员卡号：

WIP编号 WIP No.	账单编号 Invoice No.
38706	M 540909
工单编号 Repair order No.	账户编号 Account No.
265301	F0000018
存档编号 File No.	出单日期 Invoice Date
01071232	2019.07.29 17:32

品牌&车型 Brand & Model	底盘号 Chassis No.	车型代码 Type	车牌号 Registration No.	保修起始日期 Warranty Start Date
BMW 320Li 320Li Lifestyle	LBV8W3109HMH49028	F35LI	[redacted]	2017.07.28
进厂日期 Check in date	保修维修天数Warranty repair time	里程数 Mileage	维修顾问 Service adviser	收银员 Cashier
2019.07.19	0	39,972	宋滨(Bin Song)	钟海英

序号 No	T	项目 Code	描述 Description	数量 Quantity	费用分担 Contribution	单价/元 Unit price	折扣率 Disc %	总价/元 Total Price
1	L	VHC202	两后轮轮胎磨损极限，花纹深度<3mm	0.00		1.13		0.00
						小计	51	0.00
2	L	VHC401	钥匙电池建议更换	0.00		1.13		0.00
						小计	52	0.00
3	L	SRP001	机油保养（预计费用元）					
4	L	0000105	保养标准范围	2	悦享折扣	37.00	55%	32.71
5	L	0000610	发动机油保养	3	悦享折扣	37.00	55%	49.08
6	P	B11428575211	原厂件　组件 机油滤清器滤芯 □	1.00		229.64	55%	101.52
7	F	B83212365511	原厂件　TURBO LL-01	5.25	81%	210.54	55%	400.25
						小计	E1	583.56
8	L	TXT	客户反映车子左前座椅皮开裂					
						小计	M5	0.00
9	L	013	①客户同意试车 ②客户确认车内无贵重物品 ③胎压调整到标准数值前轮（ ）bar,后轮（ ）bar BMW客户您好：您接到回访电话（010-50812345）时，询问您是否会推荐您身边的亲戚朋友来我店体验售后服务,您回答"10分推荐"是对我本次服务的态度和能力的肯定。					
10	L	VHC	VHC 车辆健康检查	4.00		0.00		0.00

业务联 R56

支付方式 Payment	说明	费用	金额
现金 Cash □	我司维修保养预约热线：0575-88220929	工时费用 Labour cost:	185.00
支票 Cheque □	质量说明：一，整车或总成修理质保期为车辆行驶2万公里或100日。	零件费用 Parts cost:	1,134.98
信用卡 CreditCard □	二级维护质保期为车辆行驶5千公里或30日。	其他费用 Other cost:	0.00
	一级维护小修及专项维修质保为2千公里或10日。	折扣金额 Discount	-736.42
	（质保期从竣工出厂之日开始计算，里程和日期以先到为准）	总计 Total cost:	583.55
	二，于我司自费维修所更换的零件享受BMW两年不限里程质量保证。	实际金额 Actual amount:	583.55

零件号前缀为B,C,D,E,M,N的零件为BMW/MINI/ZINORO正品零件

客户签字：Customer Signature: ________　　维修顾问签字：SA Signature: ________　　收银员签字：Cashier Signature: ________

图 2.4.2　结算单示例

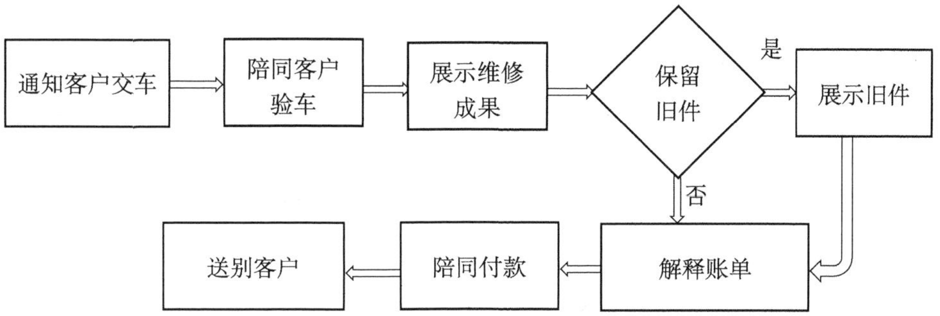

图 2.4.3　结算交车的流程

表 2.4.1　结算交车流程说明

编号	名称	说明及工作重点
1	引导客户实车展示	展示维修效果，对于复杂故障维修，应主动提出试车
2	保养项目说明	客户委托的保养项目 实际具体的保养项目 围绕车辆展开说明
3	维修项目说明	客户委托的维修项目 实际维修的具体情况 故障的原因，如何处理，目前状况 围绕车辆故障点展开说明，让客户眼见为实
4	免费项目说明	根据厂方保养规范，几十项检查项目的说明 针对有所缺失部分，如何处理（补充或添加）
5	车辆清洁说明	车辆内部清洁（包括仪表板、烟灰缸、地毯） 车辆外部清洁 客户额外的特殊要求（客户满意度增长点）
6	对客户合理化建议	针对不同客户，此项可有可无。若客户有不良的驾驶习惯，则要向客户委婉提出合理化建议；若车辆有维修技师反馈的意见，则可向客户说明
7	结算清单价格构成说明	每项工作的维修工时费及更换的零件费，都应逐一向客户解释清楚，包括折扣部分 该环节为客户最敏感的部分，应详细解释
8	结算清单客户签字	结算清单的费用明细，征得客户认可，签字确认
9	下次保养事项说明及预约宣传	提醒下次保养时间和里程 告知有预约专员届时电话提醒 加强客户预约认知及回厂忠诚度
10	当面取下防护用品	防护用品的使用要让客户知悉，这是客户满意度考核因子之一，因此要在客户面前取下
11	回访提醒	提醒客户三日后将有回访事项 告知客户回访目的 在最佳回访时间访问客户并做记录

（一）通知客户交车

当客户车辆停在交车区后，服务顾问应在约定完工时间到来之前通知客户车已准备好，可通过电话、微信、短信以及面对面等方式通知。如果换另一位服务顾问来交车，需在交车之前主动通知客户；如果发生交车延误，服务顾问需在约定完工时间到来之前主动通知客户；如果客户使用了代步车，服务顾问先进行代步车收回。

（二）陪同客户验车

客户到店后，服务顾问收回工单“客户联”，陪同客户到车辆旁准备验车。例如：“×先生/女士，您的车辆已经维修完毕，您现在取车吗？我先带您看一下车辆。”

（三）展示维修成果

（1）服务顾问根据维修工单陪同客户检查车辆状况并逐一解释工项，向客户说明作业项目和维修效果，证明问题已经解决。若客户要求的部分维修项目未完成或部分维修效果不佳，必须向客户如实说明，征得客户原谅。

对于复杂故障维修，服务顾问应主动提出试车，试车过程中服务顾问应坐副驾驶的座位（保证副驾驶座椅有座椅套和脚垫）陪同试车，也可以由维修技师陪同试车，通过试车让客户确认问题已解决。

参考话术：“×先生/小姐，按照您的要求及车辆行驶里程，我们帮您做了一个A类保养，主要是更换了机油、机油滤清器，目前发动机状况良好。同时，车辆前轮异响问题已经排除，发现为左前球笼磨损引起，现已更换左前球笼及防尘罩，路试故障已经排除，且旧件已经为您准备好。”

（2）向客户说明、展示车辆内外已经清洁。例如：“×先生/女士，我们帮您做了洗车服务，内部仪表板、地毯、烟灰缸等都做了清洁，外部进行了人工洗车并擦拭干净了，有些轻微划痕帮您做了打蜡处理，现在很干净漂亮呢。”

（3）向客户说明额外免费的增值服务。例如：“针对这次服务，我们还做了一个40项爱车健康免费检测活动，发现防冻液有些缺失，已做补充处理，胎压已调整至标准胎压。另外，发现轮胎有些偏磨，已经做了轮胎对调处理，请您以后多注意行车路段，若下次仍有偏磨，则有必要做四轮定位或其他检查了。”“×先生/女士，车帮您洗干净了，发动机舱也清干净了。同时，左前翼子板的小划痕免费帮您处理了，用的原厂专用的抛光蜡，我们技术花了近30分钟才完成的，这在外面收费要300元，您是我们的顾客，所以这项服务免费赠送给您。”

（4）如果客户选择保留旧件，主动向客户展示或返还旧件，同时引导客户为了环保留下旧件，由4S店处理。

（5）说明下次保养的时间。例如：“根据惯例，您车辆的下一次保养为××公里、××时间之后，我会主动打电话提醒您，请问您还有其他的问题吗？”

(6) 约定售后回访时间。例如："×先生/女士，您对本次的服务满意吗?""谢谢您的支持，我们的客服将在3天内进行回访服务，请您为我的服务打满分。"

(7) 根据实际情况，寻找潜在销售可能。如进行延保、服务站每月推出的各类活动(保养套餐活动)等。例如："我们推出了一个延保产品，能节省您很多养车费用，您有没有兴趣，我给您说明一下?"

(8) 根据实际情况，给客户提供个性化的用车建议。

(四) 解释账单

服务顾问主动向客户展示已经准备好的预览账单，为客户解释账单，包括总金额、折扣(如有)、工时总计、零件总计。如果客户有需求，进一步解释每个工项收费，确认接车时约定的付款方式，并提醒客户使用代金券等，请得到客户的签字确认。如果实际费用和预估费用有差异，需要向客户说明原因，以得到客户的认可。

参考话术：

(1) "此次维修的项目是××，我们已经按照您的要求进行了更换以及检查，更换下来的旧件已经按照您的要求妥善处理好了。本次的维修费用一共是×××元，零件费总计×××元，工时费总计×××元，结算单上有详细的各项单价，需要我为您解释一下吗?"

(2) "×先生/女士，您对此次维修还有什么问题吗? 如果没有问题，请您在结算清单的右下角签字确认。"

(3) "请问本次结账您是刷卡还是现金?""我带您去收银台结账。"

(五) 陪同付款

(1) 服务顾问主动陪同客户去收银台结账；

(2) 排队等候时服务顾问积极关怀客户；

(3) 收银人员起立，问候客户，礼貌接待；

(4) 收银人员开具结算单，请客户签字确认并将"客户联"交给客户；

(5) 客户付款，成功后收银人员出具发票；

(6) 收银人员礼貌送别客户；

(7) 结账工作应该在4分钟内完成。

(六) 送别客户

(1) 服务顾问向客户递交钥匙，并陪同客户来到车旁，如"×先生/女士，这是您的车钥匙，我把防护护具拿下来，非常感谢您此次光临，希望以后能继续为您提供优质的服务"。

(2) 服务顾问向客户提供出门条及准备的礼物(若有需要)，如"对了，×先生/女士，刚才您提到今天是您女儿的生日，这个毛毛小熊就当是给您女儿的礼物吧，这个是出门条"。

(3) 向客户道别，并提醒客户下次预约到店，如"欢迎下次光临，我们的售后服务预约热线是×××××××××，您下次保养记得提前预约"。

课堂讨论

日常交车过程中经常会遇到哪些问题？客户有何表现？

四、结算交车的技巧

1. 交车展示技巧

（1）望：视觉感触。1）车辆外观展示；2）旧件展示；3）完工成果展示；4）油品颜色及各项数据展示。

（2）闻：嗅觉感触。1）气味前后对比；2）燃烧状况气味。

（3）触：触摸感觉。1）新、旧件触摸对比；2）震动感受；3）钣喷成果；4）操作体验。

（4）听：听觉感受。1）维修前后声音对比；2）发动机声音；3）底盘、车身声音。

2. 结算单价值展示技巧

通过结算单解释三步法，让客户感到合理、物有所值。

（1）使用 FFBA 方法概述维修的价值，获得客户对整体过程的认可。

如：确认车辆后部噪声的原因是×××，为您更换了×××。现在，噪声问题已经解决，并使车辆行驶起来更顺畅。

（2）维修结算清单解释：使用维修结算清单说明发票的每个项目及其费用。

1）派工单项目回顾：做出详尽而易于理解的说明，加强服务的透明性。

2）增修项目解释：做好准备对差异进行说明（与原始预估有出入的项目）。

3）增值服务项目解释：向客户说明由于优惠等原因而无须支付的费用。

4）总金额确认。

如：您看派工单，我们当时约定进行×××服务，预估的费用是×××，实际的费用包括材料×××元、人工×××元，合计×××元，您看是否准确？

（3）下次维修保养建议。

如：在本次服务中，发现您爱车的××出现了损耗，但并不影响安全，从经济角度考虑，建议您这次不要更换，避免浪费。不过下次服务时，为了您爱车的使用寿命和您的安全建议您……

3. 送行技巧

在结算交车环节，应当着客户的面让客户感知服务顾问对他的尊重及对车的爱护。客户感知不同的送行技巧：

（1）取下四件套；

（2）取下座椅定位贴；

(3) 恢复后视镜；

(4) 恢复电台；

(5) 致谢并目送客户离开。

案例剖析

收费与估价差距大，交车细节不仔细

董先生的事故车到店维修，问诊完后董先生特意看了一下估价单上的价格是 4 000 多元。2 天后董先生过来提车，结算时需要董先生支付 5 310 元，他有些疑惑，之前明明记得是 4 000 多元，怎么多了 1 000 元？董先生立马询问道，这时服务顾问才想起来维修过程中增加了更换张紧器的项目，忙跟董先生进行解释。

结算完毕后，提车时董先生发现广播、空调、电加热座椅都是开启的状态，而且车内也很脏、很凌乱，里程表也不一样，在修车之前特约店工作人员特地跟董先生确认了里程表是 25 972 公里，并且有机打的票据。可是现在里程表却显示 26 230 公里，董先生开始怀疑特约店，这两天为什么会多出 300 公里的里程数？

来特约店修车就是觉得特约店更专业、服务更好，没想到却享受如此的服务，忍无可忍的董先生向厂家客户中心进行了投诉。

【原因分析】

1. 服务顾问应该主动告知

问诊之后，服务顾问应该主动告知客户将进行哪些服务项目并预估大致的费用，而不是客户关心就看一看，不关心就不说了。

2. 怎么多了 1 000 元

预估费用只是根据原先的服务项目进行的估计，维修中可能会增加新的服务项目，出现这种情况应该及时与客户取得联系进行说明，以便客户根据身上资金情况做出决定，以避免结算时的尴尬。

3. 车辆交付流程不规范

交车应该在交车工位；接车人员确认车辆维修结果、清洗状况、外观状况和随车物品；引导客户到接待前台进行结算说明，询问是否需要先确认车辆完成结果；接待人员向客户出示确认后的定期保养检查单，并提示旧件已放入后备厢内；向客户出示结算单并详细说明维修项目、更换零部件的维修费用，提示客户是否在预计范围内完成，否则，说明原因。

4. 怎么会多出 300 公里的里程数

客户的这项抱怨不属于服务流程规范的范围，也不是用运行车辆进行道路试验就能搪塞的，需要进行维修纪律的问责。车辆交付时，服务顾问有责任问明事由真相，以便给客户一个令其信服的解释。

【要点建议】

认认真真服务，明明白白消费，清清楚楚支付，高高兴兴再见。

1. 结算单记录的项目必须准确无误

准确地告知客户你提供了哪些服务项目，结算员制作结算单时应该结合问诊表、估价单和修理单严格制作准确的结算单，确认套餐中的项目是否都按客户要求做了。如果有错误，应该由服务顾问及时向客户解释清楚，避免不必要的误会。

2. 属于推荐的服务项目要运用流程方法：温馨提醒、详细解释

如果有优惠服务活动，应以详细解释使客户感受到实惠，并在服务派工单上签字认可，以避免结算时出现强制消费的误解。

3. 必要的预先告知

所有服务项目实施之前要提前将预估费用告知客户，以便客户根据自己的支付能力来做决定，以免造成尴尬和麻烦。

4. 主动提示和履行交车手续

完整交付包括体现全部服务项目的车辆、车辆附件、私人物品、更换旧件、所有票据、保养手册、清洁车辆、出门单、提示事项等，并向客户表示感谢。

知识拓展

结算交车客户体验提升话术

一、客户赶时间，工单解释仓促

有些客户出于信任或赶时间，并不愿意听太多的细节，他们会认为是在浪费时间。但是，一旦产生误解或期望偏差，他们会格外失望，特别是新客户在第一次做大保养就出现增项等状况的时候。

1. 关键要素

(1) 向客户说明，了解工项项目是客户的重要权益；

(2) 抓住解说关键点，让客户觉得解说是有效的。

2. 服务顾问参考话术

“黄总，我知道您赶时间，但清楚理解结账内容是您的权益，您说是吧？就耽误您5～10分钟，您看可以吗？”

“黄总，此次做了2万公里B类保养，费用总计是3 560元，机油8升××××元，机油滤清器和空气滤清器是×××元，工时费是×××元。”

“（手势：指向账单）黄总，您看账单明细就是这些，车帮您洗好了，胎压也测试过了，我们下回保养是3万公里，按您的里程估算是在今年的9月份。”

“黄总，账单您看还有没有不理解的地方，我可以再为您说明。”

"黄总，您还记得下回保养是多少公里吗？您说对了，是 3 万公里，假如没有问题我们就去结账吧。"

二、高峰时段不能准时交车

1. 关键要素

(1) 预约客户优先交车；

(2) 客户在场且项目简单者优先交车；

(3) 简单返修项目优先交车。

2. 服务顾问参考话术

王总，您好！您的车已经维修妥善，这是您的结账单，因为需要解说的项目较多，请您先过目，我把另外一部保养车交完后，10 分钟之内回来向您做实车说明，您看这样好吗？

实践操作

维修保养车辆结算交车演练

【参考案例】

客户李先生在某 4S 店进行车辆 13 000 公里保养，并做了空调不制冷检修。一个半小时后车辆完工，在李先生准备开车走的时候，发现左前车门有一处预检时未发现的划痕，对此，李先生很气愤并认为是车辆在保修过程中剐蹭的，强烈要求 4S 店免费修复并进行赔偿。你作为服务顾问接待了李先生，请按照交车流程进行接待，并处理李先生的抱怨。

一、训练内容

维修保养车辆结算交车演练。

二、训练目的

(1) 能熟练进行结算交车服务；

(2) 学会向客户展示服务价值，使客户真正感受到物有所值。

三、训练步骤及要求

(1) 指导教师对全班学生进行分组，6～8 人为一组，组长采取轮流制进行；

(2) 以组为单位，组长带领组员调研某品牌结算交车流程、交车与结算所面临的困难、结算交车技巧等；

(3) 以组为单位，组长带领组员讨论，充分发挥想象力，根据维修接待的案例，客户设置 2 个以上关心的问题，有 1 项以上增项服务说明，有 1 项以上增值服务说明，进行 1 项以上潜在销售机会说明，提炼出结算交车的技巧要点，进行结算交车演练；

(4) 为防止小组搭便车，教师以抽签的方式随机选择学生进行结算交车模拟，模拟成绩作为小组成绩；

(5) 评价与总结（好的与不足两方面评价），如表 2.4.2 所示；

（6）提交1份结算交车方案，包括某品牌车辆结算交车流程、结算交车所面临的困难分析、结算交车技巧等。

表 2.4.2　　结算交车模拟评价

	内容	满分	得分
考评标准	声音洪亮、字句清楚、语速适当、微笑服务	10	
	是否主动邀请客户一起去查车	5	
	是否向客户说明已完成的维修保养项目	10	
	是否向客户说明增项服务	5	
	是否向客户说明增值服务	5	
	是否根据实际情况寻求潜在销售的可能	5	
	主动向客户展示或返还旧件	5	
	车内是否所有设置都还原到接车时的状态	10	
	是否正确解释了客户关心的车辆方面的其他问题	5	
	是否结合账单向客户说明费用和计费工时	10	
	是否向客户说明下次保养的时间或保养里程	10	
	是否与客户约定回访时间	10	
	是否陪同客户结账，交还相关资料	5	
	是否陪同客户取车并送别	5	

四、评价与总结

评价与总结示例如表2.4.3所示。

表 2.4.3　　结算交车技能训练评价

测评内容	1. 车辆结算交车模拟　2. 车辆结算交车处理方案				
考评标准	内容	分值	自评	互评	师评
	车辆结算交车接待模拟	70			
	车辆结算交车处理方案	30	—	—	
合计		100			
最终得分（自评25%＋互评25%＋师评50%）					

自评：包括团队成员的工作态度、团队分工合作情况、工作流程及对成果质量评价、项目收获。
互评：客观评价，先提优点，再道不足。
师评：教师根据团队成果优缺点，有针对性地点评，启发学生的创新思维，对各团队普遍存在的问题进行重点分析，并提出要重点注意的问题。

五、训练成果

在点评、修改后，提交1份结算交车方案。

思考练习

（1）你认为车辆交车环节重要吗？为什么？

（2）车辆交车前，服务顾问的准备工作有哪些？

（3）简述车辆结算交车流程。

（4）结算交车技巧有哪些？

（5）客户王先生的车在本店做5万公里保养和前轮异响维修，现车辆已维修完毕，作为服务顾问的你，也已做了结算交车准备工作，打算向客户做详细的结算交车说明。请写出本情景结算交车话术。

任务五 车辆售后回访

学习目标

通过本次任务的学习，你将懂得车辆售后回访的主要内容、流程及注意事项，能及时应对客户抱怨并跟踪处理，具备与客户沟通、培养客户忠诚度和客户开发的能力。通过学习和训练，你将能够：

（1）掌握回访的流程；

（2）熟练运用回访话术；

（3）应对客户抱怨及跟踪处理。

工作任务

（1）能进行售后72小时电话回访；

（2）能应对客户抱怨及跟踪处理；

（3）总结1份电话回访方案。

相关知识

交车回访是指客户车辆维修后72小时内，客服部门的专员主动联系客户，了解客户对服务站提供的所有服务是否完全满意。售后回访的目的是与客户保持长期、稳定的联系，维护客户关系，累积客户资源，通过不断满足客户需求来促进客户对企业的忠诚度。

一、售后回访

（一）售后回访的目的

售后回访是维修业务接待核心流程的最后一个环节，也是汽车经销商与客户接触沟通和交流的重要环节，一般通过电话回访的方式进行。售后回访一方面可以显示经销商对客户及其车辆的关怀，另一方面经销商也有机会根据客户的反馈信息发现自己在服务中存在的不足，进行内部整改，防患于未然，提升服务品质。

（二）售后回访的重要性

在客户完成维修保养的72小时内打电话对客户进行回访，除了感谢客户进店保修之外，同时确认客户维修保养后的满意度，以增加客户忠诚度。如果客户有不满意的地方，也可及时处理。总而言之，售后回访能了解客户的感受，表达经销商的意图，帮助客户达到期望值，同时能规范操作并提高经销商的形象。因此，车辆进店维修保养后，都需要做这样的客户回访。售后回访的重要性主要体现在：

（1）让客户确信你为他们着想，一切以他们的满意为原则；

（2）让客户知道维修站很感谢他们的光临，确保客户高满意度，以维持与客户的稳固关系；

（3）确认客户车辆状况，及时帮助客户解决问题；

（4）了解客户需求，持续提升服务品质；

（5）收集客户信息，为客户维系提供数据支持；

（6）及时掌握维修站内相关服务和人员存在的不足之处，与绩效挂钩，落实整改。

（三）回访表单管理

回访表单主要包括回访日报表、回访月报表、回访问题跟踪表（见图2.5.1）。客服专员回访当日客户，形成回访日报表（见表2.5.1），并根据回访结果制作成回访问题跟踪表（见表2.5.2），将相关表格交给相关责任部门进行问题处理。客户部门或质量监督管理员协调各部门监督完成情况并制作回访月度报表，发送给客服经理、售后服务经理、前台主管、车间主管、配件经理等相关人员。

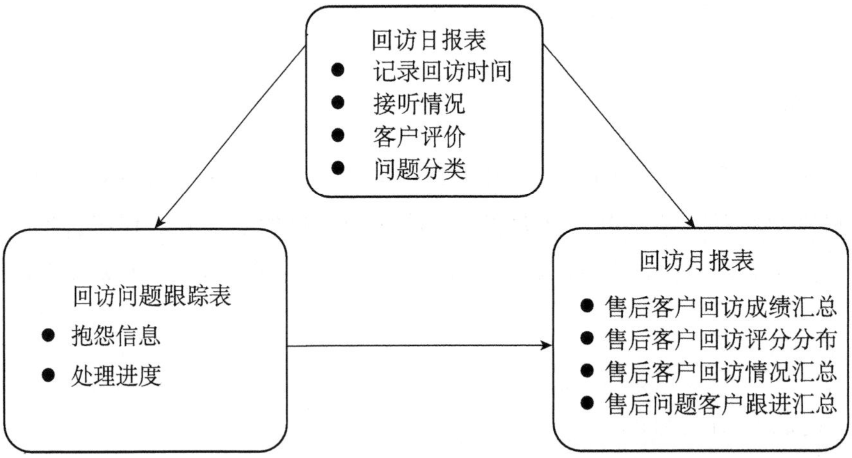

图2.5.1　售后回访表单管理

表 2.5.1　　回访日报表（示例）

工单	车架号码	客户姓名	车型	车系	电话号码	里程	结算日期	上牌日期	客户满意度评分	推荐值	是否容易预约	等待服务顾问接待时间	是否清楚告知维修保养项目	对工作人员服务态度是否满意	对保养项目和维修质量是否满意	承诺时间内完成交车	车辆清洁状况	对工作人员给予的帮助是否满意	××保养套餐	是否知道高价回购二手车活动	是否有意向了解高价回购	回访结果	是否有推荐延保	72 小时内客户反馈	是否反映过此问题	反映后是否有人跟进过	接待	接待组	回访日期	问题类型	细分问题
15750			X1 sDrive 18Li Lifestyle Package	BMW		1990	2017/8/7	2017/7/11	/	8	是	是	是	是	是	是	是	是	/	/	/	回访不成功	/	回访不成功，推荐客户说打个八九分吧，询问原因说没什么，有事挂机				事故组	2017/8/10		
16467			X6 xDrive 35i FG21	BMW		159614	2017/8/6	2011/3/24	/	/	是	是	是	是	是	是	是	是	/	/	/	回访不成功	/	2017/8/9　10：24 客户说在忙 2017/8/10　14：35 客户按掉电话				保养组	2017/8/10		
16492			525Li Vantage Package	BMW		59355	2017/8/7	2015/1/5	/	/	是	是	是	是	是	是	是	是	/	/	/	回访不成功	/	回访不成功，客户自己的车子还没有维修好，好像导航还有问题，说我们服务都还好，就是维修质量有待提高，修理好之后再回访				保养组	2017/8/10	工单处理环节	维修质量问题
16008			120I A	BMW		63915	2017/8/7	2010/8/3	10	8	是	是	是	是	是	是	是	是	/	/	/	回访成功	/	满意度 10 分，推荐度 8 分，评分原因表示价格要再优惠点				保养组	2017/8/10	账单准备环节	维修价格问题（含配件价格）
16363			MINI ONE XS11	MINI		6330	2017/8/7	2016/7/18	/	/	是	是	是	是	是	是	是	是	/	/	/	回访不成功	/	客户表示做过保养，为什么车上维修保养记录那里会调不出来。上次反映不管什么时候灯一直会亮，这次修过后不管白天晚上灯都不亮了，觉得正常应该是白天不亮晚上亮。							

表 2.5.2　　　　回访问题跟踪表

车辆基本信息：			
车主：	车架号码：	车型：	WIP：
电话：	里程：	服务顾问：	回访日期：
满意度：		推荐度：	
客户反馈内容：			
服务顾问处理结果：			
直接主管处理：			
协作部门处理：			
二次回访结果：			
建议改进意见：			

制表人：×××

二、售后回访流程

售后回访由客服部门相关负责人完成，服务顾问应协助做好回访工作并且做好持续改善，以取得持久的客户满意度，提升服务质量和个人业绩。售后回访流程如图 2.5.2 所示。

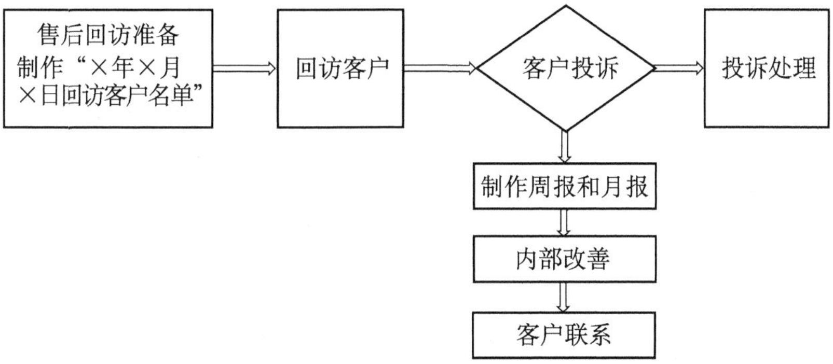

图 2.5.2　售后回访流程

（一）售后回访准备

客服专员在 DMS 系统中找出当天的维修跟踪记录、任务委托书、用户档案等资料，掌握维修工单上的具体内容，做好维修后 72 小时内对客户进行电话回访准备，制作“×年×月×日回访客户名单”。同时，将之前未联系上的客户信息加入回访客户名单中。

电话回访前审阅客户资料和车辆资料，确定是否为最佳联络时间。

（二）回访客户

（1）客服专员致电客户并进行回访，主要依据售后回访表的内容进行回访，不同经销店内容会有差异；

（2）客服专员原话记录客户的反馈；

（3）如果客户投诉，根据投诉流程处理；

（4）客服专员统计回访结果制作成周报和月报；

（5）周报和月报发送给客服经理、售后服务经理、前台主管、车间主管、配件经理等相关人员；月报建议抄送总经理。

售后人员对进店客户进行回访话术

“您好，我是××××4 S店的客服专员×××，请问是×先生/女士吗？”

“×先生/女士，我们系统显示，您的车牌号为×××的爱车在×月×日来过我店，请问当天是您本人进店的吗？”

“此次来电是想做个简单的回访，大概 2 分钟，请问您现在接听电话方便吗？”

“×先生/女士，非常感谢您的配合，请问您对我们当天的服务整体满意吗？如果用1～10分打分，您会打多少分？”

——满意（满分：开放性问题，如：“请问您给出这个分数的原因是什么呢？”）

如客户提供了自己的意见（包括客户主动陈述和引导描述），则说：“非常感谢您能提出来，后续我们会有专人就您提出的问题与您联系，以便后续为您提供更好的服务。”

如客户说不需要联系了，则说：“好的，您的宝贵意见我已记录下来了，会作为我们以后提升服务质量的参考。”

——不满意：

(1)“请问您此次进店，我们的工作人员是否第一时间接待您（如迎宾人员或服务顾问)？”(是、否)

(2)“请问您对此次接待您的工作人员（迎宾人员或服务顾问）的服务态度是否满意呢？”(满意、不满意、一般)

——如客户回答不满意或一般时，则引导客户说出原因。

(3)“对于此次保养/维修，请问工作人员是否在承诺您的时间内完成交车呢？”(是、否)

(4)“维修时间是否在您期望范围内？”(是、否：请问您期望的保养/维修时间应该是多久?)

(5)“请问您对于接车时车辆的清洁状况是否满意？”(满意、不满意、一般)

——如客户回答不满意或一般，则引导客户说出原因。

(6)“请问此次保养/维修我们是否解决了您当天所需求的项目？”(是、否：了解具体情况)

(7)“×先生/女士，那您的爱车保养/维修后现在车辆使用情况怎么样？维修质量您是否满意呢？”(满意、不满意、一般)

——（如有问题，客服专员要详细记录客户反馈的问题，说：“我会把您的疑问登记下来，我们有专人会尽快联系您为您解答。”)

(8)“您是否知道×××（品牌）在全国推行的××保养套餐的服务？”(是、否)

结束语：

不管客户打多少分，都需询问客户对我们的建议：“您认为我们的整体服务在哪些方面有所欠缺？或者需要在哪些方面进一步提高，会令您更加满意呢？”（开放性问题）请详细记录客户的原话。

“非常感谢您接受我们的回访，不打扰您了。祝您用车愉快，再见！”

（三）处理客户满意度及忠诚度结果

售后回访发现问题会第一时间反馈给责任人或责任部门，由责任部门制作计划并执行行动，客服部门监督执行情况并通报售后服务经理。

三、客户抱怨的电话沟通参考话术

通过电话回访客户、跟踪维修服务，4S店的服务质量会逐步得到提高。因为每个客户都是服务的直接体验者，从而4S店能够获得宝贵的反馈意见并及时处理客户的抱怨。客服专员应该熟悉客户及车辆情况，在72小时内与客户取得联系，会让客户感觉对他非常重视。

对于有抱怨的客户，客服专员必须认真对待客户的批评，询问客户抱怨的原因，协商补救方式；对不满意的用户，服务顾问或服务经理应在24小时之内，给客户回电并优先为其安排新的预约，在72小时内解决问题。

（一）近期未修复：致歉，确认问题细节并告知客户反馈时间

客户：我上次跟你们说的×××问题一直到现在还没有解决。

客服专员：非常抱歉！没能一次性解决您的车辆问题。对给您带来的用车不便，我们再次表示致歉，为了更好地帮您解决问题，您能具体描述一下现在的车辆问题吗？

客户：好吧。（客服专员听客户描述具体问题并详细记录。）

客服专员：您反映的车辆问题我已经记录下来了，和您确认一下，看看我是否有遗漏的（用自己的话复述客户需求，以确认理解的和客户表述的是一致的）。您还有需要补充的吗？

客户：没有了。

客服专员：挂机后，我会马上向我的同事反映，相关人员会在12小时内回复您，我也会关注这件事的进度，有任何进展我会及时联系您。另外在用车过程中，您有任何有关车辆的问题都可以打这个电话联系我，我叫×××。祝您用车愉快，再见！

（二）车辆有新问题：致歉，确认问题细节并告知客户反馈时间

客户：我车这两天又突然×××了。

客服专员：非常抱歉！给您带来了用车不便，您能具体描述一下出现的问题以便我更好地帮您处理？

客户：……（描述具体问题）

客服专员：您反映的车辆问题，我已经记录下来了。和您确认一下，看看我是否有遗漏的，您反映的问题是（用自己的话复述客户需求）……您还有需要补充的吗？

客户：没有了。

客服专员：谢谢您对我的信任！挂机后，我会马上向我的同事反映，相关人员会在12小时内回复您，我也会关注这件事的进度，我是客服专员×××（加深客户对自己的印象），如果您有其他需求可以随时联系我。祝您用车愉快，再见！

（三）价格高：表示理解并解释优势

客户：你们的保养价格太贵了。

客服专员：我理解您的感受，花钱当然要讲究实惠，同时我们也感兴趣您觉得价格贵的原因是什么。

客户：比外边的维修店贵多了。

客服专员：我们的价格确实和它们有不同，但是不同价格的背后也意味着品质的不同，原厂配件能有效保障车辆始终保持在最佳状态。作为消费者通常很难甄别配件真伪，如果意外更换了劣质配件，可能会给车辆带来意想不到的伤害。在4S店保养虽然贵一些，但原厂配件大幅提升了零件的质量，并且有严格的质量保障，自然也就可以帮您避免这些隐患了。

（四）维修时间长：致歉并推介预约服务

客户：上次去你们那儿等了好长时间啊！

客服专员：真的非常抱歉！让您等了那么长时间。我特别理解您的时间非常宝贵，我们的预约快修通道服务恰好能帮您节约时间，您是否有兴趣了解一下？

客户：你说吧。

客服专员：第一，如果您选择预约快修通道服务并准时到达的话，我们会提前为您准备好人员、工位、配件，以保证最高效且保质保量完成保养项目，比平时您随机到店节约××时间。因此提前预约是一个不错的选择，需要我现在为您做一个预约吗？第二，如果您不愿意在店里等，我们可以提供取送车服务（或其他服务）。

四、售后回访的注意事项

（1）电话回访时必须注意客户是否方便接听电话；

（2）说明电话来客及公司名称，表明自己身份及职位，感谢客户；

（3）打电话时发音要自然、友善，不要语速太快，一方面给没有准备的客户时间和机会回忆细节，另一方面避免客户觉得你很匆忙；

（4）回访重点是了解问题是否已妥善处理，注意倾听问题点，了解客户对经销店维修保养服务的满意度以及需要加强改善的项目；

（5）不要打断客户，记下客户的评语（批评、表扬）；

（6）打电话时间要回避客户休息、会议高峰、活动高峰时间（如上午 9：00—11：00、下午 4：00—6：30）；

（7）如果客户有抱怨，不要找借口搪塞，告诉客户你已记下他的意见，并让客户相信如果他愿意，有关人员会与他联系并解决问题，有关人员要立即处理，尽快回复客户；

（8）对跟踪的情况进行分析及采取改进措施；

（9）对客户的不合理要求进行合理解释。

五、售后回访实施的关键点

（1）客户信息准确性是售后回访工作有效实施的基础，管理层需要持续关注加强监督；

（2）客户满意度工作涉及售后服务工作的各个环节，管理层定期开展客户满意度弱项分析改善会议是服务商提升客户满意度不可或缺的重要工作之一；

（3）实施售后回访工作时需要做好信息记录，对客户反馈的抱怨信息及时跟进处理，严格执行闭环措施来保障客户满意度。

案例剖析

客户回访时提出的问题与建议没有及时处理

曾先生去特约店做车辆保养一周后，接到了特约店售后回访的电话，客服人员向曾先生询问了维修结果等方面的情况以及对特约店的服务是否满意的看法。接到电话的曾先生认为特约店回访的举动是对客户的尊重，是负责任的表现，于是便很认真地向客服人员反馈了关于特约店维修技师给其安装雨刮器时，因用力过猛而划伤了前挡风玻璃，虽然维修技师当时也道歉了，划痕也不太明显，但还是建议作业时要注意对车辆的保护等中肯的意见。同时，曾先生询问：“本田 CR-V 是四轮驱的，差速器油应该什么时候进行更换?”客服人员一时答不上来，随口说道咨询完维修技师后给曾先生回电话。曾先生以为特约店会详细记录下来此问题并跟进处理，但是后来特约店一直没有给曾先生任何回复。

一个月后，曾先生再次接到特约店的售后电话，曾先生便询问针对上次提出的问题是否有回复，客服人员却表示之前不是自己负责的，不是很清楚。客服人员的回答，让曾先生觉得自己诚心诚意反馈给特约店问题与建议，特约店却毫不重视，曾先生心里很不痛快。

【原因分析】

1. 客户开始充满了对回访的感激

回访中客户畅快告诉客服专员自己中肯的意见。

2. 客户的期待杳无音讯

第一次回访中针对客户提出的问题没有任何反馈及回复，也没有及时做预约检查。客户满以为自己的诉求会尽快得到回应，之后觉得特约店的回访不过是一个形式而已。

3. 感觉自己的意见没有受到重视

很明显，特约店对客户的意见没有准确记录和分析是回访环节中一个很严重的错误。

【要点建议】

回访的目的是促进服务质量不断提升。

1. 亲切的询问拉近与客户的距离

客服专员的回访应让客户能够轻松地表明自己真实的心声，以真正达到回访的目的。

2. 认真记录下客户的意见

当客服专员不能够通过沟通马上消除客户的不满时，就要真实记录下客户的意见并尽快把客户的意见传递到特约店的有关岗位和负责人，跟踪他们的行动结果。

3. 注意回访方法，对一个客户的回访由一个客服专员负责到底

如果客户被多名客服专员访问会使客户感觉是一种骚扰，而且客服专员之间信息沟通有缺失时会让客户感到莫名其妙，进而浪费客户的时间。因为重新解释一件事情比叙述一件事情更费劲。

4. 及时售后回访处理

对客户不满给出解决方案，应尽快回复并及时预约检查或返修。利用回访工具及时跟踪以便在期限内关闭回访单，并将处理档案存档。

知识拓展

跟踪服务策略

跟踪服务是汽车售后服务企业维护客户关系的主要方式，电话回访是跟踪服务的一个部分，但是要维护长期的客户关系，企业需要有完整的跟踪服务方案和制度。图 2.5.3 为 4S 店的服务策略。

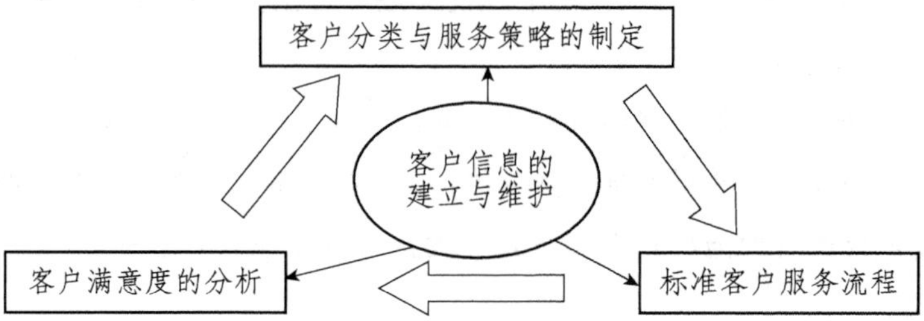

图 2.5.3　4S 店的服务策略

客户关系对于经销商而言，不仅仅是为了维系售后服务基盘，保障售后业务的稳定增长，更重要的是打造企业品牌形象，为保有客户增购、转介绍打下坚实的基础。众多企业将客户看作其重要的资产，不断地采取多种方式对企业的客户实施关怀，以提高客户满意度。客户关系管理是获取、保持和增加可获利客户的过程，是改善企业经营管理的思想方法。

一、客户关系管理

客户关系管理（customer relationship management，CRM）是指围绕客户整个生命周期各个客户感知点进行的管理。客户生命周期不仅包括购车后的各个阶段，还包括购车前对潜在客户的挖掘、跟进的过程。购车后客户生命周期（见图 2.5.4）分为新车期、保修期前期、保修期后期、保修期外、置换期，其中保修期外和置换期是经销商需要重点关注的阶段，以防止客户流失。

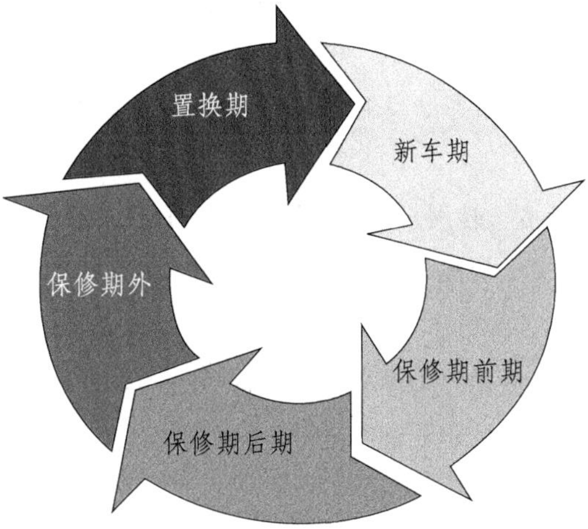

图 2.5.4　购车后客户生命周期

二、客户信息管理

（一）客户信息管理的目的

（1）建立客户关系；

（2）了解目标客户及其个性化需求；

（3）提供有针对性的服务，以提高客户满意度与忠诚度；

（4）发掘服务需求，提升获利水平。

客户信息要求具有及时性、完整性、规范性、有效性，分类越细越好。

（二）客户信息来源

（1）客户从特约经销店购买了新车/二手车；

（2）客户从其他销售点买的车，客户首次来站服务。

建立关系后，客服专员建立每一位客户的个性化档案，对此后与客户接触过程中客户所表现出来的特质或典型事件及时进行档案的更新（见图 2.5.5）。

图 2.5.5 客户信息来源

（三）客户信息的主要内容

汽车维修企业信息管理，首要的工作就是建立客户信息管理数据库，按基础信息、维修记录、客户等级等进行分类，便于日后的客户关系维护、车主活动策划组织等。客户信息分为客户基本资料和客户业务资料。

1. 客户基本资料

（1）车辆基本信息：车牌号、车辆识别代号、发动机号、钥匙号、出厂日期、首保日期、车型和车型分类等；

（2）车辆扩展信息：购买日期、保险公司名称、保险联系人、续保日期、下次应保养日期、车辆年检日期等；

（3）客户基本信息：姓名、性别、出生日期、身份证号、住址、邮政编码、联系电话等；

（4）客户扩展信息：家庭状况、客户特征、职业、兴趣爱好、学历、驾龄等。

2. 客户业务资料

客户业务资料的管理包括客户的来访记录、购车记录、购买配件记录、维修记录、保养记录、售后回访记录和投诉记录等。

实践操作

维修保养车辆售后回访演练

【参考案例】

梁先生在为车辆做保养时问 4S 店所用的润滑油为什么要比其他店的贵了很多。服务顾问只是简单地回答是本品牌专用的润滑油，就没有更多的解释了。梁先生对这个答复有些不满意，因此在接受回访时把这个情况说了一下，在服务满意度方面没有给满分 10 分，之后梁先生又担心这次回访会影响自己以后的保养质量。

一、训练内容

维修保养车辆售后回访演练。就以下情况进行电话回访：

（1）客户满意；

（2）重复联系；

（3）车辆近期未修复；

（4）车辆有新问题；

（5）价格高；

（6）维修时间长。

二、训练目的

（1）能熟练进行售后电话回访；

（2）会填写售后回访表。

三、训练步骤及要求

（1）指导教师对全班学生进行分组，6～8人为一组，组长采取轮流制进行；

（2）以组为单位，组长带领组员根据维修接待的案例，两人一组进行售后回访演练，至少有1个以上抱怨；

（3）为防止小组搭便车，教师以抽签的方式随机选择学生进行售后回访模拟，模拟成绩作为小组成绩；

（4）评价与总结（好的与不足两方面评价），如表2.5.3所示；

（5）提交1份售后回访方案，包括某品牌车辆售后回访流程（包括各类表单）、售后回访话术、售后回访技巧等。

表2.5.3　售后回访模拟评价

	内容	满分	得分
考评标准	声音洪亮、字句清楚、语速适当、说话有亲和力	10	
	自我介绍，说明致电原因	10	
	询问客户是否有时间电话交谈	10	
	是否询问客户对服务的整体满意度	10	
	是否按照回访表的内容进行询问	40	
	是否询问客户对经销店的建议	10	
	向客户致谢，结束对话	10	

四、评价与总结

评价与总结示例如表2.5.4所示。

表2.5.4　售后回访技能训练评价

测评内容	1. 售后回访模拟　2. 售后回访技巧方案				
考评标准	内容	分值	自评	互评	师评
	售后回访模拟	70			
	售后回访技巧方案	30			
合计		100			
最终得分（自评25%＋互评25%＋师评50%）					

自评：包括团队成员的工作态度、团队分工合作情况、工作流程及对成果质量评价、项目收获。
互评：客观评价，先提优点，再道不足。
师评：教师根据团队成果优缺点，有针对性地点评，启发学生的创新思维，对各团队普遍存在的问题进行重点分析，并提出要重点注意的问题。

五、训练成果

在点评、修改后，小组提交 1 份售后回访技巧方案。

思考练习

（1）为什么要进行客户回访？

（2）售后回访的流程是怎样的？

（3）售后回访的注意事项有哪些？

（4）车主王先生两天前在本店做了 5 万公里保养和维修，你作为服务顾问正在准备对王先生做个售后回访，试写出售后回访话术。

（5）车主李先生刚从 4S 店买了辆新车，目前已经使用快 3 个月了，你作为服务顾问打算对李先生做个车辆首保提醒，试写出首保提醒话术。

（6）客户邹先生的车辆行驶了 5 万公里，已经快 3 年了，你作为服务顾问打算给邹先生做个保修到期的提醒，试写出保修到期招揽话术。

项目三 不同维修业务接待综合训练

项目意义

随着汽车市场竞争的日益激烈、客户需求日趋多样化，良好的汽车售后服务越来越成为4S店利润的增长点，并且客户对汽车售后服务的要求也越来越高。在维修业务接待的过程中，维修业务接待人员会面临不同的情况，常见的有四类：一是常规的维护保养，二是一般的故障诊断与维修，三是事故车辆的维修，四是保修车辆接待。

目前，4S店根据自身经营现状，大部分汽车经销商将车辆接待分为维修保养组、事故组、索赔组。其中，维修保养车辆和事故车辆产值在整个售后产值中约各占一半，保修索赔车辆接待是树立良好企业品牌形象、赢得市场的重要手段。一般在4S店中维修保养组的接待人员占所有售后接待人员的一半以上，并且会根据保修接待人员的能力特长，部分转成事故接待。不同的维修业务形态在接待过程中会有差异，维修业务接待人员在熟练掌握流程和标准的同时，要不断积累不同业务形式的应对经验和技巧，以便更好地为客户服务。

项目内容

我们将本项目分为保养车辆接待综合训练、故障车辆接待综合实训、事故车辆接待综合实训和保修索赔车辆接待综合实训。

1. 保养车辆接待综合实训

车辆销售给客户以后，由于每个人的驾车方式和每辆车的行驶条件各不相同，因此4S店根据客户的车辆特性、使用年限、行驶里程、配置和使用条件制定了专门的维护规范。各品牌的车辆通过自己品牌授权服务站进行维护，从而保证车辆正常运行，延长使用寿命，同时减少维修次数并降低使用成本。车辆的保养已成为维修企业创造产值的方式之一。

2. 故障车辆接待综合实训

在故障类车辆接待过程中，要求服务顾问详细询问车辆出现的故障现象、故障位置、故障出现时间、故障出现时的天气及路况等。为此，作为故障维修接待人员应该了解基本的故障知识，以便对故障做出初步判断并对维修时间有一个估算。服务顾问通过询问客户得到车辆故障的详细情况，是维修技师快速发现故障位置和解决故障问题的前提。

3. 事故车辆接待综合实训

随着汽车保有量的增多，交通事故的发生频率也随之增多，汽车维修企业接待事故车的台次也逐渐增多，在目前的汽车售后服务中，事故车维修占了多数。事故车维修已成为汽车经销商重要的产值来源，是经销商高度关注的业务板块之一。事故车的业务接待与维修保养车辆接待有相同之处，但也有着自己独特的特点。

4. 保修索赔车辆接待综合实训

汽车厂商为汽车产品（包括整车和配件）提供有条件的保修政策，这是汽车厂商对自己产品的一种负责任的态度，不仅方便消费者，让他们放心使用，还树立了良好的企业品牌形象。出色的保修和索赔工作是营销和售后服务赢得市场的重要手段。一般在汽车4S店，保修索赔车辆是由维修保养组的服务顾问负责接待，由索赔专员与厂家进行相关的索赔事宜。

项目成果

（1）拍摄保养车辆接待模拟视频；

（2）拍摄故障车辆接待模拟视频；

（3）拍摄事故车辆接待模拟视频；

（4）拍摄保修索赔车辆接待模拟视频。

任务一　保养车辆接待综合训练

学习目标

通过本次任务的学习，你将懂得客户分类方法、客户满意内涵和客户在服务过程中的八个期望，掌握客户满意的弱项提升技巧，具备为不同需求客户提供优质接车服务的能力。通过学习和训练，你将能够：

(1) 根据不同客户类型制定相应的服务策略；

(2) 运用相关技巧提升流程中客户满意的弱项；

(3) 熟练运用相关技巧执行保养车辆接待工作；

(4) 树立以客户满意为目标的服务意识。

工作任务

学生自行拍摄保养车辆接待模拟视频。

相关知识

随着汽车市场的竞争日益激烈，客户对汽车售后服务的要求也越来越高。目前各大品牌4S店都开始强化自己的服务，希望自始至终给予客户最优质的服务，以满足客户不断提高的期望，提升客户的满意度以及对品牌和4S店的忠诚度。

一、客户分类方法

在服务流程中，借助客户服务档案将客户进行分类，然后针对不同类别客户制定相应的服务策略，在日常服务流程中进行有效的实施，从而提升客户服务品质，增加客户满意度和忠诚度。据统计，开发一个新客户的成本是留住一个老客户所花费成本的5倍，而二成的重要客户可能带来企业八成的收益，即帕累托法则（Pareto Principle），也称“二八定律”——在任何一组东西中，最重要的只占其中一小部分，约20%，其余80%尽管是多数，却是次要的（见图3.1.1）。因此，企业应该学会判断最有价值的客户，想办法奖励这些客户，发掘这些客户的需求并满足他们，从而提高为客户服务的水平，达到留住最有价值的客户的目的。

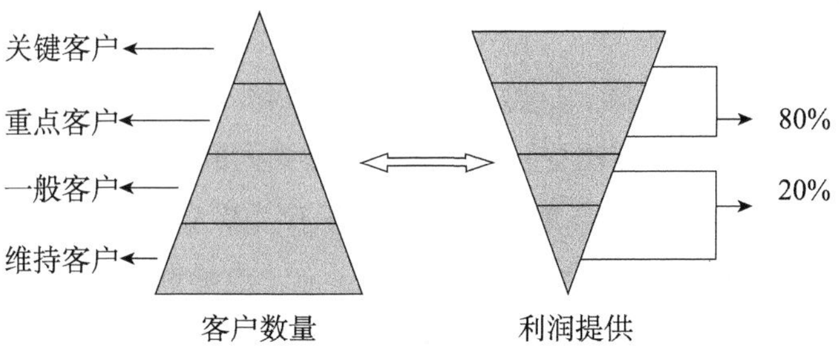

图3.1.1　帕累托法则

(一) 根据车龄进行分类

将相同时间段内购买车辆分成同一类别，一般以一年为单位，购车三年以上（包修期之外）作为重要的时间节点。通过这种分类方法，可以针对不同车龄的车主推出相应的维系、招揽及关怀方案。

（二）根据车型进行分类

以价格、车型、功能为标准，将具有上述相同特征的车辆分为同一类别。通过这种分类方法，了解客户群体构成，为服务商自主服务营销活动提供数据支撑，提高客户活动参与度，实现服务营销活动收益、影响最大化。

（三）根据车主主要活动区域进行分类

由于大部分4S店涵盖服务范围较广，特别是北方部分车主距离最近的服务商点也有数百公里，通过这种分类方法，可以区分不同区域车主，提供有针对性的个性化服务。

（四）根据车辆在一段时间内进厂次数进行分类

最为常用的客户分类方法是根据一段时间内（行业经验值为一年，但可以根据客户的日常行驶距离和用车频次进行调整）客户回厂次数来判断客户对服务商的忠诚度（见表3.1.1）。

表3.1.1　　按客户一段时间内进厂次数分类

主要客户类型	客户特征及服务重点
忠诚客户	注重与服务顾问之间的关系
	一年内进店3次以上
弹性客户	注重来店的便利性
	一年内进店2次左右
准流失客户	可能注重服务商的整体感觉，包括服务顾问的服务、维修质量等各个环节
	很可能对上一次的服务不满意
	一年内进店2次以下，平均180天进店一次
流失客户	超过360天不进店的客户

（五）按客户价值贡献分类

按客户价值贡献可分为A类、B类、C类、D类四类客户（见图3.1.2）。

(1) A类客户：高入厂、高消费。该类客户注重站内的人际关系，对于稍高的价格可以接受。对于A类客户在制定服务策略时重点着眼于“以人为中心”，为客户提供除车辆以外的超值服务，如亲子活动、店庆活动、生活讲座、商户联盟等活动。通过这些活动，提升客户忠诚度，提升客户进厂频次，增加消费转介绍。

(2) B类客户：高入厂、低消费，对价格敏感。对于B类客户在制定服务策略时重点着眼于“以利为中心”，为客户提供增值服务，如代金券、打折卡、积分卡、工时预售卡等方案。

(3) C类客户：低入厂、高消费，对价格不敏感。对于C类客户在制定服务策略时重点着眼于“以车为中心”，为客户提供良好的用车服务，以提升车辆安全性、操作性能为切入点，提高养护品、高端机油、精品等产品的渗透率。

(4) D类客户：低入厂、低消费，濒临流失。对于D类客户在制定服务策略时重点着眼于提高客户离开服务商的门槛，即当客户想要离开服务商时需考虑到成本因素。这就要求客户的每次进厂都有具备竞争力、延续性的优惠活动，如买赠促销、优惠购买服务期权等活动。

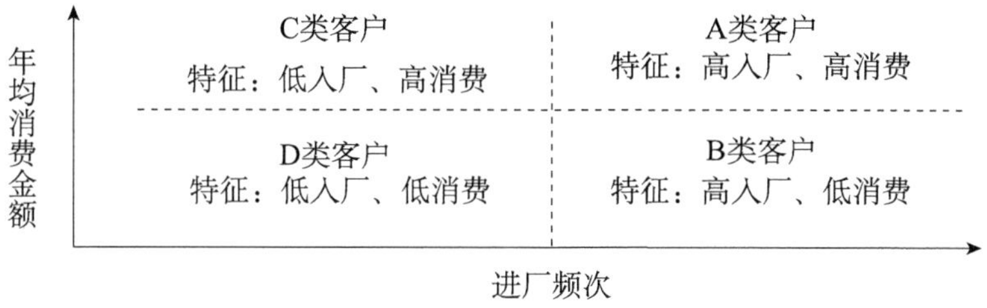

图 3.1.2 按客户价值贡献分类

二、客户满意内涵

服务营销中的客户满意是客户对自己服务期望和实际体验的服务进行主观比较后的结果，是客户的需求被满足后的愉快感受。客户满意中的客户包括现实的个体客户和群体客户，还包括潜在的客户。满意既追求现实客户的感知满意，又追求潜在客户的口碑效应。客户满意已经从最初的处理客户投诉、减少客户不满的初级阶段，发展到今天以追求客户持续满意为指导理念，注重战略经营的全新高度。

客户满意（Customer Satisfaction，CS，见图 3.1.3）这个词用以界定消费者的需求在消费过程中的满足情况，使其从一个生活概念演变为一个科学概念。该概念的提出在西方市场营销研究领域引起了广泛的关注，被视为现代营销管理理论中的核心内容。

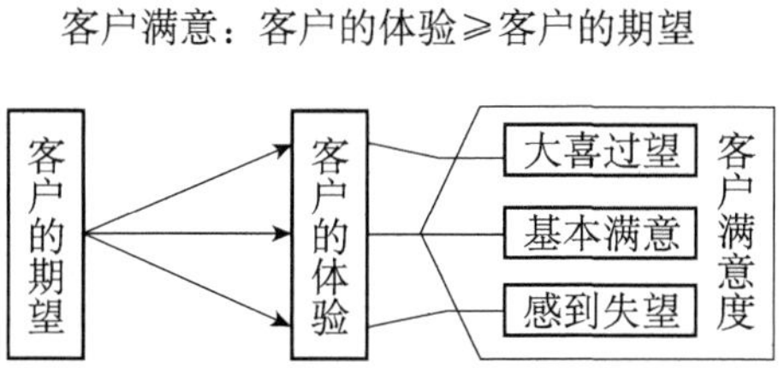

图 3.1.3 客户满意模型

客户满意是一种心理活动，是客户感知利得与感知利失之间的权衡。客户满意度是对客户是否满意的一种衡量尺度，用公式表示为：

客户满意度＝客户体验－客户期望

客户满意度不是一个绝对值，而是一个相对值，它是客户的期望与客户的体验相对比的结果。换言之，就是客户通过对一种产品或服务可感知的效果与其期望值比较后得出的指数，可以理解为量化后的客户满意水平。客户满意度不是一个瞬间值，而是一项需要长期进行的管理工作，它只会在踏踏实实的日常管理中不断提升。

客户期望是指客户在进服务站接受维修服务时，希望从服务站那里得到的东西。对于汽车客户来说，在来汽车维修服务站之前，都会对此次维修的情况抱有一种期望（见图3.1.4）。如果期望基本得到满足，那么客户对此次的消费行为会感到满足。如果超出其期望，客户会感到欣喜或感动，反之则会感到不满意。如果消费行为与其期望相差甚远，则会产生不满意甚至抱怨的态度。服务企业要想让客户满意，应该首先了解客户的期望。一般而言，车主对售后服务的期望由四个因素决定：过去的服务经历、服务口碑的传递、企业的服务承诺和客户的个人需求。

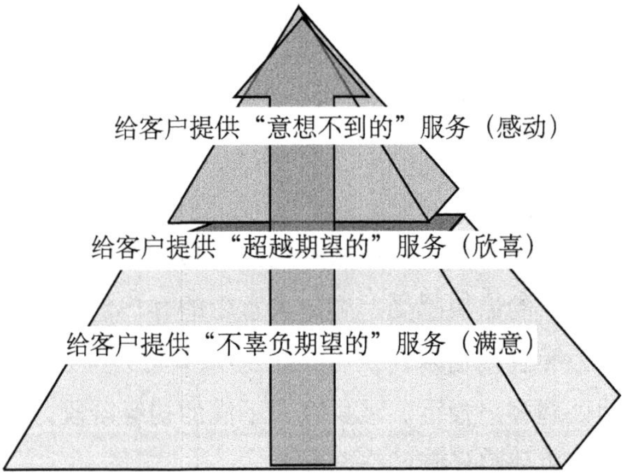

图 3.1.4 客户期望与客户满意的关系

1. 过去的服务经历

客户过去接触过的汽车售后服务企业、打过交道的售后服务人员，这些是属于客户过去的服务经历。在客户之后接受同类型汽车售后服务时，客户自然就会把以前的经历与现状联系起来进行比较，客户心目中对现有企业售后服务的期望值也会与之前所经历过的服务相关联。

2. 服务口碑的传递

客户对售后服务的期望也来自企业的口碑传递。客户可能受身边人的影响，通过朋友或网络获得企业售后服务的好评，或者多次听到企业的消息，从而建立起对企业服务的期望。

3. 企业的服务承诺

客户对售后服务的期望还来自企业的服务承诺，可能是通过广告宣传，也可能是通过服务条款，还可能是在售后服务人员与客户交流时做出的口头承诺。这些服务承诺有些是明确的，也有些是比较含蓄的，而明确的服务承诺更容易让客户抱有期望。

4. 客户的个人需求

影响客户对售后服务期望的最后一个因素来源于客户自身的需求。每个人对自己周围的环境、事物和人都有一种期望，这种期望因个人情况的不同而各不相同。对于同一种服务，不同的人也会有不同的感受。这与客户过去经历的服务无关，与其所听到的服务口碑无关，也与企业做出的服务承诺无关，而与客户的个性、观念、为人处世风格等内在特性有关，因此客户个人需求的差异也会导致其对服务期望值高低的差异。

三、客户在服务过程中的八个期望

客户进站服务时期望有一个满意的服务过程，如正确报价的安心、一次修好的技术、修后感动的关怀等，其关键在于服务流程关键因子的优化。客户进站服务的八个期望主要有：

1. 在经销商处维修车辆时，应方便快捷

（1）迅速维修或预约；

（2）预约应安排在我较方便的时间；

（3）预约进厂维修享受三大优先车辆分流、双人快保、一条龙服务。

2. 当车辆留在经销商处维修时，能为我安排舒适的休息场所

（1）电脑上网区；

（2）饮品；

（3）电视；

（4）精品橱窗；

（5）擦鞋机；

（6）儿童游戏区；

（7）中午逾时的餐券；

（8）专属客户休息区；

（9）专人的服务。

3. 服务顾问应表现出对我维修需求的应有关注

（1）我到达经销商时，立即得到接待；

（2）表现出了解我的维修需求；

（3）在开始维修工作前，与我一起检查车辆；

（4）在开始维修工作前，提供较精确的预估维修费用；

（5）提供较精确的预估维修完成时间；

（6）对待我诚实真挚。

4. 第一次即修理好

(1) 预约时的详细准备及问诊；

(2) 问诊开单的详细记录、说明；

(3) 三人严格质检；

(4) 交车前服务顾问再确认；

(5) 维修后问题点项目的填写详细；

(6) 维修顾问技术提升；

(7) 客户关怀的用心询问。

5. 按时并以专业化的方式完成车辆维修

(1) 在一个合理的时间内维修好我的车；

(2) 通知我有关维修项目的任何变更或额外的必要维护保养；

(3) 通知我有关车辆维修完成时间的任何变更；

(4) 按照承诺的时间修理好车；

(5) 让我在较方便的时间取车；

(6) 在维修过程中保持车的清洁。

6. 就所实施的维修项目进行清晰详尽的说明

(1) 向我说明所实施的全部维修项目和费用；

(2) 向我提供车辆将来所需要的维护保养建议；

(3) 向我说明有价值及免费的服务项目；

(4) 专业及个人化的服务人员解说。

7. 在维修后的一个合理时间内，打电话询问我是否对维修结果完全满意

(1) 在一个合理时间内给我打电话；

(2) 愿意随时为我提供帮助，满意度最后的终检。

8. 对出现的问题或我所关注的事项做出迅速反应

(1) 我就有关事项与其第一次联系时，立即做出答复或解决我所关注的问题；

(2) 向我提供清晰有益的建议；

(3) 严格履行对我所作的承诺。

四、流程中客户满意的弱项提升技巧

汽车维修业务接待流程包括预约、接车、维修与质检、结算交车等，其流程执行越充分，客户抗拒也越少（见图 3.1.5）。汽车售后服务客户满意度的影响因素主要有维修质量、维修价格和维修时间。

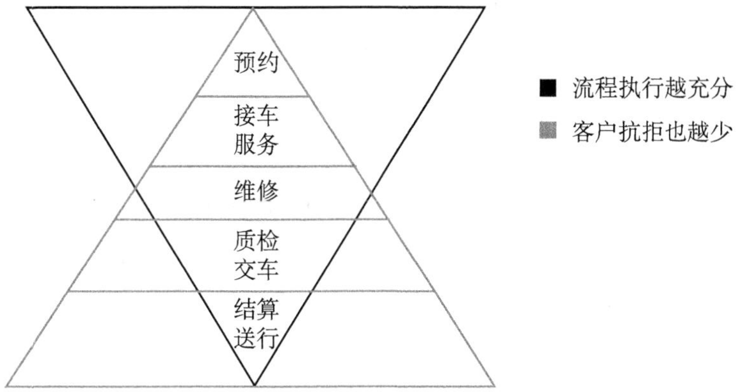

图 3.1.5 客户满意弱项提升模型

(一) 维修质量

(1) 车间协作——特殊车辆（二次维修）时刻与车间技师联系，了解进度；

(2) 服务顾问质检——服务顾问站在客户的角度上检验车辆；

(3) 交车技巧——形成比较（事故车），凸显成果。

1. 环车检查

和客户一起进行环车检查：

(1) 内饰仪表里程数和油表数。

参考话术："里程是 2 万公里，油表显示 1/2。"

(2) 车身外观（由左前门开始，可根据实际情况选择逆时针旋行）。

参考话术："张先生，请和我一起做一下环车检查吧。"

"这边漆面很光亮，您对您的爱车保养得很好。"

"这里有个小凹痕，需要进行钣金油漆处理，大概需要××元，您这次要处理吗?"

(3) 要求客户开启后备厢（备胎气压、随车工具、三角警示架、急救包）。

参考话术："后备厢有贵重物品的话请取出。"

"需要帮您看一下备胎的气压，核对应急工具和三角警示架，方便打开一下后备厢吗?"

"您的随车工具都在，急救包的有效期也在正常时间内，备胎气压也正常。"

2. 保证设施不变

告知客户车内设施不会发生变化。参考话术："张先生，我们有规定尽量不改变车内的设施，如技师在修理过程中必须进行一些操作从而发生设置变化，我们将帮您恢复。"

3. 展示完工车辆

(1) 展示清洗过的车辆：

参考话术："我们已经帮您的车辆做了外部清洁、内部吸尘。"

“很抱歉，因为场地有限不能及时为您清洗车辆，我们赠送您一张免费洗车券，请您凭此券到我们合作的洗车店享受标准洗车服务。”

（2）车辆维修成果展示：

用无纺布/纸从上至下轻拭机油尺，拭去多余机油，将机油尺再次插入，再拔出机油尺，指明机油尺上显示的机油液位并向客户展示清亮的机油：

参考话术：“您看，这是更换后的新机油。干净透亮，它可以使您车辆的发动机在使用过程中降低因摩擦而造成的损伤。”

“张先生，新机油已经添加到这个位置，表示已加满。”

4. 完工检测和服务项目表单解释

（1）重点说明各项维修给车辆带来的益处：

参考话术：“更换机油后，新添加的机油就像图片上看到的那样干净透亮，而未换前污黑且存在漂浮物，更换机油后可以提高车辆发动机的使用性能。”

“2万公里维修/保养项目能确保您的车在行驶过程中更加稳定安全。”

（2）向客户展示完工检测报告表单（刹车加测单、快速检测单、电瓶测试单、A/B保单、终检报告）：

参考话术：“除了您要求的施工项目，我们还对车辆做了轮胎胎压、刹车片等完工检测。”

“这是由质检员与技师共同签字确认的检测表单，请您放心驾驶。”

“我们在检查过程中发现您的玻璃清洁水、制动液和冷冻液量比较少，我们都帮您添加了。”

5. 提醒告知

（1）对照账单维修备忘，提醒本次建议项但未施工的项目：

参考话术：“张先生，本次维修过程中您车身上的凹痕没有处理，建议下次您有时间的话可以到我店来处理。”

（2）对照账单提醒下次进站保养的时间或里程数，并进行预约宣传（提醒到站的时间及里程数，需根据保养推算器进行推算）：

参考话术：“下次的保养时间为8月初，保养的里程数是3万公里，欢迎您提前打电话预约。”

6. 确认设置无改动和用车提醒

（1）在取下四件套前向客户展示并介绍车内设置无改变：

参考话术：“您看，我们确保您车内的设施无改变，请您体验一下。如有需要，我协助您调整一下。”（优化话术）

（2）提醒客户关注用车事项：

参考话术："本次给您做了2万公里的B保养并添加了玻璃清洁水，提醒您现在天气转凉，我们建议您不要自行添加生活用水作为玻璃清洁水，以防结冰。如有问题，您可以随时联系我们，很乐意为您服务。"

（二）维修价格

（1）凸显价格——对于即将进行的维修项目进行解释；

（2）免费维修——强调向客户免费的维修项目；

（3）注重承诺——维修后的旧件展示和成果展示；

（4）价格比较——将套餐前的价格与套餐后的价格进行对比，将某品牌与我们的价格进行比较。

1. 确认项目

（1）根据环车检查和预诊断结果，建议客户应该进行的项目：

参考话术："张先生，根据××车辆的养护规范以及您爱车的保养需求，您需要进行以下项目的维修和保养。"

"根据我们技师的诊断，您的爱车行驶时刹车会有异响，我们建议您更换刹车片，以确保车辆的行驶安全。"

（2）逐项告知维修保养的项目和项目带来的好处：

参考话术："本次是做2万公里的B保养并更换刹车片，我们会帮您更换机油、机油滤清器、空气滤清器和刹车片。更换完后的机油会更好地保护您的发动机，同时刹车片的及时更换也能保证您在行驶中拥有良好的制动效果，避免安全隐患。"

（3）告知客户会为其进行进、出厂检测和服务项目：

服务顾问须至少介绍三项免费服务的内容，参考话术："我们还会为您的爱车做轮胎胎压、刹车片、车辆油液等完工检测。"

2. 告知价格

根据准施工单（估价单）逐项解释价格（本次维修保养的预估费用），参考话术："共计××元，其中材料费××元，工时费××元。"用笔画出价格，并用笔指给客户看。

3. 逐条解释维修项目和价格

用笔画出总费用、总工时和总材料费，对项目的解释采用项目—功能—利益—数字化计算（FFBA）的方法，对照账单进行费用解释。

参考话术："您本次进行的维修保养项目有：进行2万公里大保养，检测内容包括燃油管、制动管、真空管等，还为您调整了大灯灯光，刹车片也做了厚度检测和更换，还更换了机油滤清器、机油、空气滤清器、轮胎。本次维修保养的总费用是××元，工时费用是××元。”

“您赶时间的话，那我之后短信告诉您本次维修保养的具体内容和费用。”

4. 介绍免费项目、重点说明施工带来的益处

(1) 介绍至少三项免费项目：

参考话术：“我们还为您免费添加了玻璃清洁水，检测电瓶电压和轮胎胎压都在正常值范围内，请您放心行驶。”

(2) 重点说明施工带来的益处：

参考话术：“2 万公里保养项目能让您的车在行驶过程中更加稳定安全。”

(三) 维修时间

(1) 分段报时——将维修过程向客户解释清楚；

(2) 预约和快修——推荐客户预约和快修服务。

1. 预估时间

(1) 结合车间情况，科学预估交车时间；

(2) 告知大致交车时间，解释维修所需时间、洗车时间和总共等待时间。

参考话术：“现在是我们站的维修高峰时段，您的车大概需要等待半个小时，加上洗车时间需要 20 分钟，您的车在 5 点左右可以完工，在 5 点半左右交付给您，您下次如果赶时间的话可以提前打电话预约。”

2. 完工检测和服务项目表单用时解释

(1) 重点说明各项维修给车辆带来的益处和花费的时间：

参考话术：“更换机油后，新添加的机油就像图片上看到的那样干净透亮，而未换前污黑且存在漂浮物，机油更换后可以提高车辆发动机的使用性能。”

(2) 向客户展示完工检测表单和时间（刹车加测单、快速检测单、电瓶测试单、A/B 保单、终检报告）：

参考话术：“除了要求的施工项目，我们还对车辆做了轮胎胎压、刹车片等完工检测，这要花费 15 分钟时间。”

“质检员需要花费 15 分钟时间为您的爱车做质检，这是由质检员与维修技师共同签字确认的检测表单，请您放心驾驶。”

“我们在检查过程中发现您的玻璃清洁水、制动液和冷冻液量比较少，我们都帮您添加了。”

3. 确认估时准确性

告知维修时间与预估时间一致，并且合理。参考话术：“您看，我们现在打印账单的

结账时间为××××。对照您进厂的时间，我们总共花费了××小时为您的爱车进行了B保养的施工。这些时间涵盖派工××小时，维修技师施工××小时，质检时间××小时，洗车××小时，总计的等待时间与我估计的时间相符。”

初级服务顾问实操考试评分表

表 3.1.2　　初级服务顾问实操考试评分表

序号	环节	评分项	评分标准	考评—1/次
1	启动	着装	着×××汽车标准工装，大小合身、平整，佩戴标准工牌	
2		仪表	男：不留长发、胡子；女：盘发、不化浓妆、高跟鞋不超过3厘米、饰品简单	
3		接车工具准备	四件套、预检单、板夹、笔、水杯、饮料、洗车券、客餐券、满意度调研问卷、信封、雨伞	
4	预约服务	电话接听	电话铃响在三声或十秒内接听	
5			报出店名、岗位或职位及自己的姓名。例：“您好，×××汽车×××服务站，我是服务顾问……”	
6			询问用户称谓。例：“请问怎么称呼？”	
7			询问电话来意。例：“请问有什么可以帮您？”	
8		信息登记	车辆信息（车型、车牌号、行驶里程）、用户信息（电话号码）缺一不得分，记录在预约登记表上	
9		预约确认	与客户确认预约时间、预约项目、有无指定维修技师，最后询问是否还有其他问题，少一项不得分	
10		提醒带齐相关资料	如保养手册、行驶证，告知客户服务站地址	
11		预约结束语	“感谢您的来电”等	
12			在客户挂电话之后挂断，若客户不挂电话，则提醒客户挂断电话	
13		填写预约看板	准备工位、维修技师、备件，确认施工条件满足后填写预约看板，内容准确完整	
14		提前确认进厂时间	提前半小时致电客户，询问是否能准时进店，提醒客户准备工作保留前后15分钟，未能准时进店则调整预约时间	
15	客户接待	引导停车	按×××汽车标准服务礼仪规范操作，一分钟接待，引导停车	
16		向客户问好	例：“您好，欢迎光临×××汽车×××服务站”	
17		自我介绍	例：“我是服务顾问……”	
18		确认来意	例：“请问有什么可以帮您”，询问客户是否做过预约	
19		请客户出示车辆资料	保养手册和行驶证	
20		为客户打开车门	提醒客户携带贵重物品下车，如钱包、手机、相机、现金等	
21			按×××汽车标准服务礼仪规范操作，为客户打开车门，手掌护头	

续前表

序号	环节	评分项	评分标准	考评—1/次
22	客户接待	当着客户的面安装四件套	安装时向客户说明四件套的作用	
23		车辆检查（内部）	里程、剩余油量、功能件、仪表台、座椅等完好性说明	
24		车辆检查（外部）	邀请客户一起对车辆外观/油漆、内部、备胎/工具，并请客户确认	
25		其他故障确认	询问客户车辆是否有其他需要检查或维修的项目	
26		旧件确认	询问客户是否需要保留旧件	
27		近期活动介绍	询问客户是否参加“四季活动”或“站内活动”	
28		客户状态确认	客户留店或离店（询问客户是留店等待还是离开）	
29		洗车确认	询问客户是否需要洗车	
30		预检单书面记录	使用预检单完整记录并向客户说明维修时间及预估费用，字迹工整，并要求客户签字	
31	诊断开工单	引导客户至接待室	引导手势、为客户拉开座椅动作按×××汽车标准服务礼仪规范操作，向客户递交名片与第一杯水	
32		客户信息新建或更新	询问客户信息是否发生变化并在DMS系统更新，如地址，电话等	
33		维修、保养项目确认	主动陈述保养和维修的项目	
34		预估维修费用说明	单项费用和总费用都要说明	
35		预估维修时间说明	维修时间和交车时间都要说明	
36		维修技师说明	询问客户是否有指定维修技师，告知维修技师等级及姓名	
37		遗漏项目确认	打印任务委托书前再次确认是否有遗漏项目	
38		打印任务委托书	系统打印任务委托书并请客户确认签字	
39		委托书客户联交接	任务委托书签字后将客户联交给客户，提醒客户以此联作为提车凭证	
40		引导客户至休息室	按照标准服务礼仪操作，包括规范用语、肢体语言等，不规范不得分	
41		主动提供饮品	提供三种以上饮品、询问需求、使用小推车、礼仪规范（或向客户介绍客服专员）	
42		环境介绍	休息室设施介绍、报纸杂志介绍、卫生间指引、无线密码、告知客户有需求时到哪里找服务顾问（自己）	
43	维修质检	维修进度通报	服务顾问过来和客户沟通任务完成情况，请客户填写满意度调查问卷，询问是否需要添加茶水	
44		维修增项确认	对增修项目、费用、交车时间等具体信息向客户做说明并确认签字	

续前表

序号	环节	评分项	评分标准	考评—1/次
45	交车准备	完工车辆检查	服务顾问对车辆内外部清洁状况、报修项目完成情况进行检查，做好旧件展示准备	
46		交车物料准备	回到接待台，准备交车物料、单据等，如车钥匙、保养手册、行驶证、结算单、信封、出门证等	
47		陪同客户验车	告知客户车辆已维修完毕、内外部已清洁，请客户验车后出示提车凭证	
48			按任务委托书与客户一起检查维修项目、外观、备胎、工具等	
49			主动向客户解释保养或维修的作业内容，打开机盖展示保养成果，说明相关油液经检查都在正常范围	
50		旧件确认	向客户展示本次维修更换的旧件	
51		成果确认	询问客户是否还有其他问题，若无需求，当着客户的面取下四件套	
52	结账交车	引导用户结算	引导客户至前台结算（引导手势、为客户拉开座椅动作按×××汽车标准服务礼仪规范操作）	
53			解释车辆维修结算单的各项费用和总维修费用	
54			请客户在结算单上签字确认	
55		提醒下次保养	向客户说明定期保养的重要性，提醒下次保养的里程/时间	
56		提醒 3DC 回访	主动提醒客户，说明 3 日内有回访电话，询问客户方便接受回访的方式和时间	
57		引导客户至收银台	引导手势按×××汽车标准服务礼仪规范操作，将相关交接材料装进信封交给客户	
58		陪同客户取车道别并致谢	陪同客户取车	
59			道别指的是再见或祝客户用车愉快，致谢指的是感谢客户光临或感谢客户对工作的支持	
60			目送客户离开	
61	跟踪回访	电话回访	根据维修项目回访	
62			报出店名、岗位或职位及自己姓名	
63			客户提出抱怨时，认真倾听，提出较满意的协商方案	
64		结束语	如“感谢您的支持”“祝用车愉快”“谢谢，再见”	
65			在客户挂电话之后挂断，若客户不挂电话，则提醒客户挂断电话	
66	综合表现	语言规范	标准普通话、吐字清晰、语速适中、声音甜美且洪亮，欢迎语、问候语、征询语等的使用情况	
67		礼仪体现	站姿、走姿、坐姿、引导标准化、职业化	
68		流程应用表现	熟练、流畅、自然	
69		专业技能表现	常用配件价格、工时标准、产品知识	
70		沟通技巧体现	接待中很好地和客户互动	
71		亲和力表现	面带微笑、亲切、诚恳、表情自然，使人产生亲近感	
总分合计				

案例剖析

不重视洗车服务，影响整体服务满意度

左先生来到特约店做车辆保养，服务顾问接车后将车开进车间，左先生也来到休息室休息。一个小时后，左先生找到服务顾问询问保养进度，服务顾问告知左先生车辆已经保养完毕准备排队洗车，但过了20分钟后服务顾问还没有交车，左先生走到洗车区看见自己的车停在那里，后面的车都是一辆一辆插队洗完了。于是自己在维修区找了一个工作人员询问谁来安排洗车，哪知工作人员告诉他洗车本来就不是特约店该做的事情，要想洗车就得等，不然就去洗车店洗。

左先生心平气和地询问情况，不料却碰了一鼻子灰，看到趾高气扬的工作人员，左先生一气之下去店里找售后经理老周投诉。老周表示由于近期开展服务活动，来店的车辆特别多，故等待的时间较长，答应马上安排工作人员给左先生洗车。

左先生忍住不快在服务顾问的陪同下，先到财务处付款，五分钟后由于赶时间直接又到洗车区，准备看看车要是洗好了就直接把车开走的，正巧看到洗车工正在用毛巾在车内蘸水，原来是洗车人员无意中使喷枪喷射到了车内，这下左先生忍无可忍，提出退款赔偿要求。

【原因分析】

1. 原想洗车很简单，不料惹了一肚子火

加强团队的客户服务意识，每一个员工坚决做到视客户为亲人，如伤害客户就须问责。

2. 强调客观理由不能缓解客户的抱怨

特约店繁忙不是说服客户消除抱怨的理由，特约店需要针对本店实际情况优化洗车流程，而不能不按照工作流程操作。

3. 洗车应该有质量考核标准

如此进行洗车操作既浪费时间，又可能引发汽车电气故障，使客户的抱怨升级。洗车人员应该严格执行洗车操作工艺，避免引发不必要的投诉。

【要点建议】

洗车不是给客户的恩赐，洗车是售后服务流程的组成部分。

1. 服务顾问应该对客户提供全程服务

客户离店之前，服务顾问要始终给予关注、帮助。身处陌生的环境，如有人给予指点或安排会使客户不安的心获得平静。

2. 洗车工位必须纳入特约店的组织管理

特约店不能将洗车工位以包代管，必须和品牌提升建设捆绑在一起。洗车环节的落实

应该纳入服务顾问的工作问责范围，否则短视的经营行为迟早会导致客户流失。

3. 均衡安排，减少等待时间

根据季节、汽车保有量进行服务安排，采取加强预约化解忙闲不均、强化接待责任到位、增加洗车工位、醒目提示洗车流程、规范车辆等待顺序等措施以充分获得客户理解。

4. 不可轻视洗车工位工艺纪律

不按工艺洗车可能造成电气故障，可能影响油漆光泽，也可能出现更多此类客户抱怨。不能简单地把洗车工位看作熟练岗位，应实施效率激励机制来调动员工积极性。

知识拓展

汽车售后服务满意度调查

以客户满意度为出发点，重视客户满意度是企业管理的着眼点。随着科学技术水平的提升，对客户满意度已能进行更加科学、客观的度量。作为国内较早的以消费者为研究主体的汽车行业分析机构，君迪（J. D. Power）亚太公司于2001年在中国引入售后服务满意度调研（CSI）评价体系，自此开始，中国汽车售后服务满意度有了一个客观、公正的评价标准和结果。到今天，越来越多的调研机构乐于提供这方面的数据，为汽车行业、汽车服务类企业和消费者提供参考。

当前，在国内汽车售后服务满意度调研方面认知度最高、最具权威的有两大调研。其一是君迪亚太公司进行的汽车售后服务满意度调研，其二是中国汽车维修行业协会进行的中国汽车售后服务客户满意度调查（China Automobile After-sales Customer Satisfaction research，CAACS，中文简称卡思调查）。两大调研所采用的调研因子不尽相同，但是同样具有客观性、真实性，能够在很大程度上反映当前我国车主对不同品牌和企业售后服务满意度的评价。

一、君迪售后服务满意度调研

君迪是成立于1968年，总部设在北美的专业从事汽车工业市场研究的调研公司。到目前为止，君迪是全世界最大的、最具权威的第三方汽车调研机构。君迪每年对世界上很多国家和地区市场上销售的汽车进行调研，并根据这一年的调研结果做出报告，对所有车型根据不同类别（如质量、客户满意度等）在同一个国家或地区市场上进行排名。君迪调研给汽车行业和消费者提供了一个具有纵向可比性、横向可量化的深度报告，业已成为汽车行业现状研究的重要参考。现在，很多汽车厂家将君迪相关调查结果作为改进自身工作的一个重要依据。

君迪在中国的调研主要包括新车质量调研（IQS）、销售满意度调研（SSI）、售后服务满意度调研（CSI）、汽车性能运行和设计调研（APEAL）、未购买客户调研（ESS）五大内容，其中售后服务满意度调研于2001年开始，每年一次。

（一）调研方式

汽车售后服务满意度调研是调查购车用户（12～24个月内的购车用户）在汽车经销商店内接受服务的经历和车辆维修保养时的满意程度。调研时间为每年2月到5月，在全国33个主要城市通过街头、购物中心、停车场及其他公共场所招募选取用户，合格的受访者将在他们方便的地点接受正式且详细的面对面访问。

（二）客户满意度五大因子

整体的满意指数与经销商店内工作人员如汽车售后服务接待员的服务表现息息相关。整体客户满意度指数的总分为1 000，分数越高，代表被调查用户对在购车过程中的服务越满意。最初君迪在售后服务满意度调研评价体系中运用了七大因子，2009年以后重新设定为五大因子，即服务启动（15%）、服务顾问（15%）、经销商设施（15%）、服务后交车（20%）以及服务质量（35%）（见图3.1.6）。重塑的售后服务满意度调研结构要素与君迪的全球售后服务满意度调研标准一致。

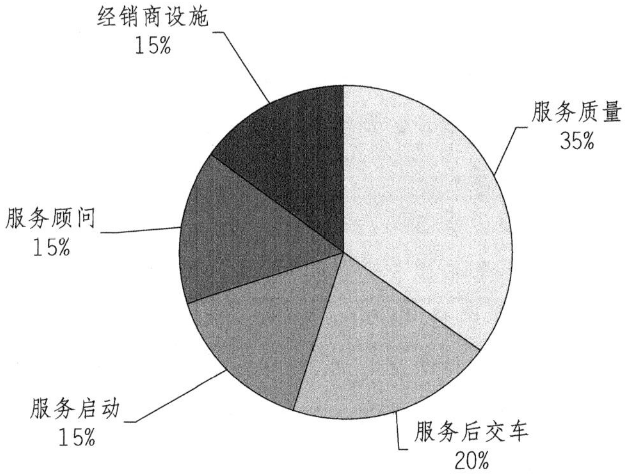

图3.1.6　客户满意度五大因子

其一是服务启动，共包括两个方面，一是预约服务，二是接车服务。其二是经销商设施，这项因子与店内的环境以及硬件设施的好坏有着直接的关系。其三是服务顾问，服务顾问的工作状态以及业务水平将带给服务对象最直接的面对面感受。其四是服务后交车，包含收费的合理性、交车时的内容解释告知等方面的内容。其五是服务质量，这项因子是客户对于经销商店内服务水平的整体评价。客户满意度因子解析如图3.1.7所示。

君迪用这五大因子来涵盖客户接受售后服务的整个过程。在历年的调查结果中，因子的权重不是一成不变的，权重的变化取决于调研用户。君迪在完成汽车售后服务满意度调研之后，会对五大因子的比重进行统计，如果占比与前一年相比变化较大，则会做出相应调整。五大因子权重的变化，直接反映出五大因子在售后服务过程中受关注程度的变化。

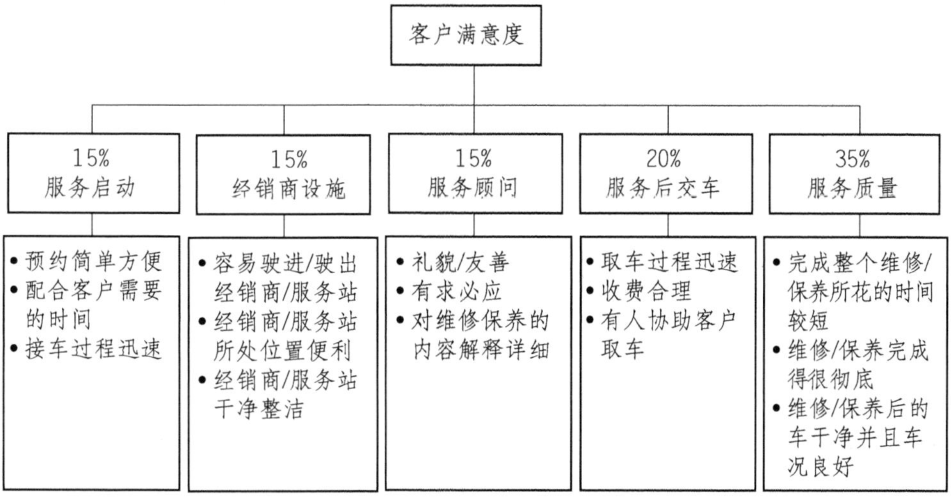

图 3.1.7　客户满意度因子解析

二、卡思调查

卡思调查于 2009 年正式启动，是中国汽车维修行业协会受交通运输部委托，在全国 50 个主要城市进行的汽车 4S 体系售后服务客户满意度调查研究活动，取样设计覆盖国内所有主流的汽车品牌、5 年以内购买车辆的车主，所有样本采用一对一面访形式，调查由各地方行业管理部门与维修行业协会主导执行，调研频次为一年一度。

卡思调查采用规范性、公开性、人性化、便捷性、专业性和收费合理性六项指标，下设 25 个主要因子（见图 3.1.8 和图 3.1.9）。规范性包括对交付项目工单、换下配件交修方处理、交付维修结算清单、维修结算清单分列、签发竣工出厂合格证及整体规范性等方面的评价。公开性指的是价格公开度、修前项目和费用解释、维修过程透明及修后项目和费用解释等。人性化包括服务人员礼貌热情、服务人员主动为客户着想、休息区舒适性、

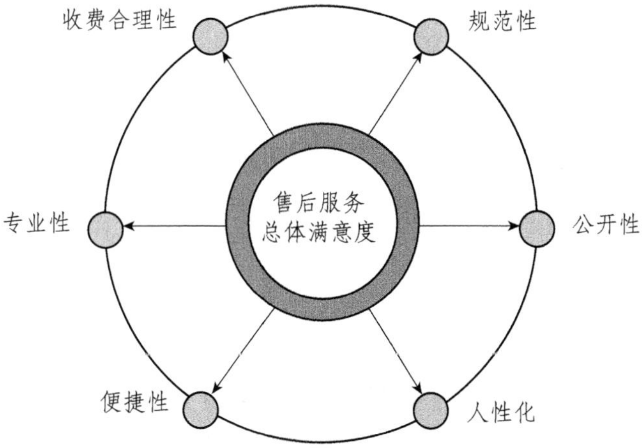

图 3.1.8　卡思调查指标体系

打发时间方式和提醒服务等方面。便捷性指的是网点到达便利性和维修等待时间长短。专业性体现在正确诊断故障、任务完成情况、人员专业水平和一次修复率四个方面。收费合理性包括总工时费合理性、配件价格合理性和与车辆相关的附加服务（如洗车、免费检测等）。

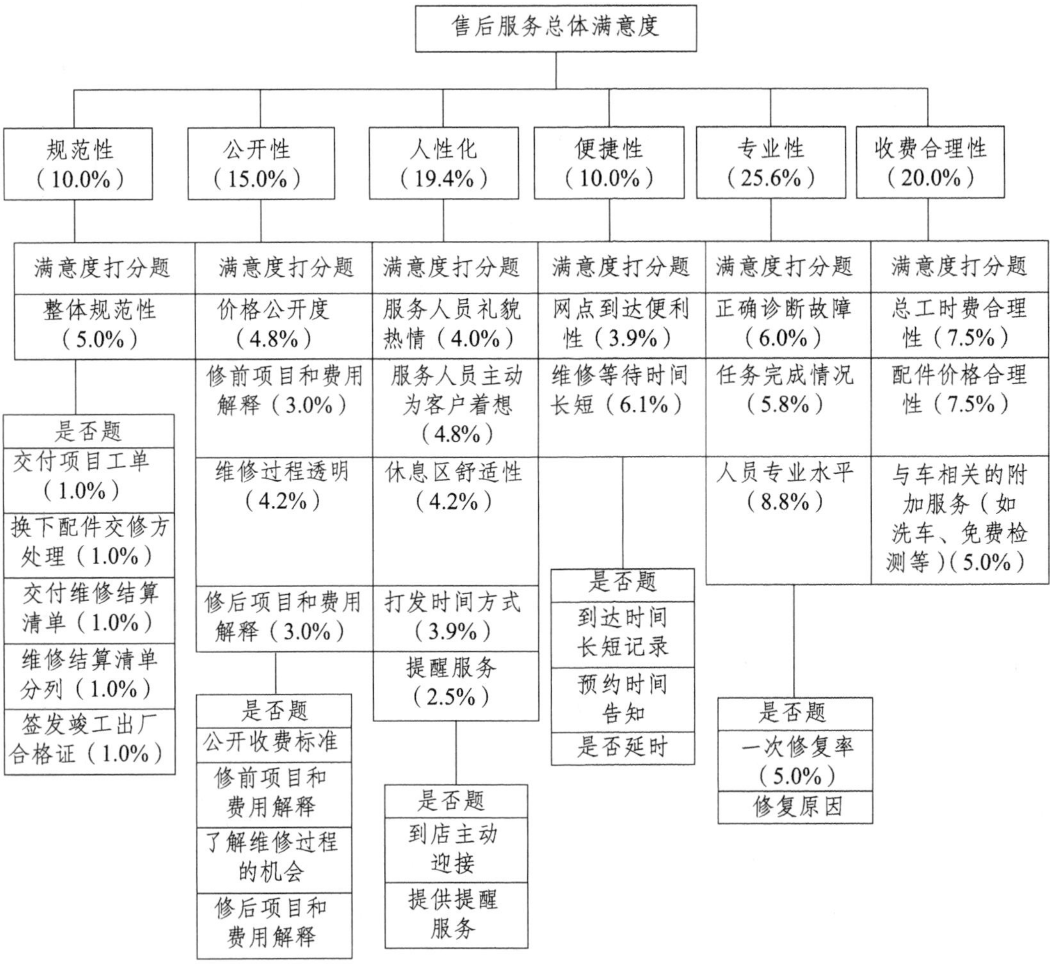

图 3.1.9 卡思调查指标的主要因子

三、4S 店客户满意度调查

一般汽车 4S 店的客户满意度调查分为专营店内部调查、主机厂家抽样调查 2 个层级。

（1）专营店内部调查：在客户维修保养提车后的 3 天内，即 3 日内回访。调查范围是对所有回厂客户进行电话问卷调查；

（2）主机厂家抽样调查：在客户回厂维修保养后的次月，调查范围是在每个专营店的回厂客户中抽取一定样本数量。

不同企业售后服务满意度调研内容不同，但大致围绕售后服务流程，结合君迪售后服务满意度调研和卡思调查的指标体系设计售后服务客户满意度调查表进行调研（见表 3.1.3）。

表 3.1.3　　某企业售后服务满意度调研

序号	题目描述	类型	打分标准	得分	不满意点描述	改善后得分
1	当您的车辆该做例行保养时，专营店有没有提醒您？	落实度	是或否（有或无）			
2	专营店有没有建议您在车辆维修/保养前先预约？	落实度	是或否（有或无）			
3	在服务顾问接车过程速度（包括等待被招呼、与服务顾问沟通、钥匙交接和填写书面文件）方面，您觉得做得怎么样？	满意度	1～10 分			
4	在您的车交付维修/保养前，服务顾问是否向您详细解释了本次维修/保养的内容和收费情况？	落实度	是或否（有或无）			
5	您觉得服务顾问在热情/礼貌等态度方面做得怎么样？	满意度	1～10 分			
6	您认为客户休息区（包括设施、饮料）舒适性怎么样？	满意度	1～10 分			
7	在维修/保养完成后对服务顾问周到迅速协助您提车方面，您的满意度是怎样的？	满意度	1～10 分			
8	服务顾问是否向您展示或邀请您看更换的旧零件，并询问您对此零件的处理方法？	落实度	是或否（有或无）			
9	在整个维修过程中，服务顾问是否能专业、详细地回答您对维修/保养提出的疑问？维修过程中，服务顾问有没有与您及时沟通进度？	落实度	是或否（有或无）			
10	在维修/保养完成后，您对车辆干净、车况良好（无损坏，车内设置无变化）方面的满意度是怎样的？	满意度	1～10 分			
11	就本次维修/保养而言，专营店是否一次性彻底完成了您要求的项目？	落实度	是或否（有或无）			
12	就本次维修/保养而言，请问您对专营店在完成整个维修/保养所花费的时间方面的满意度是怎样的？	满意度	1～10 分			
13	您对本次维修/保养收费合理方面的满意度是怎样的？	满意度	1～10 分			
14	上次维修保/养后的几天里，专营店有没有与您联系并询问您车辆的使用情况？	落实度	是或否（有或无）			
15	总的来说，对本专营店本次维修/保养服务，您的满意度是怎样的？	满意度	1～10 分			

客户建议：

实践操作

保养车辆接待综合实训

【参考案例】

一个炎热的夏天，客户吴先生来到4S店准备做2万公里保养，未预约。吴先生准备带刚高考完的孩子去西藏自驾游。你作为服务顾问接待了吴先生，与吴先生一起对车辆进行环车预检，并针对吴先生的需求进行售后营销项目挖掘。车辆进入车间维修过程中，维修技师反馈，空气滤芯和空调滤芯都比较脏，需要更换，同时车辆因长期不正当操作导致前轮内刹车片磨损严重，你就此情况与吴先生做了沟通和交流。在结算交车过程中，吴先生发现车辆左前门有划痕，因环车预检未说明，吴先生认为这是车辆在维修保养过程中所致的划痕，要求4S店进行相关赔偿。

一、训练内容

保养车辆接待综合实训。

二、训练目的

（1）熟练执行保养车辆的接待流程；

（2）能根据客户和车辆情况进行产品营销；

（3）熟练应用抱怨投诉处理技巧；

（4）树立为不同需求的客户提供优质服务的意识。

三、训练步骤及要求

（1）指导教师对全班学生进行分组，6～8人为一组，组长采取轮流制进行；

（2）分组设置车辆接待案例，可以设置优惠活动，每个案例设置1～2个异议，1个客户抱怨，并根据客户和车辆情况挖掘客户需求，进行产品营销；

（3）以组为单位，组长带领组员讨论后充分发挥想象力，编写保养车辆接待剧本，编写完成后小组内部进行演练；

（4）为防止小组搭便车，教师以抽签的方式随机选择学生进行保养车辆接待综合模拟，模拟成绩作为小组成绩（见表3.1.4）。

（5）小组拍摄保养车辆接待模拟视频；

（6）评价与总结（好的与不足两方面评价）。

表3.1.4　　保养车辆接待模拟评价

考核内容		比例	评分要点	分值
1	礼迎顾客	5%	帮顾客打开车门，迎接顾客下车	1
			问候顾客，自我介绍，递送名片	1
			请教顾客称呼，问清来意	1
			适当赞美顾客，适当推销自己和企业	2

续前表

考核内容		比例	评分要点	分值
2	环车检查	30%	套好四件套	1
			填写委托书和问诊表的基本信息	2
			提醒顾客取走贵重物品	2
			征得顾客同意后，进入驾驶室检查并记录检查结果	5
			逆时针检查车外6个方位并记录检查结果	10
			环车检查时了解车辆使用状况及存在问题	5
			确认顾客的故障描述，做好记录	2
			有缺陷时建议维修	3
3	增项推荐	10%	搜集顾客信息，了解车辆使用打算	3
			分析顾客需求，挖掘潜在需求	3
			提供专业建议，推荐顾客需要的增项服务	4
4	项目确认	10%	请顾客到洽谈桌落座，询问并递送饮品	1
			确认常规服务和增项服务项目，签订委托书	7
			询问顾客电话，安排顾客到休息室等候	2
5	交车准备	5%	准备好委托书、工单、旧配件、车钥匙及行驶证	3
			取出顾客委托保管物品，放回原处	2
6	车辆验收	20%	陪同顾客查看竣工车辆	5
			当面取下车辆防护件	2
			向顾客解释服务项目	12
			请顾客在工单上签字	1
7	核单结账	5%	陪同顾客至收银台处，向顾客解释收费项目	4
			请顾客核对结算单，并签字付款	1
8	礼送顾客	5%	向顾客建议下次保养时间，介绍用车注意事项	3
			与顾客道别，表示谢意，目送顾客开车离去	2
9	异议处理	10%	礼貌倾听顾客的问题和异议	2
			正确回答和处理	8

四、评价与总结

评价与总结示例如表3.1.5所示。

表3.1.5　保养车辆接待技能训练评价

测评内容	1. 保养车辆模拟接待　2. 拍摄保养车辆接待模拟视频				
考评标准	内容	分值	自评	互评	师评
	两两进行保养车辆接待模拟	50			
	小组提交1份保养车辆接待视频	50			
合计		100			
最终得分（自评25%+互评25%+师评50%）					

自评：包括团队成员的工作态度、团队分工合作情况、工作流程及对成果质量评价、项目收获。
互评：客观评价，先提优点，再道不足。
师评：教师根据团队成果优缺点，有针对性地点评，启发学生的创新思维，对各团队普遍存在的问题进行重点分析，并提出要重点注意的问题。

五、训练成果

小组提交 1 份保养车辆接待模拟视频。

思考练习

(1) 客户是如何进行分类的?

(2) 请分析客户满意度的影响因素。

(3) 客户服务过程中的期望主要有哪些?

(4) 流程中客户满意度的弱项提升技巧有哪些?

(5) 正常维修保养车辆的客户接待流程是怎样的?

任务二　故障车辆接待综合训练

学习目标

通过本次任务的学习，你将懂得故障车辆接待基本沟通技巧、流程及注意事项，掌握客户抱怨和投诉处理流程及技巧，能运用问诊表为不同故障车辆进行问诊接车。通过学习和训练，你将能够：

(1) 运用 5W2H 问诊法进行故障问诊；

(2) 熟练运用相关技巧执行故障车辆接待工作；

(3) 处理接待过程中的抱怨和投诉；

(4) 树立以客户满意为目标的服务意识。

工作任务

学生自行拍摄故障车辆接待模拟视频。

相关知识

在维修业务接待中，与客户沟通占据重要位置，除了需要注意说话态度以外，还包含社会心理学的应用，作为维修业务接待人员只有不断地总结实践经验并不断地丰富理论修养，工作才能做得出色。

一、故障车辆接待流程及接待注意事项

故障车辆接待流程如图 3.2.1 所示，疑难故障及大修车辆接待流程如图 3.2.2 所示。

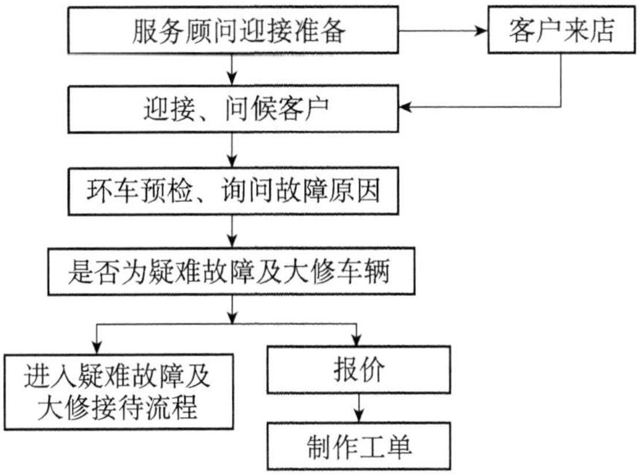

图 3.2.1　故障车辆接待流程

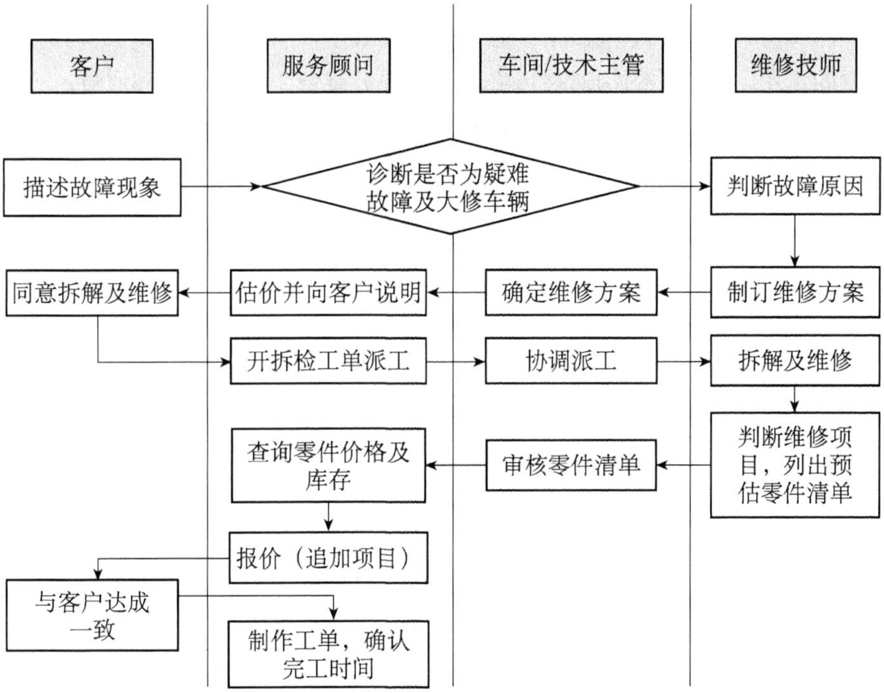

图 3.2.2　疑难故障及大修车辆接待流程

（一）询问故障情况

服务顾问通过询问客户得到对车辆故障现象的详细描述是维修技师快速发现故障和解决故障问题的前提。为此，服务顾问需要详细询问故障现象、故障位置、什么情况下出现故障、故障出现时间、故障出现频率、故障出现时的天气情况等，如果是周期性故障，还

要询问此前在什么地方维修过及维修项目等。

在询问故障情况时，服务顾问应做到以下几点：

（1）必须询问症状发生时车辆行驶的条件和环境，以便诊断故障时参考；

（2）提问尽可能通俗易懂，尽量不要使用专业术语；

（3）与客户交流时尽量直接询问故障所在的位置或部件。

（二）核实故障情况

在询问故障现象后，服务顾问要根据故障情况进行核实，必要时请车间主管或维修技师进行路试确认。核实工作非常重要，因为客户并非专业人士，其描述大多数都是凭感觉的，无法确定是哪个系统出了故障，所以只凭客户描述就制定工单的话，可能会将维修工作引入误区。

（三）分析故障现象

对核实后的故障现象进行初步分析并向客户说明，切忌下结论。

服务顾问不能仅仅作为一个简单的"传话筒"，不能错误地认为只要把客户的原话直接记录即可。接待工作是整个维修工作的开端，而这个开端的好坏对维修工作能否顺利完成起到重要的作用，专业性的沟通技巧将会大大提高维修工作的效率和质量。

（四）在客户同意的情况下进行作业

服务顾问的任何工作都要在客户知晓的情况下进行，书面认可是表示知晓及同意的最好方式。在疑难故障及大修车辆中，经常会遇到需要拆检才能确认真正的故障和维修项目及价格。在这种情况下，在估价时要向客户做好提前说明，并必须得到客户的书面认可后才能进行拆检作业，避免后续问题的产生，拆检完成后，结合追加项目向客户明确报价。

二、故障车辆接待的基本沟通技巧

接车工作是4S店与客户打交道的第一道门槛，接车工作是否到位对下一步的维修工作起着重要作用。维修业务接待人员一般是根据客户的故障描述填写维修接车单，而车间维修人员通常是根据接车单的内容进行维修操作。如果接车工作出现了问题，特别是出现了技术性错误，那将给维修工作造成很大的麻烦，很容易给客户带来经济损失，从而引起纠纷。因此，维修业务接待人员除了要听清楚客户对车辆故障的描述外，还要针对不同的故障现象引导客户补充必要的故障说明以供维修参考。

（一）尊重客户的描述

维修业务接待人员在接待客户时，如果客户有描述故障，那么维修业务接待人员需要用心倾听，细心询问并复述确认故障情况。在听完客户的故障描述后，正确判断故障发生的可能原因，并且配合车间诊断技师找出车辆隐蔽故障，为客户提供合理的维修建议，从而以专业性赢得客户的信赖，为企业创造利润。若暂时无法判断故障原因，应向客户说明将采取的维修方案。同时，请车间诊断技师给予维修技术支持。

（二）5W2H 问诊法

由于汽车故障类型多样，相同或相似的表面症状背后对应的可能是不同的原因，因此维修业务接待人员在进行车辆的故障问诊时，要尽可能准确、详细，以帮助维修技师更快、更准确地判断故障。通常维修业务接待人员应采用 5W2H 的问诊技巧，提问时尽量采用开放式提问，做结论时可以采用封闭式提问。

5W2H 问诊法又称七何问诊法，包括：

（1）What——什么问题？

——哪个系统出了问题？当时发动机、变速箱、仪表单元、空调等其他功能的状态怎样？

（2）When——什么时候发生的？

——包括季节（温度、温差）、时间早晚等，从什么时候开始发生的？

（3）Who——谁开的（驾驶）车？

——驾驶风格或习惯（粗暴——一脚刹车一脚油门；柔和——轻踩油门和比较稳定的踩刹车）。

（4）Where——什么地方？

——国道、高速、市区繁忙公路等，包括车速之类的信息。

（5）Why——发生原因咨询。

——故障发生前车辆是否发生过其他故障或最近是否做过维修、保养、改装（加装）或发生事故等。

（6）How——怎么样发生的？

——客户是否有简单的判断，有没有其他伴随的现象，如发动机灯亮（有没有伴随有抖动现象）、发动机熄火（是慢慢抖动几下熄火还是突然熄火、打方向打到底或颠簸路面熄火等信息）、下雨、特殊路面、添加过燃油、清洗过车辆等。

（7）How often——故障发生的频率。

——到目前为止共发生多少次，如一天几次、几天一次、一个月几次、几个月一次。

课堂练习

请两位学生扮演服务顾问和客户，运用 5W2H 问诊法的技巧，就“车子有异响”进行故障问诊。

不同服务顾问接待同一辆车产生不同结果

维修工作质量的好坏，车辆能否一次性修复，在很大程度上取决于服务顾问的服务工作质量的高下。善于倾听顾客的要求，对车辆故障现象的准确叙述，并以书面形式将这些信息转达给车间技术人员是保证维修质量的前提。例如：笔者曾遇到过两位服务顾问接待同一辆故障车，产生两种不同的维修结果的事例。

客户报修一辆威驰轿车的自动变速器挂入R挡后仪表盘上的液晶显示屏立即变成暗屏，但挂入D挡后仪表盘上的液晶显示屏又恢复正常。第一位接待客户的服务顾问没有进行具体的故障问诊，只把顾客反映的现象写在施工单上就交车间修理了。维修技师根据施工单上描述的故障现象，反复试车，故障没有重现。按经验判断，蓄电池亏电会造成用电设备供电不足，因此，维修技师用专用蓄电池检测仪对蓄电池进行检测，蓄电池检测仪提示蓄电池需要充电，考虑到车辆已经行驶2年多时间，蓄电池接线桩头也已腐蚀，在征得客户同意的前提下更换了蓄电池。但车辆出厂后没几天客户又来店说故障依旧，而且故障出现的频率增加了。

这次换了一位服务顾问接待该客户，该服务顾问详细询问了故障每天发生的次数，在什么气候环境、道路条件下发生，故障发生时其他用电设备是否正常，等等。客户得到提示后，反映有故障时车窗玻璃不能升降。服务顾问根据客户反映的相关故障信息在实车上试验，故障终于重现了，而且观察到在自动变速器挂入R挡后倒车灯也不亮，服务顾问把这些故障信息填写了问诊单交由车间检查。维修技师根据问诊单的信息，即“自动变速器挂入R挡倒车灯不亮，仪表盘上的液晶显示屏暗屏，车窗玻璃不能升降”，并结合电路图分析，很快找到了这些用电设备的共用电源——仪表熔丝。经检查仪表熔丝完好，但是在故障发生时，没有12V电压通过仪表熔丝，再继续检查发现从点火开关至仪表熔丝的线路上，在车辆安装防盗器时借用了12V电源，导线连接处没有焊接牢固，长期使用此处已经锈蚀，导致接触不良、电阻增大，因此在车辆挂入R挡后，2个20W倒车灯点亮产生的瞬时较大电流在该处形成较大的电压降，从而造成仪表熔丝没有12V电压，仪表盘上的液晶显示屏暗屏。

三、不同总成故障问诊

问诊技巧是服务顾问必须掌握的一种接待技巧，主要包括初步判断、深度了解、复述理解、专业建议四个步骤。

(1) 初步判断主要是通过看、听、闻、感觉进行：看主要是看仪表盘上是否有故障灯，是否有漏油情况；听主要是听发动机声音是否有异样；闻主要是是否有异味等；感觉主要是查看车子是否有抖动等问题。

（2）深度了解是根据初步判断的问题，使用开放式问题收集更加详细的信息。通常使用 5W2H 问诊法，该方法在前面已介绍。

（3）复述理解是用自己的语言来重新叙述客户的描述。

（4）专业建议是为客户说明初步的判断以及理由，让客户安心并建议车辆做全面检查。

课堂练习

两人一组，依照以下问诊表，进行发动机部分、底盘部分、电气部分、转向系统、变速箱部分的故障问诊。

（一）发动机故障问诊

发动机故障问诊如表 3.2.1 所示。

表 3.2.1　车辆故障问诊（发动机部分）

客户姓名		车型	
里程		WIP	
故障现象	①发动机故障指示灯②无法启动③启动困难④怠速不良⑤动力不足⑥发动机熄火⑦发动机异响		
故障发生频率	□经常　□偶尔　□仅一次　□有规律性　□其他（　　　　）		
客户描述（原话）			

故障现象	①发动机故障指示灯	□常亮　□有时亮　□闪烁　□其他（　　　　）
	②无法启动	□无启动征兆　□有启动征兆　□启动后熄火　□其他（　　）
	③启动困难	□冷车启动困难　□热车启动困难　□其他（　　）
	④怠速不良	□怠速不稳　□怠速高　□怠速低　□怠速抖动 □发动机负荷增加时怠速不良　□其他（　　　　）
	⑤动力不足	□加速迟缓　□回火　□放炮　□喘振　□敲缸　□其他（　　）
	⑥发动机熄火	□启动后立即熄火　□加速时熄火　□减速时熄火 □空调工作时熄火　□挂挡时熄火　□其他（　　　　）
	⑦发动机异响	□咯咯　□嗤嗤　□吱吱　□其他（　　　　）
故障发生的条件	天气	□晴天　□阴天　□雨天　□雪天　□其他（　　　　）
	地点	□高速公路　□一般公路　□市区　□上坡　□下坡 □坑洼路面　□转弯时　□其他（　　　　）
	发动机工作温度	□冷车　□暖车时　□热车后　□任何工作温度　□其他（　　）
	发动机工作状况	□启动时　□启动后　□怠速　□无负荷　□中小负荷 □大负荷　□车辆行驶速度（□匀速　□加速　□减速） □其他（　　　　）
	发动机转速	□怠速　□中速运转　□高速运转　□所有转速下 □特定转速：　　　　rpm/min

车辆使用情况	经常行驶的道路条件	□城市道路 □乡间道路 □高速公路 □快速路 □其他（备注： ）
	行驶速度	□低速 □高速 □走走停停 □其他（备注： km/h）
	变速箱挡位模式	□自动换挡模式 □手动换挡模式 □其他（备注： ）
	汽油品质	□92 号汽油 □95 号汽油 □乙醇汽油 □其他（备注： ）
	曾经发生过什么故障	
	更换过哪些部件	
	最近是否维修过	□是 □否 □因什么故障维修（ ）
	维修后故障症状是否消失	□是 □否
	维修后是否产生其他异常现象	□是 □否 产生的新故障现象（ ）

（二）底盘故障问诊

底盘故障问诊如表 3.2.2 所示。

表 3.2.2 车辆故障问诊（底盘部分）

客户姓名		车型	
里程		WIP	
故障现象	①异响②轮胎偏磨③方向跑偏④车身下塌（部位）⑤抖动⑥漏油		
故障发生频率	□经常 □偶尔 □仅一次 □有规律性 □其他（ ）		
客户描述（原话）			

故障现象	①异响	□轰轰声 □啸叫声 □吱嘎声 □呼呼声 □金属敲击声 □其他（ ）
	②轮胎偏磨	□磨中间 □磨两边 □磨内侧 □磨外侧 □其他
	③方向跑偏	□直线行驶时方向盘不正 □手放掉往一边偏（△左 △右） □制动跑偏（△左 △右）
	④车身下塌（部位）	□左前 □右前 □左后 □右后
	⑤抖动	□车身抖 □方向盘抖 □座椅抖 □刹车抖 □其他（ ）
	⑥漏油	□前部漏油 □中间漏油 □后部漏油 □其他（ ）
故障发生的条件	行驶路况	□高速公路 □一般公路 □市区 □上坡 □下坡 □坑洼路面 □转弯时 □其他（ ）
	发动机工作状况	□启动时 □启动后 □怠速 □无负荷 □中小负荷 □大负荷 □车辆行驶速度（□匀速 □加速 □减速） □其他（ ）
	发动机转速	□怠速 □中速运转 □高速运转 □所有转速下 □特定转速： rpm/min
车辆使用情况	经常行驶的道路条件	□城市道路 □乡间道路 □高速公路 □快速路 □其他（备注： ）
	行驶速度	□低速 □高速 □走走停停 □其他（备注： km/h）
	变速箱挡位模式	□自动换挡模式 □手动换挡模式 □其他（备注： ）
	汽油品质	□92 号汽油 □95 号汽油 □乙醇汽油 □其他（备注： ）

车辆使用情况	曾经发生过什么故障	
	更换过哪些部件	
	最近是否维修过	□是 □否 □因什么故障维修（ ）
	维修后故障症状是否消失	□是 □否
	维修后是否产生其他异常现象	□是 □否 产生的新故障现象（ ）

（三）电气部分故障问诊

电气部分故障问诊如表 3.2.3 所示。

表 3.2.3　车辆故障问诊（电气部分）

客户姓名		车型	
里程		WIP	
故障现象	①故障指示灯亮②显示屏幕异常③音响系统异常④功能异常⑤遥控失灵⑥蓄电池亏电⑦电话⑧导航⑨燃油油位显示错误⑩冷暖空调		
故障发生频率	□经常 □偶尔 □仅一次 □有规律性 □其他（ ）		
客户描述（原话）			

故障现象	①故障指示灯亮	□常亮 □有时亮 □闪烁
	②显示屏幕异常	□黑屏 □白屏 □红屏 □闪屏
	③音响系统异常	□没声音 □扬声器杂音 □其他（ ）
	④功能异常	□座椅 □天窗 □门 □雨刮片 □其他（ ）
	⑤遥控失灵	□上锁 □解锁 □单独门锁 □其他（ ）
	⑥蓄电池亏电	□遥控打不开 □无法启动 □仪表显示蓄电池过度放电
	⑦电话	□蓝牙无法连接 □连接后自动断开 □其他（ ）
	⑧导航	□定位不准 □误导 □其他（ ）
	⑨燃油油位显示错误	□油表显示不准（△多 △少） □油表显示里程不准（△多 △少）
	⑩冷暖空调	□不制冷 □不制热 □一边冷一边热 □制冷效果差 □异响
故障发生的条件	天气	□晴天 □阴天 □雨天 □雪天 □其他（ ）
	地点	□高速公路 □一般公路 □市区 □上坡 □下坡 □坑洼路面 □转弯时 □其他（ ）
	是否有非原厂加装	□是 □否
	是否长时间停放	□是 □否
	是否高温下长时间暴晒	□是 □否
车辆使用情况	经常行驶的道路条件	□颠簸路面 □正常路面
	行驶速度	□低速 □高速 □走走停停 □其他（备注： km/h）
	曾经发生过什么故障	
	更换过哪些部件	
	最近是否维修过	□是 □否 □因什么故障维修（ ）
	维修后故障症状是否消失	□是 □否
	维修后是否产生其他异常现象	□是 □否 产生的新故障现象（ ）

（四）转向系统故障问诊

转向系统故障问诊如表 3.2.4 所示。

表 3.2.4　　车辆故障问诊（转向系统）

客户姓名		车型	
里程		WIP	
故障现象	①异响②方向重③方向跑偏④转向故障灯亮		
故障发生频率	□经常　□偶尔　□仅一次　□有规律性　□其他（　　　　）		
客户描述（原话）			
故障现象	①异响	□咯咯　□嗤嗤　□吱吱	
	②方向重	□向左打　□向右打　□都有　□打不动	
	③方向偏	□直线行驶时方向盘不正　□手放掉往一边偏　□制动跑偏	
	④转向故障灯亮	□亮红灯　□亮黄灯	
故障发生的条件	天气	□晴天　□阴天　□雨天　□雪天　□其他（　　　　）	
	发动机工作温度	□冷车　□暖车时　□热车后　□任何工作温度 □其他（　　　　）	
	发动机工作状况	□启动时　□启动后　□怠速　□无负荷　□中小负荷 □大负荷　□车辆行驶速度（□匀速　□加速　□减速） □其他（　　　　）	
车辆使用情况	路面状况	□平路　□不平路面	
	是否有撞击	□是　□否	
	是否曾经出过事故	□是　□否	
	最近是否维修过	□是　□否　□因什么故障维修（　　　　）	
	更换过哪些部件		
	维修后故障症状是否消失	□是　□否	
	维修后是否产生其他异常现象	□是　□否　产生的新故障现象（　　　　）	

（五）变速箱故障问诊

变速箱故障问诊如表 3.2.5 所示。

表 3.2.5　　车辆故障问诊（变速箱部分）

客户姓名		车型	
里程		WIP	
故障现象	①发耸②异响③漏油④故障灯亮⑤加速无力⑥变速箱过热⑦无法挂挡		
故障发生频率	□经常　□偶尔　□仅一次　□有规律性　□其他（　　　　）		
客户描述（原话）			

故障现象	①发耸	□起步　□加速　□减速
	②异响	□咕咕声　□变扭器轰轰声　□其他（　　　）
	③漏油	□车辆中部漏油　□其他（　　　　　）
	④故障灯亮	□亮黄灯　□亮红灯　□其他（　　　　　）
	⑤加速无力	□无法跳挡　□锁挡　□其他（　　　　　）
	⑥变速箱过热	□亮黄灯　□亮红灯　□无法升档　□其他（　　）
	⑦无法挂挡	□不能挂D挡　□不能挂P挡　□不能挂空挡 □不能挂倒挡
故障发生的条件	行驶底盘是否有撞击	□是　□否
	地点	□高速公路　□一般公路　□市区　□上坡　□下坡 □坑洼路面　□转弯时　□其他（　　　　　）
	发动机工作温度	□冷车　□暖车时　□热车后　□任何工作温度　□其他
	发动机工作状况	□启动时　□启动后　□怠速　□无负荷　□中小负荷 □大负荷　□车辆行驶速度（□匀速　□加速　□减速）□其他
	发动机转速	□怠速　□中速运转　□高速运转　□所有转速下 □特定转速：　　　　rpm/min
车辆使用情况	经常行驶的道路条件	□城市道路　□乡间道路　□高速公路　□快速路 □其他（备注：　　　　　　　　）
	行驶速度	□低速　□高速　□走走停停　□其他（备注：　　　km/h）
	变速箱挡位模式	□自动换挡模式　□手动换挡模式　□其他（备注：　　）
	最近是否维修过	□是　□否　□因什么故障维修（　　　　　）
	维修后故障症状是否消失	□是　□否
	维修后是否产生其他异常现象	□是　□否　产生的新故障现象（　　　　　）

案例剖析

相同故障多次报修，车辆问诊不详细后患无穷

5月13日，客户吉先生来到特约店进行车辆维修，服务顾问小邹接待了吉先生，检查故障后更换了球头防尘套，同时对轮毂进行了修复。约两个月后，7月5日，吉先生的车行驶到32 000公里，吉先生明显感觉到刹车有异响，于是又到特约店进行检查。进了车间，维修技师小王检查刹车片厚度正常、刹车盘正常、刹车片与刹车盘贴合正常，磨损无异常。于是维修技师小王告知吉先生检查没有问题，建议他再观察观察。

9月5日，吉先生的车总里程数达到35 000公里，吉先生再次来到特约店进行例行保养。经过一番检查之后，保养单上写着：“后刹车片磨损已经接近使用极限，建议客户更换。”吉先生心想之前来特约店专门检查刹车异响时，维修人员没有发现问题，还建议观察观察，这才两个月，就说前后刹车片磨损已经接近使用极限。吉先生认为这是特约店检

查疏忽造成的后果，便拒绝接受服务顾问更换刹车片的建议。

【原因分析】

1. 未对事故进行详细询问

当时服务顾问就应该对事故详细询问并记录在案，而车辆在修复两个月内再次出现刹车有异响，可能隐含修理当时的问诊/诊断不彻底问题。

2. 缺少问诊环节

客户到特约店做检查，需要对客户描述的故障现象根据5W2H的方法进行问诊。必须记录客户对故障描述的原话，随后带着客户确认故障现象，必要时需跟客户一同试车确认。

3. 未利用问诊/诊断的交流，指导及纠正相关不正确的操作

从客户上次到店的里程数分析，这样的使用率不可能总是频繁地踩刹车。上一次客户来特约店检查磨损无异常，现在又出现达到磨损极限，其中原因应该通过问诊/诊断详细刨根问底，好好检查分析。

4. 再次体现问诊/诊断不仔细

客户是在无理取闹吗？其实他只是想搞清楚刹车异响的原因并解决该问题。服务顾问必须及时应对客户的抱怨，避免抱怨升级。

【要点建议】

详细问诊、仔细诊断应该认真贯彻在每一次车辆维修服务活动中。

1. 相同的故障报修问诊的技巧是不一样的

遇到相同的故障报修，接待时容易犯经验主义的毛病。可能故障相同，但是造成故障的状态可能不相同，预防的方法也就不同，售后服务的最高境界应该是做好预防。

2. 做好问诊记录是特约店和客户的维权证据

记录应该取得客户的确认，这些操作要在日常维修工作中养成习惯。

3. 重视以往的问诊/诊断记录

多次维修客户上门都要翻一翻以前的问诊/诊断记录，就像您到医院时医生需要看一看您以前的病历，从中会发现原来问诊的疏漏。

知识拓展

客户抱怨和投诉

一般说来，汽车售后服务企业对于投诉类事项的发生都要进行调查和处理，有些企业设立的客服中心就有监督企业员工行为、处理客户投诉和收集客户意见的职责。同时，它们也会将投诉的发生作为服务顾问业绩考核的标准之一，为了提升客户满意度，客服中心会严格控制客户投诉的数量。

随着“互联网+”不断深入发展，“自媒体”不可控因素增强，体验、尊重、分享、传播，维权意识增强成为消费者新特征，投诉处理需要新思维。“零”投诉是指通过提升服务技能，化解客户和企业之间的矛盾，减少客户的不满行为，最终实现客户满意，获得客户信赖。

“零”投诉是落实“以客户为中心”的重要举措之一。它是一种缺陷管理，并非简单的没有投诉，而是要把不应该发生的投诉控制不发生或至“零”水平，它是更高层次的观念、更高标准的要求、更严格有效的一种服务工作管理模式。

“零”投诉是系统、协同工程，需要技术部、配件部、服务部、培训部、客户关系部、服务经理、大区经理甚至厂家协同工作，实施责任共同担当原则，由企业牵头推动解决投诉问题的满意度保障体系。“零”投诉要求具有严格投诉管理模式、高满意度保障体系、抱怨不出站准则、以客户为中心的实践、一次做对一次做好的要求等。

一、客户抱怨处理流程

1. 积极坦然地接受客户投诉

一般情况下，客户投诉并非针对个人，要敢于面对客户投诉。作为投诉处理人，应将所有的客户投诉当作提高自身处理问题能力及交新朋友的机会而非麻烦。不管客户采取何种投诉方式，都应当邀请客户与经销商协商解决，不受客户情绪影响，心态始终保持平和及冷静。

2. 了解投诉的详情及客户需求，适时控制客户期望值

在与客户接触前，先充分地了解客户背景、用车习惯及车辆维修保养历史等，做到“知己知彼，百战不殆”。在处理投诉过程中，“用耳朵取胜而不是嘴巴”，应用“倾听—观察—领会”技巧来了解投诉详情，明确客户需求。让客户充分倾诉，适时恰当地回应以期缓和氛围并把握方向/节奏。确认客户需求后，辨别其是否合理：对于合理的，及时承担责任并道歉；对于明显不合理的，用礼貌和帮助给予解释，力争使客户理解并将焦点转移到其他方面，同时了解需求背后隐藏的原因；对于不易回答的问题或需求，可采用转移法等技巧避免正面冲突并为后续跟进做铺垫，不要轻易承诺或说“不”。对于不合理期望值应抑制并为以后处理争取时间及空间。

3. 分析客户投诉及需求的原因，研究并制定解决投诉的合理性方案

明确相关责任人，仔细分析投诉及需求的原因，并做后续跟进工作的分工，做到“各司其职，精诚合作”。如果有必要提供商业方案，商业方案一般以维修方案为依据，提出商业方案前最好先明确维修方案，做到“始终以帮助客户解决车辆问题为主线”。合理性方案的多样性需要经销商能整合所有的资源后优化组合，必要时寻求经销商管理层支持。在制订投诉合理性方案时，至少需要准备3个方案即最好方案、目标方案及底线方案。经济、可控性好、操作性好、简单的方案为最好的方案，必要时向厂家申请支持。

4. 通过进一步沟通及交流，与客户达成一致并提供最终方案

开局时紧扣车辆问题，澄清误会，不轻易先给出商业解决方案，告知客户经销商将先修复车辆问题以保证客户正常使用。提供车辆维修方案后，仔细观察客户反应并了解其最大的焦虑，适时提供合理的商业解决方案并一锤定音。以快速结案为最佳，亦可根据情况决定是否需要下一轮谈判，留足可回旋余地。“对症下药，量体裁衣，该出手时就出手。”谈判人员构成一般以“最优三角”即技术—维修接待—客户关怀为佳。

5. 彻底执行和实施方案，并跟踪其过程做必要的调整

在执行实施方案时，保证车辆维修时间及维修质量。与客户签署商业解决方案的相关协议及确保方案得以正常执行及实施。在方案执行过程中，保持与客户的沟通，如有必要可做相应调整。

6. 案件分析总结

确认问题得到完全解决并对结果做相应评估；把整个问题的解决过程记录下来，变成公司的案例教材供学习参考。对涉及的工作流程或制度要进行修改，以优化管理的流程和方法（见图 3.2.3）。

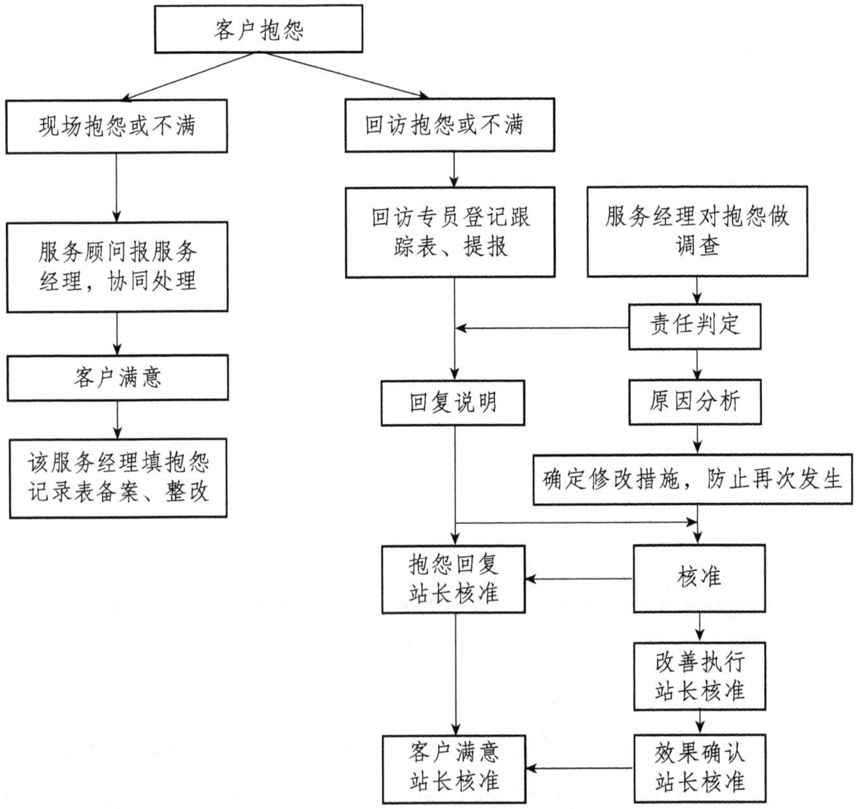

图 3.2.3 客户抱怨处理流程

二、客户抱怨投诉应对技巧

客户抱怨投诉处理得好，不仅可以增强客户的忠诚度，还可以提升企业的形象，如果处理不当，不但会丢失客户，还会给公司带来负面影响。具体处理投诉时，投诉专员或服务顾问（主管）要学会掌握处理技巧，有礼有节地解决问题，尽力把大事化小、小事化了。

1. 合作

一般处理客户投诉需要由多部门合作完成，具体负责投诉处理的人员也应在两个以上。同时，在处理客户投诉时，投诉专员与客户也应该是合作的关系，需要找到一个双方都认同的观点，如："我有一个建议，您是否愿意听一下?"这么做是为了让客户认同你的提议，而这个提议是中立的。

2. 询问

面对前来投诉的客户，服务顾问可询问客户的想法，如"您希望我们怎么做呢"。只有当对方描述自己想法的时候，我们才能真正确定对方想要什么，才可能达成双方都接受的解决方案。

3. 转移注意力

当客户情绪比较激动的时候，投诉专员或服务顾问（主管）可请求客户随手递给他一些诸如笔、纸等东西，当客户递上时，便马上向客户表示感谢，并在两人之间逐步营造一种相互配合的氛围。这个方法能有效地引导客户进入一种相互合作而达成一致的状态。

4. 柔道术

柔道术是当你了解客户的情况后，就可以抓住扭转局面的机会，利用客户施加给你的压力。如："我很高兴您告诉我这些问题，我相信其他人遇到这种情况也会和您一样的，现在请允许我提一个建议，您看这样处理您是否满意……"

5. 探寻需求

通过提问的方式，探寻客户的需求，争取更多信息，引导谈话进程。通常你在问对方问题时，对方总是会有答案的。因此，投诉专员或服务顾问（主管）要沿着这个思路逐项进行追问，客户才会说出真正的原因，这样才能得出如何去满足客户需求的方案。最好的探寻需求的方法是多问几个"W"。

6. 管理客户的期望

管理客户期望的一个重要的技巧就是如何有效地去设定客户最有可能实现的期望值。设定客户的期望值就是要告诉客户，哪些是可以得到的，哪些是根本无法得到的，这应该建立在双赢的基础上。

如果为客户设定的期望值和客户所要求的期望值之间差距太大，就算运用再多的技巧，恐怕客户也不会接受。因此，如果能有效设定客户的期望值，告诉客户什么是他可以得到的，什么是他根本不可能得到的，那么最终协议的达成就会容易得多。

7. 感谢

有时候一句感谢比一句道歉更加重要。投诉专员或服务顾问（主管）应感谢客户告诉自己他的问题，以便自己能够更好地为他服务；感谢客户指出自己的问题，帮助自己改进工作。客户的抱怨往往起源于企业的失误、冷漠和推诿的工作态度，投诉专员或服务顾问（主管）真诚的感谢会使客户觉得出乎意料，客户的情绪也会很快得到平复。

三、客户抱怨投诉话术举例

针对客户的抱怨投诉，在日常工作流程及回访过程中，就可以在与客户沟通交流中将其抱怨的"苗头"化解掉，特别是回访的问题处理，包括产品问题、服务问题、客户自身问题，通过返修单、一般问题处理单或客户投诉单来主动处理，按大事化小、小事化了的原则，可以起到预防抱怨投诉的作用。

1. 抱怨车子油耗高

对应话术：

(1) 经济油耗指的是在特定的测试条件下（无风、路面平直度），车辆以经济速度匀速行驶一段路程，计算出平均油耗。

(2) 检验油耗真正的标准不能以室内为准，因为等待红绿灯、开空调都会影响油耗。

(3) 关于油耗的计算方法：建议将油箱加满油，在路况较好的路段（高速等）行驶一百公里左右，再将油箱加满（和上次加到同样的位置），用第二次的加油量除以里程数，即得出百公里油耗的大致数值。

(4) 影响油耗的因素有很多：是否在磨合期，路试的路况、风速、载重等，驾驶习惯、驾龄，大功率电器的使用频率，油品。

(5) 提高车辆燃油经济性的要领：合理控制跟车距离，尽量避免紧急制动；不要对车辆外观进行任意改装；高速行驶不要采用关闭空调打开窗户的方式；车辆行驶避免紧急加速、猛踩油门；定期对车辆空调散热器、发动机水箱表面进行清洁，定期对轮胎气压进行检查，气压过低会增加车辆行驶的阻力。

(6) 您的爱车仍处在磨合期，车身各部件都需要磨合，油耗相对而言会稍高一些，建议您使用一段时间后再观察。

2. 为什么油耗比使用手册上高很多

对应话术：

对您的疑问，我们很能理解，使用手册上的百公里油耗是一个理论油耗值，它是指在合理的时速（90 公里等速行驶）良好的路况下驾驶时所得到的值。在您实际驾驶过程中，由于实际的驾驶条件较理想中有很大的差异性，譬如：空转 1 分钟需 10～30 毫升的燃烧，负载 100 千克（城市），耗油增加 0.5 升/100 公里，5 分钟怠速可以行驶 1 公里路程，会导致汽油的混合比不良。注意时速的控制，一般 90～100 公里/小时是最省油的，频繁的刹车会增加油耗。因此，我们建议您除了注意以上问题以外，还可以适当记录一下，经过几次再综合看一下油耗。

3. 抱怨油耗配件价格过高

对应话术：

您好，我店使用的都是纯正厂家配件，所有配件均通过严格的质量检查，可以使整车在运行过程中保持最佳状态，同时可以延长车辆的使用寿命。相对于副厂件而言，受供货渠道、运营成本的影响，4S店的备件价格相对会高一些，但在我店更换的备件均享受相应的质量保证，副厂件的价格虽低，但是由于现在汽车配件市场良莠不齐，假货较多，一般很难辨别，因此很容易买到伪劣产品。汽车维修是一项技术性很强的服务，如果您使用了伪劣配件或维修不当，很容易导致汽车故障，因此建议您购买纯正厂家配件。

4. 抱怨工时费高

对应话术：

您好，我店所有维修项目均按厂保修标准工时制定，这个工时的制定标准不只是看维修的实际施工时间，它还包括维修施工的技术难度、故障的检查排除等因素，而且在维修过程中，小到螺丝大到车辆的每一个部位操作均按照整车上厂家的标准数据进行操作，可以保证您的车辆保持最佳的使用状态，进而延长车辆的使用寿命，因此还是建议您严格按照厂家的要求，定期到4S店进行维护和保养。

5. 抱怨同一问题，总是修不好（属于间歇性故障）

对应话术：

您好，因为有些问题属于间歇性的，需要多次试车才能确认故障原因，因此您每次入场之后，我们都会有专人对您进行回访，就是想追踪您车辆检修后的情况。如果仍有问题，我店一方面会将您的情况积极向厂家进行反馈，另一方面也会帮助您考虑采取其他的抢修方法。

6. 为什么车子不易启动

对应话术：

对不起，夏季不好启动的确是一件令人烦恼的事情。产生这样的问题，通常与燃油品质不佳引起气门积碳有关，造成发动机难以建立正常的气缸压力，因而不易启动，严重时会造成气门摇臂断裂。从安全和经济的角度，建议您使用高标号汽油，或使用厂家推荐使用的燃油添加剂，这样可以减少气门积碳现象。

7. 客户对服务态度不满

对应话术：

首先代表服务商对您表示歉意，您反映的问题已经做好登记，我会及时反馈给服务经理和站长，两个小时内会有部门负责人给您打电话告知处理意见。非常感谢您对我们的服务提出宝贵意见，我们会不断改善和提升服务态度，更好地服务于客户，再次感谢您的建议！

实践操作

故障车辆接待实训

【参考案例】

客户王先生到4S店做5万公里保养和前轮异响维修，5万公里保养为A类保养，主要更换了机油、机油滤清器。前轮异响初步诊断检查为左球笼磨损引起，还需车间师傅进一步诊断。A类保养更换机油158元，机油滤清器59元，保养工时费130元；左前轮异响检修，更换了左前外球笼458元，胶套225元，润滑脂15元，维修工时费100元，本次总费用预估1 145元。你作为服务顾问接待了王先生，请用5W2H问诊法对检修项目进行问诊。

一、训练内容

故障车辆接待综合实训。

二、训练目的

（1）能够运用5W2H问诊法进行故障车辆问诊；

（2）能够规范执行故障车辆接待服务流程；

（3）能够掌握故障车辆接待的工作步骤和要点；

（4）能够运用相关技巧熟练接待故障业务的车辆。

三、训练步骤及要求

（1）指导教师对全班学生进行分组，6～8人为一组，组长采取轮流制进行；

（2）分组设置车辆故障案例，设置1～2个异议，1个客户抱怨；

（3）以组为单位，组长带领组员讨论后充分发挥想象力，编写故障车辆接待剧本，编写完成后小组内部进行演练；

（4）为防止小组搭便车，教师以抽签的方式随机选择学生进行故障车辆接待模拟，模拟成绩作为小组成绩（见表3.2.6）；

（5）小组拍摄故障车辆接待模拟视频；

（6）评价与总结（好的与不足两方面评价）。

表3.2.6　故障车辆接待模拟评价表

考核内容		比例	评分要点	分值
1	礼迎顾客	5%	帮顾客打开车门，迎接下车	1
			问候顾客，自我介绍，递送名片	1
			请教顾客称呼，问清来意	1
			适当赞美顾客，适当推销自己和企业	2

续前表

考核内容		比例	评分要点	分值
2	环车检查	30%	套好四件套	1
			进行 5W2H 问诊，确认顾客的故障描述，做好记录	10
			填写委托书和问诊表基本信息	2
			提醒顾客取走贵重物品	2
			征得顾客同意，进入驾驶室检查并记录检查结果	2
			逆时针检查车外 6 个方位并记录检查结果	5
			环车检查时了解车辆使用状况及存在问题	5
			有缺陷时建议维修	3
3	增项推荐	10%	搜集顾客信息，了解车辆使用打算	3
			分析顾客需求，挖掘潜在需求	3
			提供专业建议，推荐顾客需要的增项服务	4
4	项目确认	10%	请顾客到洽谈桌落座，询问并递送饮品	1
			确认维修项目和增项服务项目，签订委托书	7
			询问顾客电话，安排顾客到休息室等候	2
5	交车准备	5%	准备好委托书、工单、旧配件、车钥匙及行驶证	3
			取出顾客委托保管物品，放回原处	2
6	车辆验收	20%	陪同顾客查看竣工车辆	5
			当面取下车辆防护件	2
			向顾客解释服务项目	12
			请顾客在工单上签字	1
7	核单结账	5%	陪同顾客至收银台处，向顾客解释收费项目	4
			请顾客核对结算单，并签字付款	1
8	礼送顾客	5%	向顾客建议下次保养时间，介绍用车注意事项	3
			与顾客道别，表示谢意，目送顾客开车离去	2
9	异议处理	10%	礼貌倾听顾客的问题和异议	2
			正确回答和处理	8

四、评价与总结

评价与总结示例如表 3.2.7 所示。

表 3.2.7　故障车辆接待技能训练评价

测评内容	1. 故障车辆模拟接待　2. 拍摄故障车辆接待模拟视频				
考评标准	内容	分值	自评	互评	师评
	两两进行故障车辆接待模拟	50			
	小组提交 1 份故障车辆接待视频	50			
合计		100			
最终得分（自评 25%＋互评 25%＋师评 50%）					

自评：包括团队成员的工作态度、团队分工合作情况、工作流程及对成果质量评价、项目收获。
互评：客观评价，先提优点，再道不足。
师评：教师根据团队成果优缺点，有针对性地点评，启发学生的创新思维，对各团队普遍存在的问题进行重点分析，并提出要重点注意的问题。

五、训练成果

小组提交1份故障车辆接待模拟视频。

思考练习

(1) 请问车辆故障问诊的原则是什么?

(2) 什么叫5W2H问诊法?

(3) 故障车辆接待流程是什么?

(4) 车辆维修诊断五步法是什么?

(5) 如何根据发动机故障问诊表进行车辆故障问诊?

(6) 如何根据底盘故障问诊表进行车辆故障问诊?

(7) 如何根据电气故障问诊表进行车辆故障问诊?

(8) 如何根据转向系统故障问诊表进行车辆故障问诊?

(9) 如何根据变速箱故障问诊表进行车辆故障问诊?

任务三　事故车辆接待综合训练

学习目标

通过本次任务的学习，你将懂得事故车辆业务来源、事故车辆接待流程及事故车保险理赔流程，具备接待事故车辆及为客户代理理赔业务的能力。通过学习和训练，你将能够：

(1) 完成客户代理理赔业务；

(2) 熟练运用相关技巧执行事故车辆接待工作；

(3) 树立以客户满意为目标的服务意识。

工作任务

学生自行拍摄事故车辆接待模拟视频。

相关知识

随着汽车保有量的增多，交通事故的发生频率也随之增加。在汽车售后服务中，事故车辆维修产值约占整个售后产值的一半，事故车辆维修所产生的价值是汽车经销商利润的重要组成部分。目前，汽车经销商将事故车接待分为事故外拓和事故内勤两个岗位。本次任务介绍事故内勤岗位的接待流程，即事故车辆接待流程。

一、事故车辆业务来源

在汽车售后服务中，主要通过外部资源与内部管理相结合来稳定事故车辆业务来源。事故外拓一般负责外部资源，包括与保险公司维护良好关系，如签订书面协议、确定维修比等；与定损中心维护良好关系，力争第一时间获得事故信息；与交警队维护良好关系，便于帮助客户快速处理事故相关问题；与高速公路管理部门以及救援、拖车公司等维护良好关系，通过多方面渠道获取事故信息。

内部管理主要有设立事故专员专职负责事故车辆业务拓展，专职人员做续保工作，开设车主讲堂（保险知识讲座），建立合适的长期优惠政策等。

二、事故车辆接待流程

客户车辆出险后，根据对保险索赔流程了解的不同，客户会做出不同的反应。一些客户会主动和保险公司联系，一些客户会和 4S 店联系。当客户与 4S 店联系时，服务顾问要做好客户的安抚与引导工作，并告知客户保护好事故现场。单方事故时报保险公司，双方事故时先报交警再报保险公司。客户如需要拖车服务，服务顾问要确定客户所在的位置及现场人员的联系方式并及时安排拖车。

事故车辆进场后，首先做车辆外检，填写车辆外观检查报告，记录车辆信息、外观、受损部位、行驶里程、油表等。经客户同意后，陪同客户对车内及行李舱内物品进行确认，提醒客户带走贵重物品，并让客户在外观检查报告上签字确认。

事故车辆理赔流程如图 3.3.1 所示。

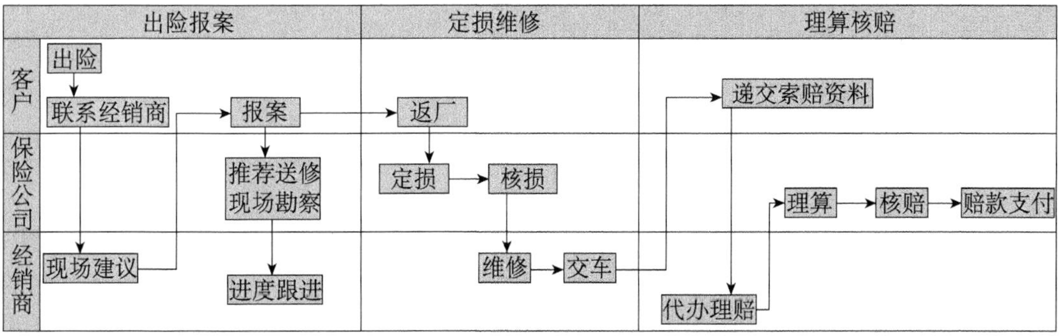

图 3.3.1　事故车辆理赔流程

（一）出险报案

单方事故报保险公司或交警，赔偿金额＞5 000元须出具交警事故认定书；双方事故报交警和保险公司，不严重的也可直接报保险公司。一般的事故交警都会在现场处理好，有些事故交警可能会扣车，需要去交警队处理好后，才能取车进行下一步维修。

若车子受损严重的话，需要叫拖车服务，服务顾问要确定客户事故车辆所在的位置及现场人员的联系方式并及时安排拖车。

电话出险邀约

服务顾问：×先生/女士，我刚收到保险公司短信提示，提示您的爱车××时间段在××地方出了一起小事故。这次事故中您人没有受伤吧？

车主：是的，我人没事，就是车子撞了一下。

服务顾问：×先生/女士，人没事就好，车子每天在路上开，出一些小状况也是非常正常的，车子都能修好的。那交警现在有没有赶到现场？

车主：在的！

服务顾问：好的，交警也蛮及时的。×先生/女士，再问一下，交警有没有把这次事故责任判定好？

车主：认定好了，我全责（我无责任/双方半责任等一些责任划分）。

服务顾问：×先生/女士，您看这样好吗，我马上到事故现场一同帮您把车子提到我们公司来做定损及走后续流程，这样您的车子到我们公司之后，您就不用再操任何的心思在这个车上了，接下来的车辆定损、核价、维修、理赔，我们会提供一条龙服务。车辆维修让您理赔无忧，请您耐心等一会儿。

车主：那好吧，你们快点安排拖车吧。

（二）定损维修

1. 现场查勘与定损

客户车辆出险报保险公司后，保险公司安排查勘人员到现场查勘。若事故损失较小，损失部位较清晰，如仅几处油漆受损，可当场定损；若损失较严重，则要到4S店进行拆检定损。服务顾问在事故车辆到店时需做好接待工作，并协助客户和保险公司做好拆检定损工作。

车辆到店后，服务顾问接车预检，车辆预检除维修保养车辆接待流程外，还需了解事故情况，如责任方是谁、是哪家保险公司等情况，并填写预检单，请客户签字。

保险公司定损人员到4S店后先拍外观照，大概清楚有哪些损失，再进行拆检。维修技师开具拆检单，进行拆检定损。

拆检定损前，服务顾问要为客户做好预估及说明：根据客户车辆现有情况预检哪些部件存在损坏并报价，拆检后发现哪些部件存在损坏并估价。

2. 4S店报价及保险公司核损

项目拆检后，维修技师列出维修项目，配件部门进行报价，对确定更换或维修的项目，服务顾问根据配件价格和工时费向保险公司进行报价。保险公司会根据事故车损伤大小和位置进行复勘，拍新件与旧件的对比照片，确定是否更换配件后，出最后定损价格，并确定维修方案。保险公司审核通过的价格才是定损价格，即修车费用。

服务顾问在确保维修后不影响车辆性能的情况下，向客户和保险公司做出解释。在此期间，客户可能会电话咨询车辆维修情况，服务顾问应能对车辆维修操作、维修后车辆性能的影响、完工时间、价格（包括自费部分）等问题做出合理解释。

自费部分的产生主要有以下两个原因：

（1）保险公司确认维修的，但客户要求更换。

（2）全责方，车主自行加装或改装的配件。如在事故中，客户车辆玻璃发生破碎，保险公司对车辆玻璃进行赔付，但客户在玻璃上贴的防爆膜保险公司不予赔付。

3. 车辆维修

服务顾问在确定维修内容后，应及时对换修的零配件进行登记、出库维修。维修流程与维修保养车辆相同。服务顾问与客户或保险公司确认付款方式、发票内容及类型、旧件保留方案等事宜，维修完毕后，进行质检、完工洗车，并进行车辆交付。事故车辆维修作业流程如图3.3.2所示。

（三）理算核赔

车辆发生交通事故进行维修后，根据4S店与保险公司有无合作关系引导客户进行理赔。若保险公司和4S店有合作关系，可根据相关协议规定，维修所需相关费用由4S店代为理赔。若保险公司和4S店无合作关系，车辆维修时，由客户先行垫付维修所需相关费用，4S店开具维修发票后，客户可到保险公司进行索赔。

一般车主都会委托服务顾问代理保险理赔相关手续，因此服务顾问需要了解车辆理赔流程。在该流程中，服务顾问需要掌握递交的理赔资料，如常见交通事故索赔资料（见表3.3.1）。

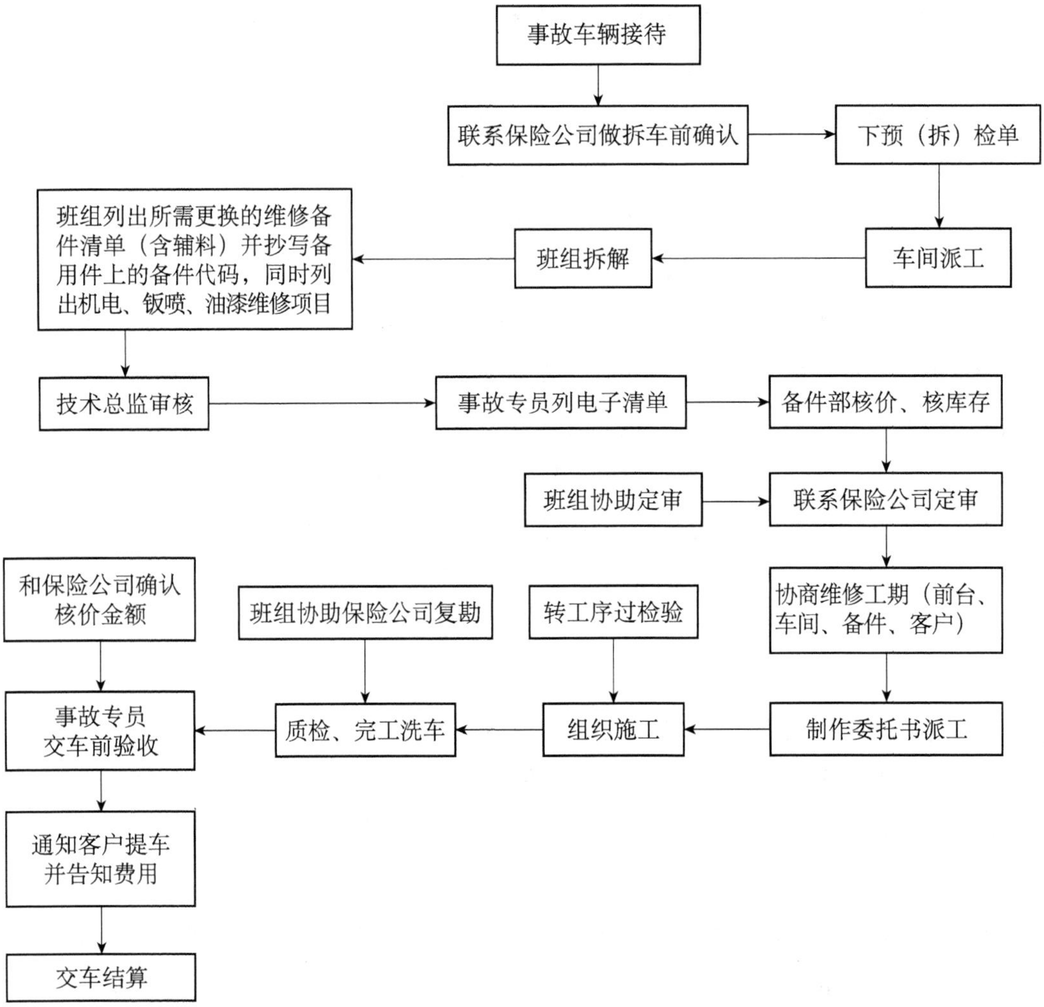

图 3.3.2　事故车辆维修作业流程

表 3.3.1　常见交通事故索赔资料

通用材料	涉及三者车	涉及物损	涉及人伤
• 身份证 • 行驶证/驾驶证 • 索赔申请书 • 修车发票/清单 • 银行账号 • 转账授权书	• 责任认定书 • 三者车维修发票及清单 • 三者车交强险保单复印件	• 交警证明 • 物损发票 • 物损清单	• 交警证明 • 医疗发票 • 伤残证明 • 死亡证明

三、事故车辆保险理赔流程

（一）单方纯车损事故

单方纯车损事故损失一般超过 3 000 元需要报警，让交警来处理并开具事故认定书。

如果损失不大，那就直接报保险公司，让保险公司来现场处理。现场处理完后开到 4S 店进行定损，定损环节 4S 店人员会帮助处理，客户无须自己处理，定损完后是修车环节。修完车后需提交理赔资料给保险公司进行索赔，所需材料：驾驶证、行驶证、身份证、银行卡复印件、交通事故认定书、维修发票原件。

（二）单方含物损事故

第一时间报交警，让交警来现场处理，具体损失需要写在事故认定书上，以便于保险公司确认理赔单。物损若是个人的，需开具收据或者证明（需收款方签字）；若是单位车损的话则需开到 4S 店进行定损，开具发票并列明清单。理赔所需资料：驾驶证、行驶证、身份证、银行卡、物损清单、物损赔款发票、交通事故认定书。

（三）多方纯车损事故

第一时间报交警，让警方来现场处理并判定责任，再报保险公司，让保险公司查勘员来现场处理并拍照记录大致车损情况，然后开到 4S 店定损。无责任方定损需打全责方保险公司电话来定损，这一个阶段 4S 店都会帮助其联系处理。定损理赔环节：责任方需要提供驾驶证、行驶证、身份证、银行卡、交通事故认定书、维修发票，无责方需要提供驾驶证、行驶证、维修发票、维修清单。

（四）多方含人伤事故

第一时间报警，然后报保险公司，让他们来现场协助处理，处理完后进行修车。人伤去医院看，车子去 4S 店定损，定损环节和其他类型事故一样。人伤的话，医院除提供保险公司需要的发票、医疗证明外，还需提供清单等理赔资料。

本人责任且责任方人伤时，10 000 元以下由无责方保险公司赔付，超过 10 000 元部分由责任方保险公司赔付。

主次责任时，理赔要去两个保险公司，先去主要责任保险公司，后去次要责任保险公司。比如你是主责，对方次责，你修了 10 000 元，对方修了 20 000 元，那么你可以向你的保险公司索赔 7 600（＝2 000＋8 000×70％）元，向对方保险公司索赔 2 400（＝8 000×30％）元，对方需向你的保险公司索赔 12 600（＝18 000×70％）元。

同等责任如果没有人伤的，且事故损失在交强险范围内的（2 000 元以内），保险公司有一个互碰自赔，就是双方用各自的交强险赔偿；如果损失大的或者有人伤的，那么就需动用各自的商业险，交强险 2 000 元之内的部分全赔，交强险不够赔偿的，超出部分，对方保险公司赔偿 50％，自己保险公司赔偿 50％，同样对方超出 2 000 元的部分，也需要向你的保险公司索要赔偿 50％。比如这次事故你修了 10 000 元，对方修了 20 000元，那么你能从你的保险公司得到 6 000（＝2 000＋8 000×50％）元，还有 4 000元需要问对方保险公司索赔。而对方修车的 9 000（＝18 000×50％）元，则需要向你的保险公司索赔。

案例剖析

零部件管理缺失导致客户抱怨强烈

李先生购买的新车出了些小事故，到附近特约店修车，服务顾问小梁告诉李先生："可以修，但现在我们店没有翼子板库存，需要向厂家订货。因此，前轮翼子板现在不能马上给您更换，可能要多等几天。零部件到货后立刻会给您更换。"李先生同意了。

一个月后，李先生的车停在停车场，右后门玻璃被人砸碎了，因为上次维修去了店里没有零部件，多等了好几天，所以这次李先生决定先打电话问一下特约店是否有零件。服务顾问小梁接到电话，正好有点忙，想当然认为车窗玻璃这种常规零部件应该是有库存的，就肯定地答复了李先生。于是李先生第二天一早就开车到了特约店进行维修，可是到了特约店之后，服务顾问小梁在系统上一查，发现零件特约店库存为0……

李先生一大早把车开来还准备修完车赶去上班，现在听到这个消息就不乐意了，在李先生看来都是借口……特约店售后主管老王立即出面赔礼道歉，特约店马上向厂家紧急订货，因为有厂家在当地有分库，不出意外明天下午零件就能到货。鉴于耽误了李先生的时间，本次修理免工时费。

【原因分析】

1. 应该确认零部件的库存情况

客户电话询问时，服务顾问的随口答复促使和加剧了之后的客户抱怨。

2. 零部件库存需随时监控

车辆前后区域一般是最容易发生擦碰损伤的地方，有关前后碰撞的相关修复零部件应该经常保持储备，每天都应核对零部件的到货情况。

3. 被动的解释也于事无补

与其被动的解释，不如在回复客户的时候就确认好零部件的库存情况。

4. 找到了行之有效的途径

采用迅速的联系、及时的道歉、为有需求的客户紧急订货、尽早为客户排除问题等多管齐下的方法，终于化解抱怨。

【要点建议】

1. 零部件出库单和订货单进行随时监控管理

每天核对零部件的到货情况，到货后及时通知客户，不能被动等待客户。

2. 维修零部件储备技巧

在储备金有限的情况下首先保证少而全，再根据零部件消耗情况及时跟进补充。

3. 客户需求高于经营效益

采用紧急订货、快递发运等手段，不要拘泥于经营成本。

4. 尽量满足客户对缺货的知情权

特殊情况缺货，接待人员应使用规范统一的术语应对客户而不应该不解释。

5. 优惠措施安抚客户

除了采取紧急补货之外，在免费检查、工时打折等方面可以安抚客户以保住维修业务和维护客户信任。

知识拓展

暴雨来袭，水淹车如何理赔？

近些年来，我国南、北地区汛期频繁发生内涝，水淹车受到越来越多的关注。

（1）暴雨给车辆造成的损失应该如何处理？

（2）哪些险种能为其提供风险保障？

（3）发动机进水需要特别注意什么？

一、水淹车常涉及险种

当车辆遭遇水淹受损时，可能涉及的险种都有哪些（见图 3.3.3）？

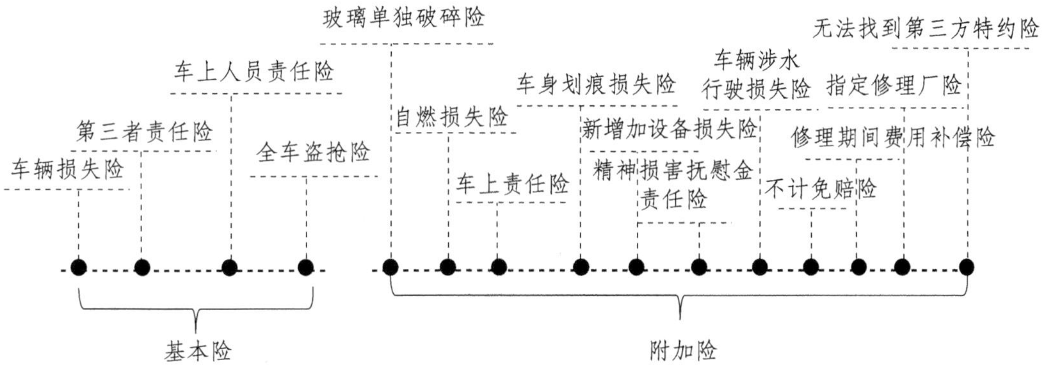

图 3.3.3　水淹车常涉及险种

（一）车辆涉水行驶损失险

与车身划痕损失险、玻璃单独破碎险等附加险一样，投保车辆涉水行驶损失险必须先投保车辆损失险（见表 3.3.2）。

表 3.3.2　　车辆涉水行驶损失险

适用条件	家庭自用车 党政机关、事业团体用车 企业非营业用车

保险责任	发动机进水后导致的直接毁损 必要的、合理的施救费
标准	车辆损失险标准保费×5%
免赔率	每次事故免赔15%

（二）新增加设备损失险

通常来讲，车险仅赔偿车辆出厂标准配置发生的损失。车主额外增加的设备不在赔偿范围之内。只有购买了新增加设备损失险，其损失才可能获得赔偿（见表3.3.3）。

表3.3.3 新增加设备损失险

保险责任	车损保险责任范围内的事故造成新增加设备的直接毁损。保险责任范围主要有： • 碰撞/倾覆/坠落 • 火灾/爆炸 • 外界物体坠落 • 自然灾害
保险金额	投保时实际价值
责任免除	同车辆损失险条款，即车辆损失险的免赔事由及免赔率对新增加设备损失险同样有效。免赔范围： • 酒驾、毒驾、无证驾驶等 • 逃逸、自燃、行驶证过期等 • 各项免赔率

（三）指定修理厂险

众所周知，各大保险公司有一套自己的理赔标准，其零配件价格往往与维修机构的定价有差异，车主有时需要自行承担差价。为了解决这一矛盾，指定修理厂险应运而生。由车主指定维修机构，保险公司按照指定机构的价格理赔。

目前，很多省市地区的保险机构与当地汽车经销商签订合作协议，认可经销商的维修价格，但在部分地区，车主依然需要购买该险种方能获得足够的保障。

二、车辆浸水后的处理方法

（一）雨水退去后第一时间切断车辆电源

现在的车辆已经电子高度集成化，基本上用得到、看得到的地方都是通过电脑控制的。第一时间切断车辆电源，可以防止因车内有水而造成部件短路。

（二）雨水退去后报保险、叫拖车，不可发动引擎

很多人认为，自己没有购买车辆涉水行驶损失险，车一旦被水泡了叫保险也没用，这种认识是不正确的。之所以有人车被水泡了而保险不予理赔，是因为车主在车辆被水泡了以后尝试发动引擎导致引擎进水，所以切记车辆被水泡了以后千万不要尝试发动引擎（见

图 3.3.4)。

图 3.3.4 水中熄火推车

（三）等待拖车期间可自行检查车身泡水程度

一般来说，车辆被泡水分为三种：第一种是车辆仅仅底盘部分被水泡了，这一种只需要做简单的除水清洁工作就能正常使用，不影响车况。第二种是水位已经超过了机油尺部分了。第三种则是水位已经超过引擎盖、仪表盘部分。第二种、第三种情况已经属于泡水车，会影响汽车的安全性（见图 3.3.5）。

图 3.3.5 水淹水位线

（四）车辆送至维修店进行全面检查

车辆的油、水、电都需要检查，刹车变速箱也都需要检查。一般来说，经验老到的师傅都会仔细检查，到了这一步基本上就不用车主自己担心了。

三、避免理赔误区，解读汽车涉水险

（一）静止被淹按自然灾害赔付

根据相关保险条款规定，保险期间内，被保险人或其允许的合法使用人在使用被保险机动车过程中，因暴雨、洪水等自然灾害造成的被保险机动车的损失，保险公司将按约定负责赔偿。如果积水漫过了仪表盘，保险公司会考虑全额赔付。

（二）涉水致发动机进水不予赔偿

不少汽车因涉水而停在半路上，对于这种情况，要看车辆具体损伤情况进行理赔。根据保险条款，对于发动机进水后导致的发动机损坏，保险公司不负责赔偿。除发动机之外，其他部分的汽车损伤如内饰、电脑板等，将视具体情况认定责任理赔（见图 3.3.6）。

图 3.3.6　发动机进水不能强制启动

（三）灯杆倒了砸坏车辆

一场大雨泡松了灯杆周围的地基，灯杆倒了，正好砸在下面停着的私家车上，这种情况保险公司给予赔偿吗？车辆在暴雨天气中被高空坠物或灯杆压倒，属于自然灾害所造成的损失；车辆被暴雨冲走导致的损失属于车辆损失险范畴。

（四）未年检车辆不予理赔

因为年检时间较长，不少车主很容易忘记，如果恰巧在这段时间内出险，那么保险公司是不会给予赔偿的。保险只对合格、合法车辆生效。未年检的车辆属于不合格车辆，按照规定是不能上路行驶的，因此保险公司是不赔付的。

实践操作

事故车辆接待综合实训

【参考案例】

客户郑女士刚买的车辆不到一年，一天暴雨在红绿灯路口被后方车辆追尾，导致后备厢盖不上，后保险杠全部损坏，初步估计后尾需要切割焊接修理。情急的郑女士不知道如何是好，拨通了服务顾问的电话，您刚好接听了赵女士的电话。

客户提问：

(1) 在事故现场，是如何处理事故的？本次事故谁是责任方？

(2) 事故车辆进厂后，维修需要花费的时间和需要做的维修项目？

(3) 4S店能否帮助进行索赔？

(4) 进行索赔时，需要提供什么材料？

(5) 维修后，车辆能否达到事故前的技术状况？

一、训练内容

事故车辆接待综合实训。

二、训练目的

(1) 了解车辆出险经过、车辆损失情况；

(2) 根据事故车辆的险种和损失情况，对车辆维修时间和维修费用进行预估；

(3) 掌握车辆理赔流程。

三、训练步骤及要求

(1) 指导教师对全班学生进行分组，6～8人为一组，组长采取轮流制进行；

(2) 以组为单位，组长带领组员调研某品牌事故车接待情况；

(3) 以组为单位，组长带领组员讨论后充分发挥想象力，编写事故车辆接待剧本，编写完成后小组内部进行演练；

(4) 为防止小组搭便车，教师以抽签的方式随机选择学生进行事故车辆接待模拟，模拟成绩作为小组成绩（见表3.3.4）；

(5) 小组拍摄事故车辆接待模拟视频；

(6) 评价与总结（好的与不足两方面评价）。

表3.3.4　　事故车辆接待模拟评价

	内容	满分	得分
考评标准	声音洪亮、字句清楚、语速适当、微笑服务	5	
	是否引导客户进行报案并安抚客户	10	
	客户到店礼貌迎接客户，环车预检	10	
	通过提问了解客户担心的问题和需要提供的服务需求	15	
	在保险公司在场的情况下，对客户的事故车辆进行定损，确定维修项目、所需时间、所需费用	15	
	对客户的事故车辆维修项目、时间、费用进行解释	15	
	若维修过程中发现新问题，与客户和保险公司进行沟通，并进行补充定损	10	
	向客户介绍索赔需要提交的材料	10	
	维修后，对所发生的费用向客户解释，让客户在相关单据上签字并进行结算	5	
	维修后向客户致谢，欢送客户并进行代理索赔	5	

四、评价与总结

评价与总结示例如表 3.3.5 所示。

表 3.3.5　　事故车辆接待技能训练评价

<table>
<tr><td>测评内容</td><td colspan="5">1. 事故车辆模拟接待　2. 拍摄事故车辆接待模拟视频</td></tr>
<tr><td rowspan="3">考评标准</td><td>内容</td><td>分值</td><td>自评</td><td>互评</td><td>师评</td></tr>
<tr><td>两两进行事故车辆接待模拟</td><td>50</td><td></td><td></td><td></td></tr>
<tr><td>小组提交 1 份事故车辆接待视频</td><td>50</td><td></td><td></td><td></td></tr>
<tr><td colspan="2">合计</td><td colspan="4">100</td></tr>
<tr><td colspan="2">最终得分（自评 25%＋互评 25%＋师评 50%）</td><td colspan="4"></td></tr>
<tr><td colspan="6">自评：包括团队成员的工作态度、团队分工合作情况、工作流程及对成果质量评价、项目收获。
互评：客观评价，先提优点，再道不足。
师评：教师根据团队成果优缺点，有针对性地点评，启发学生的创新思维，对各团队普遍存在的问题进行重点分析，并提出要重点注意的问题。</td></tr>
</table>

五、训练成果

小组提交 1 份事故车辆接待模拟视频。

思考练习

（1）简述事故车理赔流程。

（2）常见交通事故理赔需要提交的理赔资料有哪些?

（3）简述事故车辆维修流程。

（4）简述单方纯车损事故、单方含物损事故、多方纯车损事故、多方含人伤事故理赔流程。

（5）案例分析题。

1）王先生于 2014 年 6 月 2 日购买××品牌轿车一部，价值 499 600 元，同时，在店投保了车辆损失险、第三者责任险和全车盗抢险。该车在 2015 年 4 月 4 日停放被盗，王先生向警方、保险公司报案。7 月 10 日，王先生收到保险公司的赔款。7 月 20 日，车辆被找回，王先生选择向保险公司退回赔款。车辆领回时，王先生发现车身多处被划伤，喷漆费用约为 5 000 元。

问题一：王先生修复车辆划痕的费用是否可以通过保险获得赔偿?

问题二：如果可以，请计算赔偿金额。如果不能赔付，请说明原因。

2）2015 年 6 月 1 日，王先生一家人驾车西藏游。车辆行驶途中忽然刮起大风，将引擎盖掀起，造成车辆前挡风玻璃破碎，风挡框受损，引擎盖损坏。经查，王先生的妻子在加完玻璃清洁水后未锁紧引擎盖。王先生向保险公司报案，要求赔偿车辆损失。王先生已在某保险公司投保了交强险、车辆损失险、第三者责任险、车上人员责任险、玻璃单独破碎险、车身划痕损失险和不计免赔险。

问题一：该事故是否属于保险责任？

问题二：如果是，保险公司该如何赔偿？如果不是，请说明原因。

3）王先生为自己的车投保了 5 000 元的车身划痕损失险，按照当地承保政策，他不能投保车身划痕损失险对应的不计免赔险。其爱车第一次划伤后，保险公司赔付 3 000 元，3 个月后该车在小区停放时再次被划伤，损失 4 000 元。

问题：王先生第二次索赔可获得的赔偿金额是多少？

4）张先生在 A 经销店购买家庭自用 5 人座轿车一部，新车购置价格为××万元，该车已使用月数为 24 个月，连续两年没有出险。本月车险到期，张先生收到 B 经销店报价为3 500元，A 经销店报价为 4 000 元。

问题：为什么两店报出来的价格不一样？请依据车辆损失险保费计算公式分析原因。

任务四　保修索赔车辆接待综合训练

学习目标

通过本次任务的学习，你将懂得保修与索赔的定义、产品缺陷说明及非保修范围，掌握保修索赔车辆接待流程，具备接待保修索赔车辆的工作能力。通过学习和训练，你将能够：

（1）熟悉保修索赔政策与操作流程；

（2）熟练运用相关技巧执行保修车辆接待工作；

（3）运用延保政策进行产品营销；

（4）树立以客户满意为目标的服务意识。

工作任务

学生自行拍摄保修索赔车辆接待模拟视频。

相关知识

一般来说，每一个整车制造厂在采购零部件时，都会与其供应商签署各种协议，其中一个很重要的协议就是《保修协议》。每个整车制造厂都会根据自己产品的特点及供应商所供应零部件的特点并结合相关的国家法律法规，在《保修协议》中规定产品的质量担保期限和在此期间双方的责任和义务。零部件在质量担保期内产生的供应商质量问题，整车制造厂需向供应商索赔一定的费用或相应的补偿，称为保修件索赔。

另外，整车制造厂为汽车产品（包括整车和配件）提供的有条件的保修索赔政策，为具有质量缺陷的产品提供服务，以方便消费者和树立企业品牌形象的汽车服务环节就叫汽车保修索赔。

因此，保修件的索赔工作大体分三个阶段。第一个阶段是消费者就产品质量问题向汽车经销商进行索赔，第二个阶段是汽车经销商向整车制造厂进行索赔，第三个阶段就是整车厂就具体问题向零部件供应商进行索赔。

一、保修与索赔的定义

在 4S 店保修索赔车辆一般由接待维修保养车辆的服务顾问进行接待，向厂家索赔则由单独的索赔专员进行相关工作。这里只讲解服务顾问接待保修车辆流程及相关内容。

不同品牌对车辆的保修政策是有差异的，但都是以汽车三包法规作为依据的，即汽车品牌的保修政策的“三包期”要比三包索赔政策的“三包期”严格。

保修是当车主在无任何违反保修条款规定的情况下，遇到有质量缺陷的零件或组装不当时，汽车厂商对车辆出现的质量问题给客户进行免费更换或修理服务，即对保修期内的车辆在材料和制造加工过程中的缺陷实施纠正的过程。保修必须使用本品牌新的纯正配件或经批准的再制造零件。

索赔是指汽车经销商根据汽车厂商的保修索赔政策对车辆出现的质量问题进行免费更换或修理，然后针对该项目向汽车厂商提交相关信息并申请索赔。新车首保是免费的，对于汽车经销商来说，新车首保就是索赔工作之一。

质量保修工作直接影响四方利益：

（1）用户的利益——是否可以办理索赔；

（2）维修站的利益——是否可以得到厂家的赔付；

（3）生产厂家的利益——是否向维修站赔付；

（4）配件厂家的利益——是否接受配件的赔付。

二、汽车产品质量责任追溯

对于每一个保修件是否需要索赔、如何索赔，主要取决于质量问题的责任方，因此产品质量追溯是保修件索赔业务的主体内容。

汽车产品及部件的质量责任追溯是指首先依据发生的问题找出造成质量问题的关键部件，然后对部件进行质量分析并结合产品标识追溯其生产和使用的情况，以便找到造成问题的根本原因。最终依据问题成因，追溯相关组织的质量责任。

缺陷汽车产品质量追溯的范围应包括：设计的可追溯性、工艺过程的可追溯性、零部件的可追溯性。缺陷汽车部件召回物流可追溯性的范围应包括：供应商追溯、厂内追溯、客户及配件追溯。

（一）产品缺陷说明

在《中华人民共和国产品质量法》中，产品是指人们通过购买而获得的能够满足某种需求和欲望的物品的总和，包括物质形成的产品实体、非物质形态的利益。产品缺陷是指产品存在危及人身、他人财产安全的不合理的危险；产品有保障人体健康和人身、财产安全的国家标准、行业标准的，是指不符合该标准。

汽车产品缺陷是指由于设计、制造等方面的原因而在某一批次、型号或类别的汽车产品中普遍存在的具有同一性质的危及人身、财产安全的不合理危险，或者不符合有关汽车安全的国家标准的情形。保修仅限于修复在保修期内出现的属于因材质或制造上的缺陷而引发的故障。

1. 缺陷分类

（1）设计上的缺陷：产品在设计上存在不安全、不合理的因素。例如：结构设置不合理，设计选用的材料不适当，没有设计应附加的安全装置，因设计上的缺陷引起车辆产品出现批量或单一的异常故障发生。

（2）制造上的缺陷：产品在加工、制作、装配等制造过程中，不符合设计规范或者不符合加工工艺要求，没有完善的控制和检验手段，致使产品存在不安全因素，由制造上的疏漏造成车辆显性或隐性的功能不振或故障。

（3）告知上的缺陷（也称指示缺陷或说明缺陷）：因产品本身的特性而具有一定合理危险性。

2. 缺陷的检查判断

（1）查看有无外在环境、肇事意外、不当外力造成；

（2）查看客户是否正常驾驶与操作；

（3）查看客户车辆是否定期接受保养与维护；

（4）查核车辆制造、装配上有无经过未经授权的异常变动或改装；

（5）查核车辆是否有制造、装配上的失误或疏漏；

（6）检验配件故障是否由于材料质量的瑕疵与缺陷。

（二）非保修范围

以下列举了一些不属于保修范围的情况，各汽车厂商会在车主车辆手册中明确说明，服务顾问到岗后应仔细阅读该手册。

（1）不符合随车保修手册规定保修范围的任何一条；

（2）整车保修期内更换的零件不享受零件保修政策；

（3）整车及零件保修期内更换的零件随该零件保修期结束而结束，不因更换而延长；

（4）在保修期内，客户自行到非指定汽车服务站保养、维修的车辆；

（5）未按维修保养手册及使用说明书要求使用、维护、修理，如使用条件超出规定的范围、超速超负荷使用；

（6）使用不符合规定要求或劣质的油料及燃料等，造成整车产品损坏的；

（7）非产品质量原因发生交通事故而造成损坏的；

（8）客户自行改装、调整、拆卸造成车辆或零件损坏的；

（9）无有效发票和保修凭证，又不能证明车辆或该零件在质量保证期内的；

（10）发生故障后，未经公司或汽车服务站同意，自行处置或未经处置致使损坏扩大的部分；

（11）因不可抗力造成损坏的；

（12）因不准确操作或非正常使用（如赛车、试验）而造成车辆或零件损坏的；

（13）正常保养（定期保养）、检查调整（四轮定位、灯光、轮胎动平衡、油耗等）；

（14）易损件（摩擦片、皮带、火花塞、轮胎等）的正常磨损；

（15）间接损失（停车费、差旅费、食宿费、误工费等）。

三、保修索赔车辆接待流程

4S服务站和特约维修站中都设有索赔员一职，专门负责三包索赔事宜。大部分经销商保修索赔车辆的接待都是由服务顾问负责，索赔员则负责判定是否符合索赔规定及与厂家进行索赔的对接工作。也有少数经销商保修索赔车辆的接待及索赔工作都由索赔专员负责，服务顾问只需与索赔专员做好客户信息的交接工作即可。一般来说，三包索赔的工作内容包括：客户接待、开具任务委托书、索赔维修、费用结算、资料整理、提交索赔申请、损伤件入库和索赔结算等。具体流程如图 3.4.1 所示。

（一）客户接待

客户到店后，服务顾问接待并进行环车预检，运用 5W2H 问诊法听取客户的反映及报修内容，正确且规范地填写接车预检单。预检单用客户原话描述故障现象，每个故障分开描述，服务顾问不要做出自己的维修判断，同时请客户签字。检查过程中若对故障判断有困难，维修技师可以协助鉴定，必要时进行路试。

判断是否属于保修范围，初步分为普通维修车辆与索赔维修车辆。包括：查看故障部位是否为内部故障以外的外力因素造成的损伤；查看车龄及里程是否在保修范围内；查看定期保养记录是否符合保修要求。如果保养工作是第三方完成的，客户必须证明实施的保养项目符合厂家标准（通过结算单、发票、维修工单），且使用的液体/油品符合厂家规

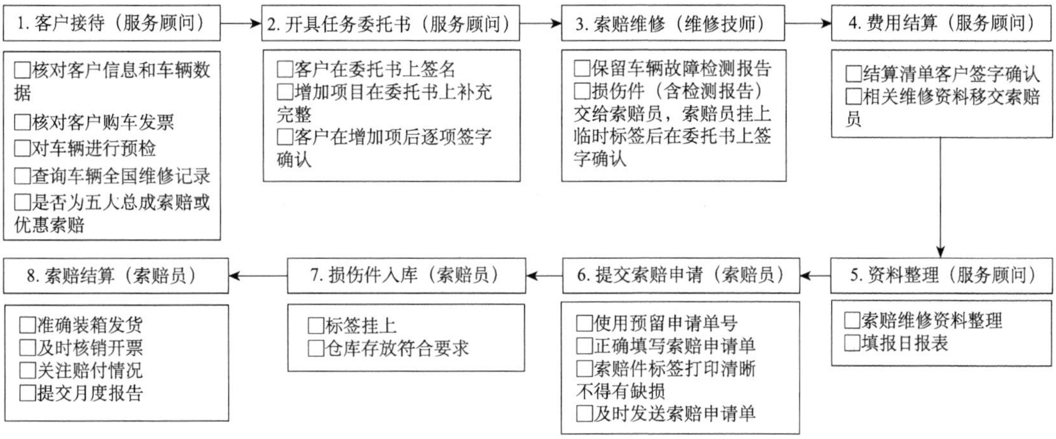

图 3.4.1　保修索赔车辆接待流程

定。服务顾问若对判断没把握，应咨询保修专员，以确认保修有效性。

不同类型保修日期规定如下：

（1）整车保修使用车辆保修起始日期。

（2）配件保修使用配件安装日期，销售的配件使用发票日期。

（3）新件保修，即配件安装后发现故障。整车属于保修期内，且客户未付费，使用车辆保修起始日期；如果该配件是客户付费取得，使用配件首次安装日期。

（4）如果维修经销商在提交保修单时发现车辆没有保修起始日期，应通知销售经销商及时录入保修起始日期。保修不接受在保修申请中自行录入保修起始日期。

在一次服务过程中，可能有些项目是自费的，有的属于索赔的，还可能有其他收费类别，服务顾问将每个项目的费用归属标注清楚是十分必要的。

（二）开具任务委托书

环车预检结束后，服务顾问将所做项目的费用逐项向客户解释清楚，包括自费项目与保修项目，得到客户认可后，开具任务委托书，请客户签字认可后交给维修车间。

修理过程中如有与故障描述相关的索赔增项，允许以增项形式补充，但必须请客户逐项签字确认。若索赔增项内容与故障描述无关，则增项部分必须重新开具任务委托书，并请客户签字确认。

（三）索赔维修

在索赔维修过程中，检查确认故障后，如果保修金额超过一定额度，需要向厂家申请技术预授权，且技术预授权有一定期限。某些配件也需要技术预授权，比如蓄电池，电子类的控制模块如动力传动系统控制模块、转向系统控制模块、制动系统控制模块、防盗系统控制模块等。不同品牌技术预授权规定不一样，技术预授权申请资料主要有故障诊断报告、车辆信息、故障照片等。

保修申请被确认后，维修技师领料维修，复竣工之后需要完成质量检测报告。旧件使用原包装并注明工单号、维修日期、车架号，放到保修旧件房处并做好登记，对于有油和水的配件放干并堵塞口子，保持干净。修理过程中如果有增加的索赔维修项目，应按规定在任务委托书上补充完整，并请客户逐项签字确认。

索赔维修工作结束后，服务顾问打印结算清单并请客户签字确认，将接车预检单、任务委托书及业务结算清单（如为配件索赔，另需提供客户付费修理该配件时的结算清单；特殊情况下还有 24 小时援助服务受理单）移交给索赔员。

在索赔维修过程中，需根据厂家政策收集证据：

1. 照片、视频、音频

为了确保可追溯性，对所有通过视觉可以分辨的保修案例，应拍摄能够反映问题情况的照片、视频或音频。例如：挡风玻璃的裂痕、潮湿进水的大灯、轮辋或者车身外观的损坏、电缆破损、零部件锈蚀以及座椅垫、座椅外套及座椅框架各部件等的照片；减震器、转向机、动力转向泵漏油等的视频，玻璃升降机、雨刮电机噪声等的音频。这些照片、视频、音频应电子存档并有序整理，以便于日后查找。

喷漆与腐蚀损伤保修至少提供 4 张能够反映问题的照片，需要在车身清洁、干燥（无水滴）且光线充足的情况下拍摄照片，照片需要包含下列信息：

（1）包含牌照在内的整车；

（2）车辆识别代号（VIN）；

（3）故障区域并且需要在照片中标注具体故障部位；

（4）从不同位置和角度拍摄的细节照片。

2. 维修工单

维修工单是所有保修工作的基础，它既是一份有约束力的维修合同，也是维修技师的工作说明，还用来记录工作时间。日后如果有需要，也可用于了解客户的投诉和已经进行的维修。维修工单需要客户签字确认。

如果需要维修的项目超出客户原始投诉时反映的问题范畴，必须在维修工单上明确体现出来，详细记录维修步骤、维修工时等，并且在合理的情况下增加工作项目。

填写维修工单时，需要确保有以下内容：

（1）按照逻辑顺序详细记录故障描述，必须记录客户的原话。

（2）整车保修需要有拍照、车辆识别代号、保修起始日期等。

（3）配件保修，应记录配件的安装日期及安装时的里程。保修申请的备注栏应注明车辆总里程数与车辆首次登记日。配件销售或安装结算单应在车辆档案中存档。

（4）保修申请的保修起始日期应填写的是配件的安装日期，而不是车辆的保修起始日期。

（5）保修申请中应填写的是配件安装日的里程数与当前里程数之间的差额，而不是车辆当前的总里程数。

（6）使用的配件及辅料应详细记录在维修工单上。

3. 故障代码

一般经销商通过故障代码进行保修索赔申请，准确的故障代码记录是实现准确的质量监控的手段之一。不同品牌都会有自己的故障代码系统。在保修实际操作中，常会出现因故障代码错误而拒赔的情况。

4. 标准工时

保修索赔的标准工时厂家已经规定好，只需要输入标准工时代码。标准工时代码明确了具体操作步骤及工时数量。一般而言，赔偿工时数与实际维修工时数无关，也不要求与实际维修工时数一致。各品牌也都有自己的索赔标准工时查询系统。

5. 诊断报告

开始维修时，维修技师选择相应打卡类型（如客户付费工作、保修工作等）与打卡设备上的工单编号。维修诊断必须在打卡范围内，每个工时项分开打卡。

诊断报告需完整不缺页，维修步骤清晰有逻辑性，写出故障现象、检查步骤和测量数据，确认保修件的问题，更换后的使用、试车情况等。

（四）费用结算

索赔维修终检，确保维修质量后，服务顾问打印结算单并签字，收集接车预检单、任务委托书、业务结算清单等相关索赔维修资料并移交给索赔员。

（五）资料整理

索赔员对服务顾问提交的接车预检单、任务委托书、业务结算清单等相关索赔维修资料填写的规范性进行检查，每日填写质量担保服务工作日报表并上报客服经理。

检查的内容主要有：

（1）首次登记日期，若错误则修正；

（2）开单描述是否符合保修要求，维修工单是否有客户和服务顾问签字，追加项是否有客户签字；

（3）所有维修诊断编程工作是否在维修时间内；

（4）维修步骤详细，步骤逻辑清晰，检测数据明了；

（5）诊断、编程等报告齐全不缺页；

（6）工时配备、结算单、客户配件付费单、领料单、故障照片是否齐全，是否有签字。

此外，为了确保可追溯性，经销商须将所有保修文件存档，以备随时查阅。主要有：

1）全面描述所有维修阶段的维修工单；

2）保修申请的副本，如果对保修申请进行过更正需保存保修申请单确认页的副本；

3）结算单；

4）配件出库单；

5）车辆客户合同；

6）照片、视频或音频；

7）配件安装保修/购买发票凭证；

8）诊断与编程报告；

9）电子打卡记录的时间日志（维修技师每天/每周工作时间表）。

所有与开具结算单相关的保修文件必须存档。同时，法律规定所有保修申请文件都应作为一般商业文件保存。按规定该类文件应在维修日期后至少保存 5 年。

（六）提交索赔申请

索赔员进入保修索赔系统创建索赔申请单并提交。索赔申请的项目必须与维修工单上的内容一致，并且每辆车/每份维修工单必须提供一份单独的保修申请，在保修类型相同的情况下，可以同时使用几个故障代码。一般厂家对索赔申请提交时间是有限定的，如宝马要求索赔申请在维修后不超过 14 个自然日，后续索赔/重新提交必须在拒绝初始索赔申请后 14 个自然日内提交。索赔申请可每天发送一次。

由于传输过程中存在数据丢失风险，因此索赔员应彻底检查正确的每周对账单，确保所有索赔申请提交成功。为此，索赔员应每天登记前一天结算的保修信息，关注赔付。每周固定时间查看保修系统内拒赔单子，根据原因解释追回款项；每周核对本周赔付，在保修申请赔付明细报表内对账登记。

（七）损伤件入库

损伤件必须按照要求存放在索赔件仓库。更换下来的故障配件应保持干净，有清晰的故障标签，并小心按序存储。大部分保修更换的配件不需要返件，但需要返回厂家要求的配件。不需要返件的保修旧件保存期为对账日期之后 90 天，直到厂家代表通知并现场检查后才可以销毁，销毁后需将销毁记录发送给厂家相关人员。

其中：油品辅料无须留存，可以及时处理；保养旧件除刹车盘外，因保养更换下来的所有保养旧件无须留存，可随时处理。技术升级和召回的旧件：在不要求返件的情况下，可以不打印旧件标签，并在经销商处自行销毁处理，但需要拍照存档。随旧件清单一并发送给厂家相关人员。

（八）索赔结算

厂家根据对账单每月赔付一次所有保修费用，并同时赔付一系列相关的服务费用［工时、配件（包括补充配件）与第三方服务]。对账单是一个汇总信息，包含所有最终决定赔付的保修申请及目前待评估或不正确的所有保修申请的信息。

工时费用赔付由经销商工时费率、标准工时数量决定；配件费用赔付是经销商采购成本加上配件处理费；易耗品与小型配件赔付是经销商的订购价，而不是向客户销售的零售价。

第三方服务费用赔付应以第三方实际提供的且已经向经销商开具发票的服务为依据，提交的第三方服务费用通常是净额，并且应减去折扣。

综上，保修索赔车辆接待与故障类车辆接待类似，重点在于根据故障内容判断是否符合保修要求。如果不符合保修规定，应能对客户进行耐心、细致的解释，防止抱怨投诉现象发生。如果符合保修要求，则应熟悉保修索赔流程并收集相关资料。对于索赔员而言，重点在于掌握厂家保修索赔一系列规定，如会对索赔故障分配故障代码、分配标准工时、收集诊断报告、故障照片等资料，并能对厂家索赔系统进行操作。

案例剖析

一个完工检查小疏漏引发的客户不满

客户李先生去特约店做55 000公里的保养，让特约店更换后排座垫。后来某次外出，李先生偶然在后备厢里发现了一个变形的旧配件，觉得是特约店在做维修保养时没有装好不小心留下的。李先生不能确定这个变形的旧配件到底是在哪次维修中被落下的，专门来到特约店就此事询问维修技师，维修技师说他也不知道是不是李先生车子上面的配件，如果需要，可以帮李先生装上。李先生觉得维修技师的回答太不专业了，让他没有办法信服。于是便去质问维修技师，维修技师无从答复，使得李先生更加强烈地认为这个变形的旧配件就是特约店疏忽造成的。因此李先生选择了投诉，要求特约店给他安装一个新配件，并为他们在维修和保养中种种不专业的行为道歉。

经过调查后，发现确实有一个后排座椅卡子没有装好，且遗留在车内。由于完工检查时疏忽未能发现，导致了客户的抱怨。因为客户长达一年的时间都没有去维修保养了，无法追溯卡子损坏的原因。

【原因分析】

主要问题点：不明的废件出现在不该出现的地方，且客户完全不知情。

（1）完工交付后的后备厢内意外发现不明零件；

（2）维修技师漏装之后，将零件遗留在车内，检验人员也没有履行检查职责；

（3）老化零件严重变形，无法装复，维修技师没有向服务顾问反映，也没有与客户沟通。

【要点建议】

1. 客户的质疑由服务顾问对客户说明

维修技师在维修作业时发现了新的问题，必须及时反馈给服务顾问，由服务顾问向客户解释和说明。维修技师不可以前面说不知道是不是车上的配件，后面又说如果需要可以帮忙装上。让人感觉一是在推脱，二是不专业。

2. 老化零件的拆卸需要提前告知

本案例中旧件拆下后变形严重，换新件又怕因事前没向客户说明，客户不接受。于是，采取缺件安装的不处理方式，但是旧件又遗留在了车内，引起了客户的不满。某些零部件老化后在维修作业的拆装操作时容易损坏是正常现象，应该提前向客户讲明，并明确由客户承担更换新件的费用。主动出示变形旧件，尊重客户对旧件索要的权利。

3. 严格遵循完工检查制度

完工检查时需要认真关注维修之后在其周围是否有遗漏的物品。通过遗漏物件能够辅助判断该项操作是否符合工艺要求，或是及时对更换件作归类处理。这不仅仅是履行完工检查的必要步骤，也会给客户留下特约店规范经营的良好印象。

知识拓展

延保营销

汽车延保服务起源于欧美，经过多年的发展，深得客户的青睐，在发达国家，延保服务购买率逐年增加。我国从2013年开始，众多主机厂包括大型汽车销售集团都开始了此项服务。例如：别克推出了整车延保、重要部件延保、优选部件延保；吉利、福特等品牌推出整车延保、总成延保；奇瑞、上海大众推出了整车延保、重要部件延保；等等。

延保服务已成为各大品牌4S店销售的主要产品之一。欧洲市场延保的购买率已达到了60%以上，日本更达到了70%。服务站也要求销售顾问、服务顾问等人员向每一位客户宣传延保，做到开口率100%。

一、售后销售延保的时机

（一）新车回服务站做首保时

服务顾问话术：现在买还能以基础价购买，等车辆使用到6个月后，价格会更高，会在原价基础上加价10%～30%，延保产品是越早买越优惠。

（二）保修期内，客户回站维修时

服务顾问话术：本次维修费用为×××元，本次维修属于保修期内，是免费的，过了保修期就要自己掏钱了。我们店现在推出一个更长保修期的计划，我给您讲讲？

（三）车辆快出保修期时

服务顾问话术：告知客户哪些零部件将要出保了，这也是购买延保的最后期限了，过了××时间段，将无法再购买。

二、售后销售延保的异议

（一）异议："产品好是好，等我有闲钱时再买"

处理公式：赞美认同＋强化需求＋促成。

处理逻辑：

（赞美认同）您真幽默。

（强化需求）我们延保服务不是在花您的钱，而是将您用车后期高额的维修费用转移给厂商而已。您知道世界上最懒的东西是什么吗？就是您藏起来不用的钱，它们本来可以购买车辆延保服务，让您成为用车无忧达人的。为何不尝试一下呢？

（促成）这个手续办理十分简单，麻烦把您的身份证、行驶证给我，我来帮您办理一下。

（二）异议："我要考虑考虑，等下次吧"

处理公式：赞美认同＋强化需求＋促成。

处理逻辑：

（赞美认同）您一看就知道是个有思想的人，我跟您想法一样，要考虑延保服务对自己是否有好处。

（强化需求）一台车由几万个零部件组成，因区域路况、环境、油品、驾驶者不良习惯等，难免有极个别的零件在出了原厂质保期外如机械、电器等发生故障，这谁都无法预测；汽车从出厂的那一天起，它就必须经历一个必然、两个偶然……

（促成）您如果在原厂保修期过了再想到延保的好处……现在不用再犹豫了，买延保服务等于买了一个孝顺儿子，按照您现在的生活水平，您就当每周少抽一包烟，却可给您的人车生活多一个品质的保证，不是吗？我来为您办理一下延保手续吧……

（三）异议："价格高，太贵了，不划算"

处理公式：赞美认同＋强化需求＋促成。

处理逻辑：

（赞美认同）×先生（女士），您一看就是成功人士，您说的价格高/不划算我非常认同（产品的价值大于价格的概念，让其认同产品的价值）。

（强化需求）其实一件物品，我们先不看价格，主要是要看是否适合您，是否可以帮助您，如果对您没有用，再便宜您也不会买……

（促成）您现在购买整车尊享延保，保 6 年或 15 万公里，每年 365 天，这样平均每天花费只有几毛钱就可以拥有稳定的用车理财保联和享受优质的售后服务，我来帮您办理手续吧……

课堂讨论

延保服务应该怎么营销呢？当向客户销售延保时，客户反应有哪些？针对如下反应，作为服务顾问应该如何回应？

（1）是不是车子有问题，才让我买啊？

（2）太贵了。

（3）我家的汽车都用了好多年了，没事，这个用不着。

（4）这个就和保险一个意思嘛。

（5）我就准备用2年，延不延保无所谓。

（6）我回家再考虑考虑。

（7）新车不坏就不会坏，原厂保修期够了。

（8）我朋友是开修理厂的，他会帮我搞定维修的。

实践操作

保修索赔车辆接待综合实训

【参考案例】

客户王先生于2015年5月购买了某品牌轿车，行驶里程为62 779公里，2017年8月发现ABS灯、侧滑灯亮，来到了4S店进行维修，你作为服务顾问接待了王先生。

故障信息：根据客户描述，用诊断仪检测为左后轮速传感器故障，拆下左后轮速传感器，其表面、接插件无损坏现象，电压正常，判定为左后轮速传感器内部故障。

保修期：该品牌该车型保修期为3年或者8万公里，以先到者为准。

一、训练内容

保修索赔车辆接待综合实训。

服务顾问要求：

（1）用5W2H问诊法进行故障问诊；

（2）判定是否符合保修要求；

（3）进行延保服务的营销。

客户要求：

（1）质疑车子质量问题；

（2）对延保服务持否定态度，表示看看再说，并表示再过两三年要换车了。

二、训练目的

（1）了解汽车保修政策；

（2）能对故障车辆进行保修判定；

（3）能对延保服务进行营销；

（4）掌握保修索赔车辆接待流程。

三、训练步骤及要求

（1）指导教师对全班学生进行分组，6～8人为一组，组长采取轮流制进行；

（2）以组为单位，组长带领组员调研某品牌保修索赔政策、保修索赔流程、常见保修索赔案例；

（3）以组为单位，组长带领组员讨论后充分发挥想象力，编写保修索赔车辆接待剧本，编写完成后小组内部进行演练；

（4）为防止小组搭便车，教师以抽签的方式随机选择学生进行保修索赔车辆接待模拟，模拟成绩作为小组成绩（见表3.4.1）；

（5）小组拍摄保修索赔车辆接待模拟视频；

（6）评价与总结（好的与不足两方面评价）。

表3.4.1　保修索赔车辆接待模拟评价

	内容	满分	得分
考评标准	声音洪亮、字句清楚、语速适当、微笑服务	5	
	自我介绍并给客户提供帮助	5	
	确认客户信息	5	
	运用5W2H问诊法弄清客户担心的问题和服务需求	15	
	对抱怨客户进行安抚	10	
	解释此次维修客户能否享受整车或配件保修	15	
	对客户维修项目、所需时间、所需费用进行解释	15	
	确认能够交车的时间	5	
	维修过程中发现新问题时与客户沟通	5	
	维修后，对维修项目及费用向客户解释，并请客户在相关单据上签字	5	
	对客户进行延保销售	10	
	维修后向客户致谢，欢送客户	5	

四、评价与总结

评价与总结示例如表3.4.2所示。

表3.4.2　保修索赔车辆接待技能训练评价

测评内容	1. 保修索赔车辆模拟接待　2. 拍摄保修索赔车辆接待模拟视频				
考评标准	内容	分值	自评	互评	师评
	两两进行保修索赔车辆接待模拟	50			
	小组提交1份保修索赔车辆接待视频	50			
合计		100			

最终得分（自评25%＋互评25%＋师评50%）	

自评：包括团队成员的工作态度、团队分工合作情况、工作流程及对成果质量评价、项目收获。
互评：客观评价，先提优点，再道不足。
师评：教师根据团队成果优缺点，有针对性地点评，启发学生的创新思维，对各团队普遍存在的问题进行重点分析，并提出要重点注意的问题。

五、训练成果

小组提交1份保修索赔车辆接待模拟视频。

思考练习

（1）保修和索赔的定义是什么？

（2）保修索赔代表的意义是什么？

（3）保修索赔车辆接待流程是怎样的？

（4）调研主流品牌保修政策。

（5）调研主流品牌延保政策。

（6）车辆在保修期内销售转手，为何原保修索赔仍延续于接手车主，直至原车质量保正期结束？

（7）保修期内的客户车辆在外地使用时，发电机发生故障，在非经销商授权的售后服务中心自行维修更换，事后带着维修发票和旧件来到经销商授权售后服务中心要求索赔。可否办理索赔？

（8）对于以下几种情况，请你根据索赔定义给予判断：

1）客户驾车离合系统长期处于半联动状态，导致压盘片烧毁，离合器片是不是可以索赔？如果是离合器片本身质量问题，导致压盘损坏须更换的，可不可以索赔？

2）由于装配时发动机缸体的扭力螺丝未按规定扭紧，发生震动与漏油现象导致发动机损坏。

3）转向机因密封环不耐久，造成连续发生转向机漏油现象导致转向机损坏。

4）新车后桥设计不当引起行驶异响，售后维修始终无法解决，最后验证属设计问题。

5）单碟CD机同时放入两张光盘，导致CD机失效故障。

6）车辆在行驶中车门异响，经检查发现属于车门密封条开裂、封闭不严密。

（9）讨论下列情况延保话术：

1）觉得延保用不着。

2）我以前开的车从来没有出过什么问题，质量挺好的。

3）我平时车开得很少。

4）新车不坏，以后就不会坏了，原厂保修期够了。

5）我回家再考虑考虑……

参考文献

[1] 金加龙．汽车维修业务接待．北京：电子工业出版社，2008.
[2] 霍宏．BBA 汽车保修件索赔流程优化研究．沈阳：辽宁大学，2012.
[3] 蒋洁，刘海红，王成新．汽车售后服务接待．西安：西北工业大学出版社，2017.
[4] 梁竣嵛．我国汽车售后服务业运营模式研究．成都：西南交通大学，2012.
[5] 刘韵，李海燕．汽车服务顾问实战．上海：同济大学出版社，2014.
[6] 宋宝珍，刘金霞，杜燕．汽车维修业务接待．镇江：江苏大学出版社，2017.
[7] 王彦峰，杨柳青．汽车维修服务接待．北京：人民交通出版社，2012.
[8] 张琳琳．汽车维修服务接待实训教程．北京：人民交通出版社，2014.
[9] 曾鑫．汽车维修业务接待．北京：机械工业出版社，2013.
[10] 朱军，屈光洪．汽车商务与服务管理实务．北京：机械工业出版社，2012.

信息反馈表

尊敬的老师:

您好！为了更好地为您的教学、科研服务，我们希望通过这张反馈表来获取您更多的建议和意见，以进一步完善我们的工作。

请您填好下表后以电子邮件、信件或传真的形式反馈给我们，十分感谢！

一、您使用的我社教材情况

您使用的我社教材名称			
您所讲授的课程		学生人数	
您希望获得哪些相关教学资源			
您对本书有哪些建议			

二、您目前使用的教材及计划编写的教材

您目前使用的教材	书名	作者	出版社
您计划编写的教材	书名	预计交稿时间	本校开课学生数量

三、请留下您的联系方式，以便我们为您赠送样书（限1本）

您的通信地址			
您的姓名		联系电话	
电子邮箱（必填）			

我们的联系方式:

地　址: 苏州工业园区仁爱路158号中国人民大学苏州校区修远楼

电　话: 0512-68839320　　传　真: 0512-68839316

E-mail: huadong@crup.com.cn　　邮　编: 215123

网　址: www.crup.com.cn